마커스 보그의 고백

기억에서 회심으로, 그리고 확신으로

Copyright © Marcus J. Borg 2014

Originally published in English as
CONVICTIONS: HOW I LEARNED WHAT MATTERS MOST
by HarperOne, an imprint of HarperCollins Publishers
All rights reserved.
This Korean translation edition copyright © 2025
by Via, an imprint of Lux Mundi Co., Ltd., Seoul, Republic of Korea.
This Korean edition is published by arrangement of
HarperOne through EYA, Seoul, Republic of Korea

이 한국어판의 저작권은 EYA을 통해
HarperOne과 독점 계약한 (주)룩스문디에 있습니다.
신 저작권법에 의해 한국 내에서 보호를 받는 저작물이므로
무단전재와 복제를 금합니다

Convictions: How I Learned What Matters Most

마커스 보그의 고백

기억에서 회심으로, 그리고 확신으로

마커스 J. 보그 지음
민경찬 · 손승우 옮김

| 차례 |

들어가며 / 9

1. 상황은 중요하다 / 13
나의 문화적 맥락 – 미국 그리스도교 / 17
오늘날의 분열 / 22
정치적으로 분열된 그리스도교 / 33

2. 신앙은 여정이다 / 37
그 시절 그곳 / 39
그리스도교인으로 자라나다 / 42
회심들 / 47
첫 번째 회심 – 지적(그리고 종교적) 회심 / 49
두 번째 회심 – 정치적(그리고 종교적) 회심 / 53

3. 하느님은 실재하며 신비이다 / 59
신비 체험과 하느님 / 66
신비 체험이 나의 하느님 이해에 끼친 영향 / 70
초자연적 유신론에 대한 대안 / 72

4. 구원은 내세보다 여기에서의 삶에 관한 것이다 / 83
세 가지 인식의 단계 / 84
구원 / 88
내세는 성서의 중심이 아니다 / 92
내세가 강조될 때 그리스도교에는 어떤 일이 일어나는가 / 95
구원은 변화에 관한 것이다 / 98
내세 / 107
이 모든 것은 무엇을 의미하는 걸까? / 110

5. 예수는 성서의 규범이다 / 113
때때로 성서는 틀리다 / 118
대안 / 131
성서는 그리스도교인들을 위한 성스러운 경전이다 / 134
성서가 틀렸을 때 이를 어떻게 분별할 수 있는가 / 136

6. 성서는 문자적으로 사실이 아니어도 참일 수 있다 / 141
오늘날의 성서 문자주의 / 144
성서 문자주의의 불가능성 / 148
대안 / 151
역사적 해석 / 152
은유적 해석 / 154
성서 이야기들과 비유적 의미 / 155
비유로서의 창조 이야기들 / 156
비유적 해석의 또 다른 예들 / 163

7. 예수의 십자가 죽음은 중요하다
- 그러나 우리의 죗값을 치렀기 때문은 아니다 / 177
역사적·신학적 문제들 / 182
역사의 맥락에서 바라본 예수의 십자가 / 186
예수의 죽음은 중요하다 / 193
예수의 죽음이 지닌 두 번째 의미 / 197

8. 성서는 정치적이다 / 203
그리스도교와 정치의 분리? / 207
성서의 정치 / 210

9. 하느님은 정의를 열망하시며 가난한 이들을 깊이 돌보신다 / 229
예언자 아모스의 특별한 위치 / 230
꼬빌 / 231
심판 / 236
아모스 1장 3절~2장 16절 / 238
아모스와 아마샤 / 241
아모스와 미국 그리스도교 / 243

10. 그리스도인은 평화와 비폭력으로 부름받았다 / 253
기억들 / 254
초기 그리스도교의 평화주의(비폭력) / 258
'정당한 전쟁' 신학(제한적인 참여) / 261
'성스러운 전쟁' 신학(폭력의 무제한 허용) / 263

전쟁에 대한 순응	/ 265
성서와 폭력	/ 267
성서 본문에 대한 반론	/ 269
다른 반론들에 대한 응답	/ 273

11. 하느님을 사랑한다는 것은 하느님처럼 사랑하는 것이다 / 279

하느님을 사랑한다는 것은 무슨 뜻인가?	/ 280
하느님을 사랑한다는 것은 하느님께 주의를 기울이는 것이다	/ 290
하느님이 사랑하시는 것을 사랑하라	/ 292
하느님을 사랑하고 하느님께 중심을 두라	/ 298

일러두기

· 역자 주석의 경우 * 표시를 해 두었습니다.
· 단행본 서적이나 잡지, 신문의 경우 『 』 표기, 논문이나 글의 경우 「 」 표기, 음악 작품이나 미술 작품의 경우 《 》 표기를 사용했습니다.

들어가며

이 책은 지극히 개인적인 이야기인 동시에 개인적인 이야기를 넘어선 이야기를 담고 있다. 개인적인 측면에서 보면, 이 책은 일흔 살이 되었을 때 내 삶의 이정표들(기억, 회심, 그 회심을 통해 형성된 확신)을 중심으로 삶을 성찰한 결과물이다. 하지만 이 책이 마냥 개인적인 이야기만은 아닌 이유는 저 과정들을 거쳐 내 삶에 자리 잡게 된 믿음들이 오늘날 그리스도교인, 특히 미국 그리스도교인에게도 중요한 의미를 지닐 수 있다고 믿기 때문이다.

'그리스도교인'과 '미국인'이라는 정체성은 내가 태어나 살아온 문화를 가리킨다. 지금도 나는 두 정체성을 모두 지니고 있으며, 그 둘이 내 정체성의 뿌리라는 데 감사하고 있다. 하지만 이 둘을 주요 정체성으로 지니고 있다는 사실은 중대한 물음을 낳는다. 오늘날 그리스도교인이자 미국인으로 산다는 것은 무엇을 의미할까? 세계에서 가장 부유하고 강력한 나라, 때로는 비판자

뿐 아니라 옹호자조차 '미제'the American Empire라고 부르는 이 나라에서 그리스도교인으로 산다는 것은 무엇을 의미할까? 미국 그리스도교가 심각하게 분열되고 있는 가운데 미국이 그러하다면 그 의미는 또 무엇일까?

이 책에서 말하는 바가 미국 외의 다른 지역에 사는 그리스도교인에게도 의미 있게 다가간다면, 그건 참으로 기쁜 일일 것이다. 진실로, 그러길 바라는 마음이다.

내가 본격적으로 그리스도교를 학문적으로 탐구하기 시작한 것은 약 50년 전, 순전한 지적 열정 때문이었다. 하지만 이후 30여 년, 아니 어쩌면 그보다 더 오랜 시간 그리스도교를 탐구하며, (늘 의식하지는 못했다 할지라도) 내 마음 깊은 곳에서 또 다른 열망이 나를 움직였다는 사실을 깨달았다. 바로 지금, 여기에 있는 그리스도교인들에게 내가 연구하고 배운 것들이 어떤 의미를 지닐 수 있을지 고민하고, 이를 나누고자 하는 열망이었다. 성서와 예수, 그리고 그리스도교의 과거에 대해 알게 된 사실들은 오늘날의 그리스도교인들에게 어떤 의미가 있을까? 그리고 어떤 의미로 받아들여져야 할까? 이러한 열정은 지난 30년 넘는 세월 동안 내가 쓴 대부분의 글을 관통하고 있다. 그래서 내 이전 책들을 읽은 독자라면 이 책 내용 중 일부가 익숙할지도 모르겠다. 하지만 나는 그 내용을 새로운 방식으로 표현했으며, 지금까지는 길게 다루지 않았던 주제들도 넣었다.

처음에는 이 책을 각주 없이 쓸 계획이었다. 책의 성격상 개인적인 이야기이기도 하고, 때로는 대화하듯 이야기를 풀어가기 때문이었다. 하지만 원고를 써 내려가다 보니, 각주를 활용하고 싶은 부분들이 생겨났다. 어떤 각주는 본문에서 다루기에는 다소 지엽적인 설명이나 세부 사항을 담고 있고, 어떤 각주는 내가 다른 책들에서 더 자세히 다룬 내용을 참고하도록 안내한다. 또 어떤 각주는 추가로 읽어볼 만한 자료를 제안한다. 하지만 내 생각을 '증명'하거나, 참고문헌을 많이 제시함으로써 내가 책을 얼마나 많이 읽었는지 드러내고자 각주를 사용하지는 않았다. 그런 각주들이 이 책에 담긴 내 확신에 더 큰 권위를 준다고 생각하지 않기 때문이다.

끝으로, 내가 속해 있는 출판사 하퍼원의 모두에게 감사를 전한다. 이들과의 인연 역시 거의 30년이 되었다. 함께한 구성원들은 바뀌었지만, 변함없이 고마운 관계다. 특별히 눈코 뜰 새 없이 바쁜 와중에도 늘 큰 도움을 주는 편집자 미키 모들린Mickey Maudlin, 책을 기획하고 제작하며 홍보하고 판매하기 위해 애써 준 마크 토버Mark Tauber, 클라우디아 부토트Claudia Boutote, 테리 레너드Terri Leonard, 케이티 렌츠Katy Renz, 제니퍼 젠슨Jennifer Jensen, 신디 루Cindy Lu, 리사 주니가Lisa Zuniga, 제시 돌취Jessie Dolch, 킴벌리 매커천Kimberly McCutcheon에게 깊은 감사를 전한다.

제1장

상황은 중요하다

이 책은 특정 상황의 산물이다. 일흔 번째 생일을 맞이한 주일, 출석하던 오리건주 포틀랜드의 트리니티 성공회 주교좌 성당에서 할 설교를 준비하던 중 이 책에 대한 생각이 싹텄다. 내 생일은 (언제나 그렇듯) 사순절 기간에 있다. 이 절기의 중심 주제 중 하나는 인간의 필멸성mortality, 곧 죽음이다. 사순절은 재의 수요일, 우리 모두 영원히 살 수 없으며 죽기로 정해져 있다는 사실을 생생하게 상기시켜 주는 특별한 예식으로 시작된다. 이날 예식에 참석한 이들의 이마에는 재로 십자가 모양이 그려진다.

그대는 흙이니, 흙으로 돌아가리라.

우리 중 누구도 이 법칙에서 벗어날 수는 없다.

요즘은 70이라는 나이가 예전의 60 같은 느낌이기는 하지만, 결코 젊다고는 할 수 없다. 존 업다이크John Updike가 말년에 쓴 한 소설에서 70세를 맞이한 주인공은 70세까지 생존한 미국인 남성 중 절반은 80세까지 생존하지 못한다는 사실을 곱씹는다. 이는 전투에 투입된 군인들이 생존할 가능성보다 낮다. 심지어 제1차 세계 대전 동안 참호 속에서 싸우던 군인들, 제2차 세계 대전 당시 독일과 러시아의 격전지에서 싸우던 군인들이 생존할 가능성보다도 낮다.

나는 환갑을 맞이하고도 10년을 더 살았으니, 성서에서 말하는 삶의 연수는 다 채웠다고 할 수 있다.

> 우리가 살아가는 기간이 70년이고 힘이 좋으면 80년 ... (시편 90:10)

이 시편에서도 재의 수요일 예식처럼 죽음을 상기시키는 구절이 이어진다.

> 그나마 거의가 고생과 슬픔에 젖은 것,
> 날아가듯 덧없이 사라지고 맙니다. ...
> 우리의 날들을 올바르게 헤아리는 법을 알려 주셔서,
> 우리가 지혜로운 마음을 얻게 해 주십시오. (시편 90:10,12)

그런데, 늙었다는 게 여지 없이 분명함에도 70을 맞이했다는 사실이 그렇게 싫지만은 않다. 나의 경우에는 오히려 환갑이 되었을 때가 훨씬 힘들었다. 이제는 늙었다는 기분 때문이었다. 어린 시절 내게 60이라는 숫자는 노년의 상징 이상도 이하도 아니었다. 60세가 되었을 때는 아무런 가능성도 남아 있지 않으며 피할 수도, 멈출 수도 없는 내리막이 시작되었다는 느낌이 가득했다.

하지만 일흔이 되니 다른 무엇보다 감사하는 마음이 든다. 하루하루는 마치 라니얍lagniappe(케이준 프랑스 방언으로 '덤'이라는 뜻)처럼 느껴진다. 마치 아이스크림 위에 초콜릿, 그 위에 생크림을 얹었는데 덤으로 체리까지 올린 것처럼 말이다. 요즘 나는 그 어느 때보다 하루하루를 즐겁게 누리고 있다. 일흔이 되어 보니 인생은 너무 짧다. 걱정에 빠져 있거나 심술이 나 있거나 풍해 있기에는 한 시간도 아깝다.

일흔이 되니 뜻밖의 변화도 있다. 놀랍게도, 알 수 없는 힘이 솟아나는 것이다. 삶을 살며 배운 가장 중요한 내용, 가장 중요한 진실을 이야기하고 싶다는 충동이 일었다. 물론 조심해야 할 점도 있다. 70년이라는 세월이 지혜를 보증해 주거나 독단적이어도 된다는 자격증을 주지는 않으니 말이다. 고집 센 바보 늙은이가 되기란 너무나 쉬운 일이다.

사순절 설교를 준비하는 과정에서 내 머릿속에서는 이 책을 이루게 될 세 개의 중심축(기억, 회심, 확신)이 떠올랐다. 먼저 '기억'이 있다. 이 기억에는 유년 시절의 기억을 비롯해 이후 수십 년 동안 축적된 삶의 장면들이 있다. 그리고 그 가운데 '회심'들이, 삶의 방향이 바뀐 전환점들이, '그리스도교인이 된다는 것은 무엇을 의미하는가'에 대한 내 이해가 바뀐 경험들이 일어났다. 그리고 그 모든 과정을 거쳐 내 안에는 '확신', 즉 내가 지금 세상을 바라보는 방식, 쉽사리 흔들리지 않으며 삶을 바라보는 근본적인 관점이 자리 잡게 되었다. 의식하든 의식하지 않든, 나는 기억, 회심, 확신이라는 세 가지가 서로 얽히고 흐르며 우리 삶 전체를 빚어낸다고 생각한다.

한 친구에게 이 책을 쓰고 있다고 말하자, 그는 이렇게 물었다. "그러니까 회고록을 쓰고 있다는 거지?" 질문을 받자 내가 그러고 있는 건지 생각해 보게 되었다. 그리고 답했다. "아니. 자서전이라는 의미에서 회고록은 아니야."

자서전이라는 틀로 보면 내 삶은 별다른 매력이 없다(모든 삶이 나름의 방식으로 특별하다는 점에서는 내 삶도 특별하지만 말이다). 나는 삶의 대부분을 교육 현장에서 보냈다. 유치원부터 시작해 대학원을 거쳤고, 이후에는 40년이 넘도록 크고 작은 대학교와 신학교, 교회에서 가르치는 일을 했고, 지금도 초청 강사로 전국을 누비며 계속 누군가를 가르치고 있다. 교수직 은퇴를 앞둔 몇 년 동안, 나는 이따금 학생들에게 말했다. "나는 다섯 살 때부터 지금까지 학교에 다니고 있습니다." 그러다 보니 내 삶에는 눈에 띄게 특별한 사건도, 영웅담을 늘어놓을 만한 순간도 없었다. 그럼에도 불구하고 이 책은 어떤 면에서 회고록이다. 대부분의 장에 기억, 회심, 그리고 확신이 담겨 있기 때문이다. 그런 면에서 이 책은 매우 개인적인 책이다.

동시에 이 책은 단지 개인적인 이야기만은 아니다. 여기에는 나와 같은 세대의 많은 사람, 그리고 일부 젊은 세대와 공유하는 이야기가 있다. 특정 나이 이상의 미국인들은 대체로 나와 비슷한 방식으로, 그리스도교인으로 성장했다. 그리고 많은 사람이 어린 시절 배운 것들과 이후 학교와 대학, 나아가 인생에서 배운 것들 사이에 일어난 갈등으로 인해 신앙을 잃었다. 성인이 되어 세상을 인식하는 방식은, 어린 시절 세상을 인식하는 방식과는 근본적으로 다르다.

나의 문화적 맥락 - 미국 그리스도교

또 다른 이유로 이 책은 나라는 개인의 이야기 그 이상이다. 이 책은 한 그리스도교인이 살아 온 이야기임과 동시에 한 미국인이 살아 온 이야기다. 나는 일평생 그리스도교인이자 미국인이었고, 6년가량 해외에서 살았을 때도 마찬가지였다. 그리스도교인과 미국인이라는 정체성은 '나'를 형성한 문화이자 기풍이었으며 내가 가장 잘 알고 있는 배경이자 가장 친숙한 배경이기도 하다.

오늘날 미국 그리스도교는 심각하게 분열되어 있으며, 그 분열이 내 삶과 소명, 확신을 형성했다. 몇 차례의 회심을 통해 나는 전통적이고 보수적인 그리스도교인에서 지금과 같은 그리스도교인이 되었다.

물론, 그리스도교에서 분열은 전혀 새로운 현상이 아니다. 분열의 역사는 기원후 1세기, 신약성서 시대까지 거슬러 올라갈 수 있다. 그리스도교는 유대교 안에서 일어난 운동으로 시작되었고, 역사 속 예수의 생애가 끝난 후 얼마 지나지 않아 이방인(유대인이 아닌 이)들까지 받아들이며 확장되었다. 이때 중요한 문제가 하나 생겼다. '예수를 따르게 된 이방인도 할례와 음식법을 포함한 유대교 율법을 따라야 하는가?' 유대인인 예수의 제자 중 일부는 이를 당연시했지만, 유대인인 예수의 제자 중 또 다른 일부, 특히 바울은 격렬히 반대했다. 그는 이방인 회심자들(개종자들)에게 할례와 유대교식 식사 관습을 강요하는 것은 복음을 배반하고 포기하는 것이라고 선언했다.

2세기 초가 되자, 복음서와 바울의 진정 서신(*바울이 직접 작성했음이 확실하다고 여겨지는 일곱 개의 서신)들이 보여 주는 급진적인 전망을 고수한 그리스도교인들과, 그 전망을 당시 지배 문화의 관습, 특히 가부장제와 노예제에 맞춰 조정한 그리스도교인들 사이에 분열이 일어났다. 또한, 이 시기에는 이 세상의 중요성을 부정한 영지주의 그리스도교인들도 있었다. 그들에게 그리스도교란 무엇보다도 영적인 것이었다. 영지주의자들은 이 세계를 변화시키는 것보다 이 세계 위의 다른 세계, 영의 세계에 올라가는 데 골몰했다. 이들을 반대하던 그리스도교인들은 이 세계가 하느님의 피조물이며 그분에게 소중하고 중요한 것이라고 강력하게 주장했다. 결국, 영지주의를 반대한 이들이 승리해 '정통 그리스도교'orthodox Christianity가 되었지만, 두 입장과 양측의 갈등은 오늘날에도 이어지고 있다. 하느님께서는 이 세계를 중시하시는가, 그렇지 않은가? 이후 그리스도교 역사는 이 질문을 명확하게 정리하지 못한 채, 계속 논쟁의 여지를 남기며 전개되었다.

4세기와 5세기, 그리스도교는 로마 제국의 종교가 되었고 분열은 계속되었다. 로마 황제 콘스탄티누스Constantine와 그의 후계자들은 통일된 제국을 위한 통일된 그리스도교를 원했기에, 그리스도교인들 사이의 분쟁을 해결하기 위해 주교들의 공의회를 후원했다. 그중 가장 중요한 공의회는 325년 니케아와 451년 칼케돈에서 있었다(이곳들은 모두 소아시아(오늘날의 튀르키예)에 있었다). 그 결과 '공식'official 혹은 '정통'orthodox 그리스도교가 확립되었다. 그러나 공의회가 내린 결론을 거부하는 그리스도교 흐름은 사라지지 않았다. 정통 그리스도교인들은 이 흐름에 속한 이들을 이단으로 정죄하거나, 때로는 박해했다. 아이러니하지만, 그리스도교의 일치를 추구하는 과정에서 처음으로 그리스도교인들이 서로 폭력을 행사하는 일이 정당화되었.

더 큰 분열도 있었다. 약 1,000년 전인 기원후 1054년, 흔히 '대분열'the Great Schism이라 불리는 사건으로 인해 그리스도교가 서방과 동방으로 갈라졌다. 이로 인해 로마를 중심으로 하는 서

상황은 중요하다 | 19

방 교회와 콘스탄티노폴리스(오늘날의 이스탄불)를 중심으로 하는 동방 교회가 생겨났다. 양측은 서로를 파문했고, 분열은 점점 거칠고 잔인한 대립으로 이어졌다. 1204년 서방 그리스도교 십자군은 같은 그리스도교 도성이었던 콘스탄티노폴리스를 짓밟고 정복했다. 이때 그들이 보인 폭력과 약탈의 수준은, 1453년 무슬림들이 같은 도시를 함락시켰을 때의 수준을 아득히 넘어섰다.

여기서 그치지 않고, 1500년대에는 서방 그리스도교가 한 번 더 분열되었다. 프로테스탄트 종교개혁은 서방 교회를 로마 가톨릭과 개신교(프로테스탄트)로 갈라놓았으며, 시간이 흐르며 개신교는 또다시 수많은 교파로 나뉘었다. 루터교, 성공회, 장로교, 메노나이트, 침례교, 회중교회, 퀘이커, 감리교, 제자회, 그 외에도 수많은 교파가 등장했다. 내가 알기로 1900년경에는 개신교 교파가 3만 개에 달했다. 그 수를 검증해 보지는 않았지만, 과장된 수치라 해도 진실을 담은 과장일 것이다.

나는 교파 간 경계와 긴장이 일상에 뚜렷하게 드러나던 시대 속에서 성장했다. 그중에서도 가장 분명하게 체감할 수 있던 분열은 로마 가톨릭과 개신교 사이의 갈등이었다. 당시 내가 속했던 루터교에서는 로마 가톨릭 신자들이 진정한 그리스도인이라는 데 회의적이었다. 1960년 존 F. 케네디John F. Kennedy가 대통령 선거에 출마했을 때, 내 주변 사람들에게는 그가 로마 가톨릭 신자라는 사실이 커다란 문제가 되었다. 그들은 개신교인이 로마 가톨릭 신자를 대통령으로 뽑아도 되는지를 두고 고심했다.

이 문제는 정치의 문제일 뿐 아니라 개인의 문제, 지역의 문제이기도 했고, 심지어 '영원'과 관련된 문제이기도 했다. 루터교 신자들, 적어도 내가 알고 지낸 루터교 신자들은 로마 가톨릭 신자들이 구원받을 수 없다고 확신했다. '우리'는 그들의 신앙이 심각하게 왜곡되었다고 여겼다. 우리가 보기에 그들은 마리아와 성인, 성상을 숭배했고 '은총으로 말미암은 믿음'이 아닌 '선행에 의한 구원'을 믿었다. 우리 교회에서 연중 가장 중시했던 주는 종교개혁 주간이었는데, 사실상 반反 로마 가톨릭 축제나 다름없었다. 그 주 주일 우리는 가톨릭 교회로부터 해방되었음을 기념하고 축하했다. 그들은 틀렸고, 우리는 옳았다.

이러한 분열은 사회관계에도 영향을 끼쳤다. 내가 기억하기로는 우리 부모님에게 로마 가톨릭 신자인 친구는 단 한 명도 없었다. 부모님(그리고 우리가 알던 거의 모든 사람)은 로마 가톨릭 신자와 연애해서는 안 되며, 심지어는 친구가 되어서도 안 된다고 생각했다. 결혼은 상상도 할 수 없는 일이었다(이 와중에 큰누나는 과감하게 로마 가톨릭 신자와 결혼했지만 말이다). 정도는 덜했지만, 개신교의 다른 교파 사람들과도 어지간해서는 만나지 않는 게 좋다고 생각했다. '우리'는 루터교가 최고라고 믿었고, 친구를 사귈 때도 루터교회 안에서 사귀는 게 좋다고 생각했다.

오늘날의 분열

오늘날 미국 그리스도교의 분열은 과거와는 양상이 사뭇 다르다. 요즘 분열은 교파 중심의 분열이 아니다. 기존 개신교 교파들 사이의 차이는 이제 크게 중요하지 않다. 많은 교파, 교단이 서로를 인정하고 협력 협정을 체결했으며 목회자 자격을 상호 인정하고 파송하는 일도 일어나고 있다. 그리고 주류 개신교 교파들의 경우 과거와 같은 로마 가톨릭에 대한 극심한 거부감은 많이 줄었다. 주류 개신교 교파에 속한 사람이 자기 자식이 다른 개신교 교파에 속한 사람이나 로마 가톨릭 신자와 결혼할까 봐 걱정한다는 이야기는 들어본 지 오래다.

오늘날의 분열을 설명하기 위해서는 이름표가 필요할 것 같다. 물론 이런 이름표 붙이기가 고정관념이나 왜곡된 심상을 낳을 위험이 있다는 사실을 잘 안다. '이름표'label와 '명예훼손'libel은 한 글자 차이다. 하지만 이름표 붙이기는 차이를 설명하는 데 유용하고, 어느 정도는 불가피하기도 하다.

이러한 위험성을 염두에 두고 나는 오늘날 미국 그리스도교의 분열을 다섯 범주(보수conservative 그리스도교인, 관습적인conventional 그리스도교인, 확신 없는uncertain 그리스도교인, 교회를 떠난 그리스도교인, 진보progressive 그리스도교인)로 나누어 보려 한다. 양상은 조금 다르겠지만, 이러한 그리스도교인 유형은 개신교와 로마 가톨릭 모두에서 발견할 수 있다. 그리고 각 범주에는 모두 훌륭한 사람들이 있다. 어느 한 범주가 선을 독점하지도 않는다. 또한, 범주는 칼 같이 나뉘지 않는다. 보수적이면서 관습적인 그리스도교인이 있을 수 있고, 관습적이면서 불확실한 그리스도교인도 있을 수 있고, 관습적이면서 교회를 떠난 그리스도교인도, 다른 경우도 있을 수 있다. 하지만 보수 그리스도교와 진보 그리스도교는 상반되며 결코 양립할 수 없어 보인다. 보수 그리스도교와 진보 그리스도교 사이에는 거대한 분열이 있어서, 오늘날 그리스도교 스펙트럼의 양극단을 이루고 있다.

보수 그리스도교인

보수 그리스도교라는 범주에는 근본주의 그리스도교인, 대다수 복음주의 그리스도교인, 그리고 일부 주류 개신교와 로마 가톨릭 신자들이 포함된다. 개신교 신자든 로마 가톨릭 신자든, 특정 나이 이상의 사람들은 이 보수 그리스도교라는 형태 속에서 자랐다. 오늘날에도 보수 그리스도교인들은 그 형태를 고수해야 한다고 생각한다. 그 근거와 기초는 다음과 같다.

- 하느님의 계시가 지닌 절대적 권위에 대한 신념. 보수적인 개신교 신자들에게 하느님의 권위는 성서에서 비롯된다. 그들이 이해하기에 성서는 오류가 없고 문자 그대로 정확하며 완전하고 절대적인 하느님의 말씀이다. 보수적인 로마 가톨릭 신자들에게 하느님의 권위는 교회의 권위, 즉 교도권에 있으며 그 정점에는 교황의 무류성infallibility이 있다.

- 내세에 대한 강조. 지금 우리가 어떻게 사느냐, 곧 무엇을 믿으며 어떻게 행동하느냐가 중요한 이유는 이에 따라 영원을 보낼 장소가 달라지기 때문이다. 보수적인 개신교 신자들에게, 갈 수 있는 곳은 천국과 지옥이다. 보수적인 로마 가톨릭 신자들에게는 거기에 '연옥'이라는 세 번째 가능성이 더해진다. 연옥은 지옥에 갈 만큼 악하지도, 천국에 갈 만큼 착하지도 않은 사람들이 죽은 후에 정화를 하는 곳이다.

- 죄는 하느님과의 관계에서 가장 중요한 문제이며 우리가 천국에 이르지 못하게 하는 장애물이다. 그러므로 우리에게 가장 절실하게 필요한 것은 죄의 용서다.

- 예수는 우리의 죗값을 대신 치르기 위해 죽었고, 그로 인해 우리는 용서받았다. 그는 하느님의 아들이었기에 죄가 없었고, 따라서 우리의 죄에 대한 완전한 희생 제물이 될 수 있었다.

- 영원한 생명(대체로 천국을 의미한다)에 이르는 길은 예수를 믿는 것, 그리고 그의 죽음이 우리를 구원함을 믿는 것이다.

대다수 보수 그리스도교인은 예수와 그리스도교가 구원의 '유일한 길'이라고 믿는다. 마찬가지 맥락에서 보수적인 로마 가톨릭 신자들은 보통 '교회 밖에는 구원이 없다'extra Ecclesiam nulla salus는 교리를 지지한다. 보수적인 개신교인들은 로마 가톨릭이 유일한 길이라는 생각은 거부하지만, 그들도 예수가 유일한 길이라고 주장한다. 때로는 자기가 속한 교파가 유일한 길이거나 가장 좋은 길이라고 주장하는 경우도 있다.

일부 보수 그리스도교인들은 여기에 몇 가지 항목을 추가한다. 예를 들어, 예수가 동정녀에게서 태어났으며, 물 위를 걸었으며, 육신이 죽은 자들 가운데서 살아났으며, 그 육신 그대로 다시 오리라고 믿는다. 이 중에서 무언가를 빼도 된다는 보수 그리스도교인은 보기 드물다.

물론 보수적인 개신교에도 분열이 있다. 일부 보수 개신교인들은 '번영 복음'prosperity gospel과 '재림이 곧 일어나리라는 복음'second coming is soon gospel을 믿는다(보수 개신교인 중에서도 이 둘을 강경히 거부하는 이들이 있다). 번영 복음은 그리스도교인이 되면 이 땅에서 부유한 삶을 누릴 수 있다고 선언한다. 교인 수가 2만 명이 넘는 한 초대형 교회의 문 위에는 이와 같은 문구가 새겨져 있다. "하느님의 말씀은 부를 얻는 길이다."

재림 복음은 예수가 최후 심판을 위해 곧 올 것이라고, 따라서 이를 준비하는 것이 중요하다고 강조한다. 이러한 이야기를 선포하는 책들은 최근 수십 년간 베스트셀러 자리에 있었다. 40년 전에는 할 린지Hal Lindsey가 『대유성 지구의 종말』The Late Great Planet Earth을 썼고, 좀 더 최근에는 팀 라헤이Tim LaHaye와 제리 젠

킨스Jerry Jenkins의 『남겨진 자들』Left Behind 시리즈가 베스트셀러에 올랐다. 얼마나 많은 그리스도교인이 재림과 최후 심판이 가까이 왔다고 믿고 있을까? 한 여론조사에 따르면, 미국 그리스도교인 중 20%는 향후 50년 내 예수가 다시 올 것이라고 확신하고 있으며, 또 다른 20%는 그럴 수도 있다고 생각한다.

관습적인 그리스도교인

관습적인 그리스도교인이라는 범주는 단순히 누군가가 그리스도교인이라는 사실을 넘어 그가 왜, 어떻게 그리스도교인이 되었는지, 그리고 그리스도교인으로서 어떤 내용을 받아들이고 있는지를 모두 아우른다.

우선 동기를 살펴보자. 내가 속한 세대, 그리고 그 이전 세대와 이후 세대 중 일부가 교회에 속하게 된 이유는 그가 속한 문화, 그리고 가족의 영향 때문이었다. 이 경우 교회에 가는 건 지극히 자연스럽고 당연한 일이었다. 이와 마찬가지로 오늘날에도 그런 관습 때문에 교회 생활을 이어가는 이들이 있다. 어떤 사람들은 그리스도교 공동체, 예배, 헌신, 연민의 마음을 소중히 여기기 때문에 교회에 남기도 한다.

관습적인 그리스도교인들 역시 보수 그리스도교인들의 그리스도교 이해를 공유한다(하지만 보수 그리스도교인들처럼 열정적이지는 않다). 어린 시절에 그렇게 배웠기 때문이다. 관습적인 그리스도교인 중 다수는 그리스도교 신앙이란 훗날 천국에 가기 위해 지금 예수를 믿는 것이라고 생각한다.

오늘날 미국 그리스도교에서 관습적인 그리스도교인들은 그리스도교 스펙트럼에서 중간 정도 위치에 있다. 그들은 보수 그리스도교인들처럼 성서에 오류가 없다고 주장하거나 특정 교리를 고집하는 데 매진하지 않는다. 그러나 그렇다고 해서 (이어서 설명할) 진보 그리스도교인인 것도 아니다. 어쩌면 여기에 속한 이들은 진보 그리스도교라는 말을 전혀 들어보지 못했을 수도 있다.

확신 없는 그리스도교인

확신 없는 그리스도교인에는 많은 관습적인 그리스도교인들이, 그리고 보수 그리스도교인이었던 이들이 포함된다. 어느 순간 그들은 보수적, 관습적인 그리스도교의 가르침에 확신을 갖지 못하게 되었다. 성서는 정말로 하느님의 직접적인 계시인가? 성서는 문자 그대로 해석해야 하는가? 예수는 정말로 동정녀에게서 태어났는가? 그는 정말로 복음서에 적힌 모든 기적을 행했는가? 그는 정말로 우리의 죗값을 치르기 위해 죽어야만 했는가? 그리스도교는 정말로 구원에 이르는 유일한 길인가? 이러한 의문에도 불구하고 이 사람들은 관습을 따라 이따금, 혹은 정기적으로 교회에 계속 출석하며 공동체의 일원으로 남아 있다. 이 경우에는 그리스도교의 가르침에 대한 믿음보다는 소속감이 더 큰 비중을 차지할 때가 많다.

교회를 떠난 그리스도교인

그리스도교인이라는 범주에 교회를 떠난 사람들을 넣는 것이 이상해 보일 수도 있겠지만, 이들 또한 그리스도교인이라는 범주에서 상당한 비중을 차지하고 있다. 나는 미국에서 가장 큰 '교파'는 '과거에 로마 가톨릭 신자였던 사람들'이라는 이야기를 여러 번 들었다. 그 이야기가 사실인지 아닌지는 모르겠지만 이전에 로마 가톨릭 신자였다가 더는 교회에 가지 않는 사람들은 정말 많이 있다. 개신교도 마찬가지다. 지난 50년 동안 주류 개신교 교파는 구성원의 약 40%를 잃었다. 왜일까? 이들 중 대다수는 더 보수적인 교회로 가지 않고, 교회 자체를 떠났다. 그들이 자라며 배운 그리스도교가 더는 설득력 있게 다가오지도 않고, 매력 있어 보이지도 않기 때문이다.

그러나 교회를 떠난 그리스도교인 중 일부는 여전히 교회의 주변부에서 살아가고 있다. 일부는 가끔 교회에서 예배를 드리기도 하고, 종교와 그리스도교 관련 교육 행사에 참여하기도 한다. 여전히 그리스도교가 말하고자 하는 참된 의미를 궁금해하고, 자신이 공감할 수 있는 신앙의 길을 찾고 있으며, 언젠가는 자신이 받아들일 수 있는 그리스도교의 전망, 관점을 만날 수 있으리라는 희망을 품고 있는 것이다.

진보 그리스도교인

진보 그리스도교인들은 주로 주류 개신교 교파에서, 그리고 로마 가톨릭 교회에서는 '충성스러운 반대파'loyal opposition들('로마 가톨릭 교회 지도자 집단이 강조하고 지향하는 바에 반대하면서도 로마 가톨릭 신자로 남아 있는 이)에서 찾아볼 수 있다(이들 중 많은 사람은 프란치스코 교황이 로마 가톨릭 교회를 새로운 방향으로 이끌어 주리라는 기대를 품고 있다).

진보 그리스도교는 보수 그리스도교의 가르침 중 많은 것을 부정한다. 이들은 성서 무오설, 성서 문자주의, 예수가 우리의 죗값을 치르기 위해 죽었다는 믿음, 그리스도교만이 구원에 이르는 유일한 길이라는 믿음을 거부한다. 그래서 사람들은 진보 그리스도교인들이 무엇을 믿는지보다는, 무엇을 믿지 않는지를 더 잘 알고 있는 경우가 많다. 이 점은 놀랍지 않다. 진보 그리스도교는 많은 부분에서 과거의 관습적인 그리스도교, 보수 그리스도교를 향해 '아니오'를 선언하며 등장했기 때문이다. 하지만 진보 그리스도교인들도 굳게 믿고 소중히 여기며 긍정하는 것들이 있다. 이들이 부정하는 것들만큼 널리 알려져 있지는 않지만 말이다.

- 성서는 그리스도교의 거룩한 경전이며, 그렇기에 그리스도교인에게 가장 중요한 책이다. 설령 오류가 없지 않아도, 문자 그대로 해석할 수 없어도 그러하다. 대신 성서는 역사적으로 해석해야 하며(이는 성서라는 고대의 본문을 읽기 위해서는 고대라는 맥락contexts을 고려해야 한다는 의미를 지니고 있다), 은유적으로

해석해야 한다(이는 문자 그대로의 의미보다 더 넓은 의미에 초점을 맞추어야 함을 뜻한다).

- 구원은 내세에 관한 것보다는 지금의 삶에서 이뤄지는 변화, 곧 우리 자신과 세상이 새롭게 되는 것과 더 깊은 관련이 있다.

- 인간이 처한 곤경이 무엇인지, 또한 우리에게 무엇이 필요한지에 대한 성서의 이해는 보수 그리스도교, 혹은 관습적인 그리스도교가 강조하는 죄와 용서보다 훨씬 풍부하고 넓다. 우리는 이집트에서 파라오에게 속박되어 살고 있으며 해방이 필요하다. 우리는 바빌론에서 포로로 살고 있고, 그렇기에 되돌아가 잃었던 것을 되찾을 길이 필요하다. 우리는 삶의 한복판에서 눈이 멀고, 병들고, 상처 입고, 죽은 존재들이며 다시 보고, 치유받고, 새롭게 태어나야 한다.

- 예수는 그리스도교의 중심이다. 그리스도교인들에게 그는 하느님의 결정적 계시다. 예수의 삶에서 우리는 하느님을 볼 수 있다. "하느님의 아들"이자 "육신이 된 말씀"인 그는, 하느님의 성품과 뜻, 열망과 헌신을 드러낸다. 그러나 그가 온 목적은 우리의 죗값을 대신 치르기 위함이 아니었다. 그런 식의 주장은, 실은 천 년도 되지 않은 주장이다.

- 믿음은 중요하다. 단, 이때의 믿음은 오늘날 그리스도교에서 통용하는 믿음, 말하자면 하느님과 성서, 예수에 관해 참이라고 여기는 일련의 진술을 (설령 그것이 의심스럽더라도) 믿는 것과는 다를 수 있다. 그런 일반적인 믿음은 성서가 말하는, 그리고 근대 이전 그리스도교가 말하던 믿음이 심각하게 왜곡된 것이다. 믿음believing의 진정한 의미는 '사랑함'beloving이라는 말로 더 잘 설명할 수 있다. 오늘날 이야기하는 믿음에는 삶을 변혁하는 힘이 거의 없다. 교회의 교리를 모두 다 (일반적인 의미에서) 믿는다 해도, 그의 삶은 전혀 바뀌지 않을 수 있다. 하지만 고전적인 의미에서 우리가 무언가를 믿는다면, 달리 말해 사랑한다면 그 사랑의 대상은 우리의 삶을 빚어내며, 우리 삶을 바꾼다.

- 그리스도교는 '길'이다. 구약과 신약은 한목소리로 변화를 향한 여정, 생명으로 인도하는 길을 이야기한다. 실제로 예수의 부활 이후 초기 예수 운동을 부르던 말은 "길"(사도 9:2)이었다. 더욱이, 그리스도교가 그 "길"을 구현한다고 해서, 꼭 그 길이 유일하고도 배타적인 길일 필요는 없다. 진보 그리스도교인들은 예수가 계시한 "길"을 다른 오래된 종교 전통들에서도 알고 있다고 본다. 그리스도교는 하느님(혹은 신)이나 종교에 대한 독점권을 갖고 있지 않다. 예수는 보편적인 길이 성육신한 존재다.

사람들이 보기에는 보수 그리스도교가 더 눈에 띈다. 그리고 보수 그리스도교는 성장 중인 반면 진보 그리스도교는 쇠퇴하고 있다는 인식도 흔하다. 그러나 진보 그리스도교는 이제 그리스도교계에서 엄연한 한 흐름으로 자리 잡았다. 2013년 한 여론조사에 따르면, 미국인의 28%는 자신을 "종교적 보수주의자"라고, 19%는 "종교적 진보주의자"라고 생각한다. 그러므로 진보 그리스도교인보다 보수 그리스도교인이 더 많은 것은 사실이지만, 그 격차는 그리 크지 않으며, 점점 줄어들고 있다. '진보'를 자처하는 이들의 비율이 가장 높은 교파는 로마 가톨릭 교회이고 그다음은 주류 개신교(성공회, 연합 감리교, 루터교, 미국 장로교, 그리스도연합교회) 신자들이다.[1]

그뿐 아니라 진보 그리스도교는 주류 개신교 교파 제도에도 영향력을 떨치고 있다. 수십 년 전부터 진보 그리스도교인들은 여성도 성직자가 되어야 한다고 외쳤고, 그렇게 제도가 바뀌는 데 앞장섰으며 최근에는 동성애를 인정하고 동성애자도 성직자가 될 수 있다고 외치는 이들도 많아졌다.

이러한 결정들은 성서가 하느님의 무오하며 절대적인 계시라는 보수 그리스도교인들의 생각과 양립할 수 없다. 따라서 자신

---

[1] 공공 종교 연구소Public Religion Research Institute 및 브루킹스 연구소Brookings Institution 경제 가치 조사(2013년 7월), 조사 결과 연령에 따라서도 큰 차이가 드러났다. 68세 이상 피조사자 중 47%는 자신을 종교적 보수주의자라고, 12%만 진보라고 생각했다. 18~33세에서는 17%가 자신이 종교적 보수주의자라고, 23%는 진보라고 생각했다.

이 의식하든 의식하지 않든 주류 개신교 교파에 속한 이들은 명시적으로는 아니더라도 암묵적으로 진보 그리스도교에 속해 있다고 할 수 있다.

정치적으로 분열된 그리스도교

보수 그리스도교인과 진보 그리스도교인의 분열은 신학적 차이 때문이기도 하지만 정치적 차이 때문이기도 하다. 대다수 보수 그리스도교인은 '그리스도교 우파'the Christian Right에 속해 있다. 21세기에 치러진 대통령 선거들에서 백인 보수 그리스도교인 중 약 80%는 공화당 후보에게 투표했다. 이는 다른 선거에서도 마찬가지다. '보수 그리스도교'와 '그리스도교 우파'는 동일하지 않지만, 많은 교집합이 있다(젊은 보수 그리스도교인의 경우에는 겹치는 부분이 한결 덜하다).[2]

보수 그리스도교가 관심을 기울이는 정치 사안은 주로 개인의 행동과 신념에 대한 규범이다. 그래서 성과 관련된 문제들이 많다. 낙태, 동성애, 동성 결혼, 교회와 가정과 사회에서 여성의 역할, 성교육에서 혼전 순결을 가르치는 것, 심지어 피임에 반

---

[2] 정치적으로 진보적인 '옛' 복음주의자에는 짐 월리스Jim Wallis, 토니 캄폴로Tony Campolo, 론 사이더Ron Sider 같은 이들이 있다. 그리스도교 우파의 정치적 관심사가 그다지 중요하지 않은 젊은 복음주의자들에 대한 설득력 있는 연구를 위해서는 다음을 참조하라. Tom Krattenmaker, *The Evangelicals You Don't Know: Introducing the Next Generation of Christians* (Lanham, MD: Rowman & Littlefield, 2013).

대하는 것 등등. 이 밖에 보수 그리스도교인이 관심을 기울이는 정치 문제가 있다면 그리스도교를 문화 속에서 명시적으로 드러내는 일에 관한 것을 들 수 있다. 공립 학교에서 기도를 하는 것, 공공장소에 십계명을 게시하는 것, 성탄절Christmas에 '그리스도'Christ라는 이름을 되살리는 것, 공립 학교에서 진화론과 더불어 '창조론'을 가르치는 것 같은 게 여기에 해당한다.

반면, 진보 그리스도교인들이 보기에는 이러한 문제들이 우리 시대의 가장 중요한 정치 쟁점은 아니다(보수적인 그리스도교인들이 이미 쟁점화시켜 놓았다는 것을 제외하면 말이다). 오히려 이들에게 가장 중요한 정치적 관심사는 정의와 평화다.

여기서 정의는 단지 절차의 정의, 법률을 공정하고 평등하게 적용하는 것만을 뜻하지 않으며 그보다 더 넓은 의미에서의 정의, 사회 전체의 공정, 즉 '공동선'common good을 가리킨다. 사회는 모두의 이익을 고려해 구성되어야 하며, 혜택을 누리는 이들의 이익만을 우선하지 않아야 한다. 의료 혜택과 양질의 교육은 여유가 있는 사람들뿐 아니라 모두가 누려야 한다. 사람들은 생계를 유지하는 데 필요한 최소한의 임금을 받을 수 있어야 하고, 그래서 전업으로 일하는 사람이라면 누구든 자신이 받은 월급으로 음식과 주거 비용을 감당할 수 있어야 한다. 일을 할 수 없는 사람은 돌봄을 받아야 한다. 이렇게 정의를 공동선의 관점으로 이해할 때 사회는 단순한 개인들의 집합체가 아닌 공동체이며 함께 살아가는 구조다.

평화는 폭력을 최소화하는 것이다. 진보 그리스도교인들은 보통 사형제에 반대하고 총기 규제 강화에 찬성한다. 또한 이들 중 많은 이가 미국의 과도한 군사력 의존과 사용에 반대하거나 깊은 우려를 표하고 있다. 예수와 초기 그리스도교가 비폭력을 가르쳤음을 알게 된 이들은 하느님의 이름을 내세우며 미국이 펼치고 있는 정책들과 그리스도교의 가르침이 어떻게 조화를 이룰 수 있는지 의문을 품고 있다.

이러한 측면에서 이 책은 한 사람이 어떻게 신학의 분열, 정치의 분열을 가로질렀는지를 다루고 있다. 이 사람, 나는 비교적 온건했던 어린 시절 관습적인 그리스도교에서 시작해 나이가 들며 진보 그리스도교에 이르렀다. 이 책에서는 바로 그 여정을 다룬다. 여기에는 반세기도 더 전에 어떻게 그리스도교인이 되었는지에 대한 기억, 그리스도교와 삶 전체를 바라보는 방식을 바꾼 회심들(지적, 정치적, 종교적 전환들)이 담겨 있으며, 그 회심들로 인해 형성된 확신이 70대에 접어든 내 삶을 어떻게 이끌고 있는지에 관한 이야기도 담겨 있다. 이 모든 것은 서로 얽히며 오늘날 그리스도교인, 그리고 미국인으로 살아간다는 것에 관한 내 관점, 믿음, 생각을 빚어내고 있다.

제2장

신앙은 여정이다

내 삶에 관한 이야기, 그리고 나의 그리스도교 여정 이야기는 결국 기억과 회심, 확신에 관한 이야기다. 기억은 내가 성장하며 무엇을 받아들였는지와 관련이 있다. 회심은 성서, 하느님, 예수, 그리스도교인이 된다는 것과 관련된 내 이해에 일어난 중대한 변화이다. 그리고 확신은 그 변화들을 통해 형성된 신념들이다.

내 삶에서 회심은 크게 세 가지 측면(지적, 정치적, 종교적 측면)에서 일어났다. 이 장에서는 지적, 정치적 회심과 이를 통해 형성된 확신을 다루고, 종교적 회심과 확신에 대해서는 다음 장에서 이야기하겠다.

이야기를 시작하며 먼저 나누고 싶은 생각이 있다. 우리 한 사람 한 사람이 있다는 사실은 사실상 거의 불가능에 가까운 사건이라는 것이다. 언젠가 한 철학 소설에서 한 인물이 우리 한 사람 한 사람이 얼마나 있을 법하지 않은 일인지, 얼마나 불가능한 일인지를 계산하던 장면이 떠오른다. 수천 년 수많은 세월 동안 내 모든 조상이(그 많은 유아 사망과 질병, 전쟁을 견디며) 한 명도 빠짐없이 자녀를 낳을 수 있는 나이까지 살아남아야만 지금의 내가 있을 수 있다. 이 책을 읽고 있는 당신도 마찬가지다. 우리는 모두 믿을 수 없을 정도로 희박한 확률을 뚫고 태어난 존재들이다. 우리는 그 자체로 하나의 경이다.

그렇다면 '나'의 이야기는 언제부터 시작해야 하는 걸까? 내가 기억하는 가장 이른 순간부터일까? 아니면 그보다 좀 더 거슬러 올라가야 할까? 나의 과거, 나아가 내가 태어나기도 전의 과거는 지금 나에게 어떤 영향을 어느 정도로 미칠까?

물론, 조상은 중요하다. 우리는 모두 각자 태어난 가정에서 유전적, 사회적 유산을 물려받는다. 하지만 나는 조상에 대해 아는 것이 거의 없다. 증조부모 이름조차 알지 못한다. 한쪽은 노르웨이인, 다른 한쪽은 스웨덴인이었다는 사실만 알고 있을 뿐이다. 그분들은 조용히 살다 갔고, 이름조차 기록되지 않았다. 조부모님에 대해서도 별로 기억이 없다. 한 분은 내가 태어나기 전에 돌아가셨고, 두 분은 내가 세 살이 될 무렵 세상을 떠나셨고, 마지막 한 분은 내가 여덟 살 때 돌아가셨다. 마지막으로 돌아가신 할머니에 대해서는 몇몇 장면이 기억에 남아 있지만, 다른 분들에 대한 기억은 없다. 조부모님들에 대해 내가 아는 것은 대부분 가족을 통해 전해 들은 것이다.

그 시절 그곳

나는 1940년대 초, 미네소타주의 어느 스칸디나비아계 미국인 가정에서 태어났다. 어머니 쪽은 노르웨이 혈통으로 조상들이 1860년대 미국으로 이주해 왔다. 어머니의 아버지, 그러니까 외할아버지는 미네소타 서부에 있는 인구 300명 남짓한 작은 마을에서 잡화점을 운영하셨다. 거기서 어머니는 일곱 자녀 중 막내로 1904년에 태어나셨다.

아버지는 스웨덴 혈통이었다. 아버지의 부모님은 1890년대 초 스웨덴에서 건너와 미네소타로 이주해 농사를 하셨다. 아버지는 열 남매 중 맏이였고, 그중 일곱 명만 살아남아 성인이 되었다. 아버지는 1896년생인데, 가끔은 나와 아버지가 합쳐서 세 세기를 살아냈다는 사실에 놀라기도 한다.

아버지가 태어났던 무렵, 인류는 아직 하늘을 날지 못했고, 자동차도 거의 없었다. 아마도 아버지가 처음으로 자동차를 본 것은 여섯 살이나 일곱 살, 어쩌면 그보다 더 나중이었을지도 모른다. 그때까지도 농사는 동물의 힘과 사람의 손에 의존했다. 수십 년 전 시애틀에서 보았던 19세기 말 풍경화 전시회가 떠오른다. 그림들을 보면서 새삼 나는 그 그림들이 가솔린 엔진 이전의 세계를 담고 있다는 사실을 깨달았다. 자동차도, 비행기도, 동력선도 없는 세계, 아버지는 바로 그런 세계에서 태어났다.

아버지가 스물한 살이 되던 1917년, 아버지의 세계는 극적으로 변했다. 그는 제1차 세계 대전에 징집되어 프랑스 최전선에 배치되었다. 아버지는 중간 지대no-man's-land('양군 사이 어느 측에도 속하지 않는 위험한 중간 지역)에서 들것을 메고 부상자를 옮기고 전사자를 수습하는 임무를 수행하며 대부분의 시간을 보냈다. 나는 시골 농장에서 자란 청년이 전쟁터에서 무엇을 보고, 듣고, 냄새 맡고, 맛보고, 느꼈는지 궁금했다. 하지만 아버지에게 이를 물어볼 기회는 없었다. 어릴 적에 어머니는 아버지가 전쟁 이야기를 하고 싶어하지 않는다고 말씀하셨다. 그리고 내가 이십 대 초반이었을 때 아버지는 세상을 떠나셨다.

전쟁이 끝난 후, 아버지는 버터를 만들어 파셨다. 그 일을 꽤 잘해, 집에는 아버지가 버터 만들기 대회에서 우승해 받은 트로피들이 가득했다(그중 몇 개는 내가 가지고 있다). 그 기술 덕분에 아버지는 미네소타 한 작은 마을에 있는 유제품 공장에 취직했다. 그 마을에는 어머니가 살고 있었고, 그곳에서 두 분은 만나 1928년 결혼하셨다. 스웨덴계 남자와 노르웨이계 여자의 결혼은 마을 사람들 눈엔 '이질적인 조합'처럼 보였고, 오래 가지 못할 거라고들 수군거렸다고 한다. 하지만 결혼 생활은 쭉 이어졌다. 부모님은 네 아이를 두셨고, 나는 막내로 제일 위와는 아홉 살 차이가 났다. 어머니는 30대 후반에 나를 임신하셨는데, 부부가 그

나이에 '아직도 그러고 있다'는 사실을 온 동네에 알리는 셈이어서 무안하셨다고 한다. 당시에는 그런 일이 민망했던 모양이다.

내가 태어난 지 6개월 정도 지났을 때, 아버지는 노스다코타주 북동부에 있는 유제품 공장을 인수했고, 우리 가족은 공장이 있던 인구 1,400명 되는 마을로 이사했다. 우리는 거기서 10년을 살았고, 내 형제자매들은 그 마을 고등학교를 졸업하며 작은 마을 식으로 인기쟁이가 되었다. 어머니와 아버지도 지역사회 활동에 적극적이었다. 비록 타지에서 이사 온 가족이었지만, 우리 가족은 환영받았고, 존경받기도 했다.

아버지 공장은 잘 운영되었고, 우리는 넉넉하게 살았다. 1948년, 결혼 20주년을 맞아 아버지는 어머니에게 아담한 그랜드 피아노를 선물했다. 피아노를 실은 배달 트럭이 집을 찾아오던 날 나는 집에 있었는데, 어머니가 배달 기사에게 집을 잘못 찾아온 것 같다고 이야기하셨던 게 기억난다. 하지만 배달 기사는 집을 잘못 찾지 않았다. 피아노는 거실 한가운데를 차지했고, 나는 피아노가 없던 거실을 기억하지 못한다.

집 1층에는 주방, 식당, 거실, 서재, 집 전체 너비만 한 베란다가 있었다. 2층으로 올라가면 4개의 침실과 욕실이 있었고, 그 위에는 다락방이 있었다. 다락방에는 (봉투와 우표까지 그대로 남아 있는) 오래된 편지뭉치, 낡은 장난감, 아버지가 참전 때 입었던 군복 같은 보물들이 가득했다. 그 시절 내게 집은 너무나 커 보였고, 당시 여러 상황을 고려했을 때 실제로도 꽤 큰 집이었다.

그리스도교인으로 자라나다

스칸디나비아계 미국인이라는 집안 내력을 생각하면, 우리 가족이 루터교 신자였다는 사실은 전혀 놀라운 일이 아니다. 조상들과 친척들(혈연으로 이어진 12명의 이모, 삼촌과 그들의 배우자들, 그리고 서른 명이 넘는 사촌들)에게 그랬듯, 우리 가족에게도 교회는 중요했다. 스웨덴 출신 농부였던 할아버지는 매주 주일학교에 나가 손에 성서를 들고, 눈물을 흘리며 학생들을 가르치곤 하셨다. 할아버지의 아들 셋, 그러니까 내 삼촌들은 루터교 목사였다. 노르웨이 쪽 삼촌, 곧 외삼촌 중 한 분도 루터교 목사였고, 또 다른 한 분도 목사나 마찬가지였다.

일요일이 되면 우리는 늘 교회에 있었다. 교회에 빠질 수 있는 유일한 이유는 제대로 병에 걸렸을 때뿐이었는데, 그것도 먹은 것을 다 토해낼 정도로 아파야 했다. 주일학교도 중요했다. 초등학교에 들어가기 전에 이미 나는 여러 해 동안 개근상을 받았다. 견진 수업은 중학교 2학년 때 시작해서 2년 반 동안 일주일에 두 번씩 참석했다. 한 번도 빠진 적이 없었다. 너무 중요한 일이었기 때문이다.

이야기가 너무 억압적이거나 지나치게 들릴까 봐 덧붙이면, 당시 나는 이를 전혀 힘들게 여기지 않았다. 모든 것이 괜찮았고, 심지어는 즐겁기도 했다. 게다가 그 시절 기준으로 보자면 우리 집의 양육 방식이 종교에 너무 목메는 편도 아니었다. 교회 활동은 우리(그리고 우리가 알던 대부분의 사람)가 으레 하던 일이었고, 그 시절 그곳의 관습이었다.

열 살에서 열두 살쯤 되었을 때, 나는 그리스도교에 대한 나름의 생각을 갖게 되었다. 특정 시간과 장소, 그리고 특정 집안에서 자라며 얻은 결과물이었다. 나는 그 시절 그곳 그 사람들과 가족들이 보던 대로 '보는 법'을 배웠다. 우리는 모두 처음에는 그렇게, 특정 울타리 안에서 자라기 마련이다.

그 시절 내가 받아들인 그리스도교 신앙은 1장에서 이야기했던 관습적인 그리스도교의 루터교 버전이었다(오늘날 이 형태는 보수 그리스도교로 굳어졌다). 이 신앙에서 가장 중요한 질문은 우리가 영원을 어디서 보낼 것인가였다. 천국인가, 지옥인가? 나는 하느님께서 부모님처럼 우리를 사랑하신다고, 또한 부모님이 그러하듯 우리가 어떻게 살아야 하는지를 알려 주신다고 배웠다. 하지만 우리는 순종하지 않았고 양처럼 길을 잃었다. 그런 우리에게 가장 필요한 것은 용서였다. 하지만 우리가 저지른 죄는 이에 상응하는 대가를 치러야 했고, 하느님의 아들인 예수가 대신 대가를 치렀다. 그리하여 우리는 구원을 받을 수 있게, 천국에 갈 수 있게 되었다. 예수를 믿는 것은 이를 위한 기본 조건이었다. 어린 시절 나에게 이 모든 것을 믿기란 너무나 쉬운 일이었다. 나는 세상의 이치가 그러하다고 여겼고 의심할 생각조차 하지 않았다. 당시 내 주변 사람들, 내가 소중히 여기던 모든 사람도 그랬기에 달리 생각할 이유가 없었다.

내가 태어나 처음으로 암송한 성서 구절은 어린 시절 내가 이해한 바를 집약하고 있었다. 네 살 때 나는 주일학교 성탄절 특별 행사에서 요한복음서 3장 16절을 배웠다. 당시 우리 교회에서 쓰던 제임스 흠정역 성서에는 이렇게 적혀 있었다.

> 하느님께서 세상을 이처럼 사랑하사 자신의 독생자를 주셨으니 이것은 누구든지 그를 믿는 자는 멸망하지 않고 영원한 생명을 얻게 하려 하심이라. (요한 3:16)

당시 어린 내게는 무척 길어 보였던 구절이지만, 실제로는 10초면 말할 수 있는 짧은 구절이었다. 하지만 이 짧은 구절에 모든 것이 담겨 있다고 교회는 이야기했고, 나도 그렇게 믿었다. 그리스도교의 핵심은 하느님께서 우리의 죄 때문에 예수를 보내 죽게 하셨고, 우리가 그를 믿으면 용서받아 천국에 갈 수 있다는 이야기였다.

그로부터 수십 년이 지난 지금 요한복음서 3장 16절, 그리고 그리스도교에 대한 내 생각은 근본적으로 바뀌었다. 하지만 내가 어린 시절 믿었던 저 이야기, 해석 방식은 여전히 미국 그리스도교에 널리 퍼져 있다. 미국 그리스도교인의 절반, 어쩌면 그 이상에게 저 이야기는 그리스도교의 핵심이자 복음, 즉 기쁜 소식이다.

오늘날 보수 그리스도교인들과 과거 우리 가족의 차이가 있다면, 우리 가족은 성서가 무오하다고 믿거나 성서의 모든 구절을 문자 그대로 해석해야 한다고 생각하지 않았다는 데 있다. 그렇다고 해서 성서 무오설과 성서 문자주의를 부정하지는 않았다. 당시 우리는 '성서 무오설'과 '성서 문자주의'라는 말도 몰랐다. 하지만 우리 가족은 창세기의 창조 이야기가 실제로 6일 만에 모든 일이 일어났다는 뜻은 아닐 수 있다고, 아니어도 괜찮다고 생각했다. 그렇다고 해서 성서가 하느님의 말씀이라는 믿음이 흔들리지는 않았다. 물론, 누군가가 이집트 탈출(출애굽) 이야기(이집트에 내려진 열 가지 재앙, 하느님이 돌에 새기신 십계명, 둘로 갈라진 바다, 하늘에서 내린 만나 등)가 성서가 전하는 대로 일어나지 않았을 수도 있다고 말했다면 우리 가족은 충격을 받았을 것이다. 그래도 우리는 창조가 6일 만에 이루어졌다고 믿지는 않았다. 오늘날 '강성 문자주의자'들에 비하면 '온건 문자주의자'들이었던 셈이다.

잠시 가족 이야기로 돌아가 보자. 내가 열 살 때쯤 우리 가족의 삶, 그리고 나의 삶은 극적으로 변했다. 아버지의 유제품 공장이 망한 것이다. 아버지가 잘못한 것은 별로 없었다. 당시 지역의 대형 공장들은 작은 마을에 있던 유제품 공장들을 집어삼키고 있었다. 굳이 아버지의 잘못을 찾아내자면, 그것은 알코올 중독에 빠진 직원 한 명을 해고하지 않은 것이다. 그 직원에게는 가족이 있었고, 그중에는 우리 남매의 학교 친구들도 있었다. 아버지가 그를 해고했다면 그 가족은 생계를 유지할 수 없었을 것이다. 하지만 어느 날 술에 취한 채 그 직원 아저씨는 다른 주로 보내려고 준비해 둔 버터 한 판을 오염시켰고, 하필이면 연방 식품 조사관들이 이를 발견했다. 이로 인해 아버지는 거액의 벌금을 내야 했을 뿐 아니라 유제품 공장의 평판도 땅에 떨어졌다. 아버지는, 우리 가족은 파산했다.

불명예를 안은 채 우리 가족은 미네소타주 무어헤드로 이사했다. 노스다코타주 최대 도시인 파고와는 강을 사이에 둔 쌍둥이 도시였다. 1953년, 열한 살이던 내게 합산 인구가 5만이 넘었던 파고와 무어헤드는 찬란한 빛과 같은 거대한 도시였다. 영화관이 여섯 개나 있었고, (9층) 고층 건물도 있었으며 백화점에는 에스컬레이터도 있었다.

하지만 무어헤드에서의 실제 삶은 가난과 수치로 얼룩졌다. 우리는 트레일러 주차장('트레일러를 꾸며 만든 간이 이동 주택을 주차해 두고 사는 곳. 주로 정식 주택을 살 형편이 되지 않는 사람들이 거주)에서 살았다. 아버지는 유제품 공장이 망한 후 쓸 수 있는 돈을 다 긁어모아 트레일러 하나를 300달러를 주고 샀다. 그 트레일러가 우리가 살 집이었다. 너비가 2미터, 길이가 6미터 남짓한 트레일러 주택에서 우리는 수도도 없이 요강을 쓰며 살았다. 50대 후반의 나이에 아버지는 시간당 1달러를 받는 막노동자가 되었다.

우리 중 아무도 트레일러 주차장에서 가난하게 살 준비가 되어 있지 않았다. 그전까지만 해도 우리 가족에게 트레일러 주차장에 사는 사람들은 실패자들, (요즘도 이 말이 쓰이는 듯한데) '트레일러 쓰레기'였다. 그런데 우리가 바로 그 쓰레기가 되었다. 부모님은 너무 부끄러워 삼촌과 이모들에게도 우리가 어디 사는지 조차 말하지 않았다. 대신, 우리는 우체국 사서함 주소를 사용했다. 그 트레일러에서 우리는 6년을 살았다. 먹는 것과 자는 곳을 빼곤, 나도 스스로 생계를 꾸려야 했다. 아버지가 내 옷을 사 주거나 학비를 보탤 만큼 돈을 벌지 못했기 때문이다. 중학교 때는 신문 배달을 했고, 고등학교 때는 호텔 벨보이로 일했다. 그래도 공부는 잘했다. 그게 그 시절 내게 유일한 구원이자 탈출구였다.

회심들

영어 '컨버전'(회심, 전환, 환전)conversion이라는 단어는 비인격적인 의미와 인격적인 의미를 모두 가지고 있다. 비인격적인 의미 중 하나는 금전과 관련이 있다. 한 통화에서 다른 통화로 돈을 바꿀 때 우리는 '환전'conversion이라고 말한다. 어쩌면 우리 시대의 특징을 보여 주는 건 이 뜻일지도 모르겠다. 미식축구에서 터치다운을 한 뒤 추가 점수를 얻을 때 이 말을 쓰기도 한다. 그러나 내가 주목하는 것은 이 단어의 인격적인 의미다. 라틴어 어원 '콘베르테레'convertere에서 알 수 있듯 '회심'은 '돌이킴', 삶의 방향을 크게 바꾸거나 전환하는 것을 뜻한다. 회심은 '큰 변화'이지만, 인생에서 일어나는 큰 변화들이 반드시 회심을 끌어내지는 않는다. 이혼, 실직, 사랑하는 이의 죽음, 예상치 못한 나이 혹은 이른 나이에 불치병에 걸리는 일은 삶을 완전히 바꾸는 사건이지만 그 자체로 회심은 아니다. 회심이 일어나는 계기가 될 수는 있지만 말이다.

오늘날 영어에서 인격적인 의미로 '회심'을 쓸 때는 종교와 관련이 있다. 종교가 없던 사람이 종교를 갖게 되거나(혹은 그 반대이거나), 한 종교에서 다른 종교로 옮기거나(불교인이 그리스도교인이 되는 경우), 한 종교 안에서 교파를 옮긴다든지(개신교회 신자가 로마 가톨릭 교회 신자가 되는 경우), 혹은 기존에 속한 전통 안에서 신앙이 깊어질 때(관습적인 그리스도교인이 열정적으로 헌신하는 그리스도교인이 될 때)를 우리는 회심이라고 부른다. 회심은 (바울이 다마스쿠스로 가는 길에서 겪은 일이나 성 프란치스코의 삶이 급반전을 이룬 것처럼) 갑작스럽고 극적일 수도 있지만, 점진적이고 점층적인 경우가 더 많다.

종교적 의미 외에도 지적 차원에서, 정치 영역에서 다양한 형태의 회심이 있을 수 있다. 종교적 회심이 그렇듯 이러한 전환도 갑작스럽게 일어날 수 있고, 점진적으로 일어날 수도 있다. 어떠한 경우든 이 전환들의 공통점은 이 변화가 삶에 대한 우리의 근본 지향의 변화와 관련이 있다는 것이다. 세상을 어떻게 보는지, 무엇을 생각하고 어떻게 살아가는지, 현실이 어떠한지, 무엇이 진실로 중요한지, 무엇에 열정을 느끼고, 무엇에 헌신하며 충성하는지 말이다. 이야기를 조금 미리 당겨 말하자면, 확신conviction은 회심에서 흘러나온다.

내 삶을 형성한 회심은 세 번 있었다. 어떤 의미에서 이 회심들은 모두 종교적이었다. 모두 그리스도교인으로서 여정을 걷는 와중에 일어났기 때문이다. 그러나 이들은 서로 구별된다. 첫 번째 회심은 지적인 회심이었고, 두 번째 회심은 주로 정치적인 회심이었으며, 세 번째 회심은 경험적이었고 가장 명백하게 종교적이었다. 이 세 번째 회심이 모든 것을 변화시켰다.

첫 번째 회심 - 지적(그리고 종교적) 회심

나의 첫 번째 회심은 지적인 회심인 동시에 종교적 회심이었다. 이 회심은 점진적으로, 수년에 걸쳐 일어났다. 10대 초기에 나는 내가 정말로 하느님을 믿는지 의심하고 불안해했으며, 그때부터 이 여정이 시작되었다. 어떤 면에서 의심은 지적인 부분과도 관련이 있었다. 중학교 시절 나는 과학에, 그중에서도 천문학에 푹 빠졌다. 학교와 공립 도서관에 있는 천문학 책을 빠짐없이 읽을 정도였다. 신문 배달을 해 번 돈으로 망원경을 하나씩 장만해 나갔다. 다음에 살 때는 그 전 망원경보다 더 성능이 좋은 걸로. 나는 우주가 얼마나 광대한지, 얼마나 많은 세계가 있는지 알게 되었다. 하지만 이 취미 탓에 문제가 생겼다. 내가 새로이 얻게 된 지식들 가운데 전에 알던 하느님의 자리가 어디에 있는지 알 수 없게 되었기 때문이다. 처음으로 산 망원경이 집에 도착했을 때, 일주일 내내 날씨가 흐렸던 게 생각난다. 나는 하느님이 일부러 하늘을 가려서 내가 하늘을 들여다보지 못하게 하는 게 아닐까 의심했다.

돌이켜 생각해 보면, 그 문제는 내가 자라면서 받아들였던 신 관념과 관련이 있었다. 나는 하느님을 초자연적이면서도 사람과 같은 존재, 사랑이 많으면서도 요구하시는 것이 많은 권세자로 여겼고, 우주와는 분리되어 그 밖에, 그 너머에 계신다고 생각했다. 하지만 정말 그렇다면, 그분은 아주 멀리 떨어져 있고 가까이 가기 어렵다는 뜻 아닐까? 어린 시절 내면화했던 신 관념은 과연 말이 되는 것일까? 나는 이미 1800년대 초 프랑스 천문학자 피에르 시몽 드 라플라스Pierre-Simon de Laplace가 그의 우주 모형에서 하느님의 자리가 어디인지를 묻는 나폴레옹의 질문에 어떻게 대답했는지 알고 있었다. 그는 그런 가설은 필요 없다고 말했다. 그에게 우주는 하느님이 없이도 설명할 수 있는 것이었다.

두 번째로 하느님에 대한 지적인 의심과 불안을 부추긴 요인이 있었다. 청소년기에 들어서며 이전에는 '불순한 생각'이라고 배웠던 생각들이 끓어오르기 시작한 것이다. 바로 성적 욕망에 관한 생각들이었고, 교회에서는 이를 정욕lust이라고 가르쳤다. 정말로 하느님을 믿는다면, 이런 정욕을 지워낼 수 있어야 한다고 당시 나는 생각했다. 하지만 그러지 못했다. 그래서 나는 내가 하느님을 정말 믿기는 하는 걸까 의심했고 불안에 휩싸였다. 불순한 생각과 이런 의심 때문에 지옥에 갈까 봐 두려웠기 때문이다.

대학에 입학할 무렵에는 지옥에 대한 불안이 사라졌다. '구원받았다'고 확신했기 때문이 아니다. 그때까지 믿어온 신앙 체계 자체가 무너질 대로 무너져 더는 걱정하지 않게 되었기 때문이다. 나는 물리학과 수학 전공으로 대학에 입학했고, 천문학자나 천체물리학자가 될 계획이었다. 하지만 머지않아 내가 과학 실험실을 별로 좋아하지 않는다는 사실, 그리고 1학년 물리학과 미적분학 과정에서 A를 받기는 했지만 미적분에 재능이 없다는 사실을 알게 되었다. 2학년이 될 때쯤 나는 전공도 정하지 못한 채 인문학 주변에서 방황했다. 외교관이나 변호사의 길을 걸어볼까 생각도 했다. 그러한 맥락에서 역사, 문학, 철학, 정치학 같은 수업들은 딱히 정해진 목표가 있는 건 아니었지만, 다양한 진로를 생각할 때 그럭저럭 괜찮은 준비처럼 보였다.

이후, 3학년 때 '그리스도교 교리'Christian Doctrine라는, 어떤 기대감도 생기지 않는 세목의 필수 종교 과목이 내 지적 회심을 촉발했다. 시카고 대학교에서 막 박사 학위를 받아 온 젊은 교수는 그리스도교 교리의 역사, 즉 고대부터 20세기까지 그리스도교 신학과 사상의 다양성에 초점을 맞춰 강의했다. 나는 수업에 완전히 매료되었다. 수업 내용은 내 지적 열정을 강하게 자극했다. 이는 이전에 그 어떤 것으로도 경험하지 못했던 것이었다. 지적 관심을 갖게 된 적은 몇 번 있었지만, 지적 열정을 갖게 된 적은 없었다.

그리스도교 사상이 얼마나 다양하고 폭넓은지 알게 된 나는 그리스도교가 삶의 중요한 물음들에 대한 고정된 답을 가지고 있지 않다는 것을 깨달았다. 또한, 그리스도교 교리 수업은 그리스도교의 다양성과 풍요로움뿐만 아니라 지적 다양성의 세계를 알려 주었다. 삶을 바라보는 방법, 곧 '무엇이 존재하고 무엇이 실재하며, 그렇다면 우리는 어떻게 살아야 하는가'에 대한, 흔들림 없이 고정된 유일한 방법이란 없음을 알게 된 것이다. 삶을 바라보는 단 하나의 '올바른' 방식이 있다는 관념이 사라졌다. 좀 겁이 나기는 했지만, 엄청난 해방감을 느꼈다. 나의 호기심은 두려움보다 훨씬 더 컸다.

20세기 지식인 케네스 버크Kenneth Burke의 표현을 빌리면, 우리는 모두 삶과 실재, 현실, 그리고 어떻게 살아야 하느냐에 관한 "끝없는 대화"에 참여하고 있다. 태어나면서 그 대화에 들어서고, 오랜 시간에 걸쳐 그 대화가 무엇에 관한 것인지를 배운 뒤, 적극적인 참여자가 되어 대화를 나누다 죽음을 맞이한다. 하지만 대화는 계속된다.[1] 비록 우리는 그 끝없는 대화의 일부

---

[1] Kenneth Burke, *The Philosophy of Literary Form* (Berkeley: University of California Press, 1973), 110~111. '끝없는 대화'는 "우리가 태어나는 역사의 바로 그 시점에 이미 진행되고 있었다. 어느 응접실에 들어선다고 상상해 보라. 당신은 늦게 도착했다. 당신이 도착했을 때, 다른 이들은 이미 오래전부터 와 있었고, 열띤 토론에 몰두해 있다. 그 토론은 너무나 뜨거워서, 그들은 잠시 멈추어 토론 주제가 정확히 무엇인지 당신에게 말해줄 수 없다. 사실, 그 토론은 그들 중 누구도 도착하기 훨씬 이전에 이미 시작되었다. 그래서 그 자리에 있는 누구도 당신을 위해 이전의 모든 과정을 되짚어 줄 자격이 없다. 당신은 한동안 귀를 기울이다가, 이윽고 자신의 의견을 내놓는다. 누군가 대답하고, 당신은 그에게 대답한다. 다른 누군가는 당신을 변호하러 나서고, 또 다른 누군가는 당신에게 맞선다. 당신의 편을 들어주는 이의 도움이 어느 정도 수준이냐에 따라, 당신의 반대자는 당황하거나 혹은 흐뭇해한다. 하지만 그 토론은 끝이 없

일 뿐이고, 잠시 그 속에 머물다 가지만, 그 커다란 물음들에 대한 우리의 대답이 있다는 것이(혹은 없다는 것이) 중요하다. 우리의 확신(혹은 확신 없음)은 우리의 삶을 형성한다. '그리스도교 교리' 과목을 들으며 일어난 내 지적 회심은 지금까지도 나를 이끌고 있다. 이 회심으로 인해 나는 진로를 외교학이나 법학에서 종교 연구로 바꾸었다. 5년간 대학원 생활을 했고, 계속된 공부 끝에 신약학으로 박사 학위를 받았으며, 이후 40년도 넘는 세월을 대학과 신학대학원, 교회에서 가르치는 일을 하며 보냈다. 인생의 커다란 물음들에 대해 어떻게 생각하는지, 하느님에 관해, 성서에 관해, 예수에 관해, 그리스도교에 관해 어떻게 생각하는지는 정말로 중요하다.

두 번째 회심 - 정치적(그리고 종교적) 회심

'그리스도교 교리' 수업을 들었던 그해, 나는 정치적 회심도 경험했다. 지적 회심이 그랬듯 이 회심은 종교적 회심이기도 했다. 이 회심은 정치철학 과목을 들으며 일어났다. 우리는 일주일 동안 구약성서의 예언자 아모스의 글을 읽고 토론했다. 이로 인해 내 정치 성향은 보수주의에서 지금껏 유지하고 있는 방향으로 바뀌었다.

다. 시간은 늦어지고, 당신은 떠나야만 한다. 그리고 당신은 정말로 떠난다. 토론은 여전히 활발하게 진행 중인 채로 말이다".

나는 루터교 신자로 자라기도 했지만, 동시에 공화당 지지자로도 자랐다. 단 한 명 빼고 집안 전체가 공화당 지지자였다. 그 한 명은 메리 고모할머니였는데, 그분은 사회주의자였고, 독신이었으며 가난했고, 셋방에 혼자 살았다. 내가 살던 작은 마을에서 공화당 지지자와 민주당 지지자 사이의 분열은 정치적인 것을 넘어 종교적이고 사회적인 것이었다. 민주당 지지자들은 거의 다 로마 가톨릭 신자였고 '기찻길 건너편', 잘못된 쪽(열악한 지역)에 살았다. 루터교 신자들(그리고 소수의 타 교파 개신교인들)은 공화당 지지자였고 좋은 동네, 올바른 쪽에 살았다.

우리 가족은 공화당을 지지하기는 했지만, 강성 그리스도교 보수주의자가 아니었던 것과 마찬가지로 강성 정치적 보수주의자도 아니었다. 웬델 윌키Wendell Willkie, 토머스 듀이Thomas Dewey, 드와이트 D. 아이젠하워Dwight D. Eisenhower 같은 공화당 내 온건파를 지지했기 때문이다. 그래도 우리가 공화당 지지자였던 것만은 분명하다. 정치와 관련해 내 가장 오래된 기억은 1948년 대통령 선거에서 해리 S. 트루먼Harry S. Truman이 듀이를 꺾고 당선되었을 때 부모님이 크게 실망하셨던 모습이다. 1956년 중학교 사회 수업 시간에 했던 토론에서 나는 아이젠하워를 옹호했는데 어떤 친구 하나가 애들레이 스티븐슨Adlai Stevenson을 옹호했다. 그 친구는 가족 중 한 명이 노동조합의 조합원이었다. 나는 그때까지 노조 조합원이 가족인 사람을 본 적이 없었다. 우리 가족도 노동조합을 좋아하지 않았다.

이런 성향은 대학 시절까지 이어졌다. 1학년 때는 가을에 있던 한 토론에서 존 F. 케네디John F. Kennedy를 지지하는 학생에 맞서 리처드 닉슨Richard Nixon을 옹호했고, 2학년 때는 청년 공화당 클럽Young Republican Club의 대표가 되었으며 대학 신문에 보수적인 입장의 정치 칼럼을 기고하기도 했다.

그러다 나는 아모스서를 읽게 되었다. 그 경험은 일종의 계시와 같았다. 나는 커다란 충격을 받았다. 독실한 루터교 집안에서 자랐음에도, 나는 아모스나 다른 어떤 예언자들의 글을 읽어본 적이 없었다. 예언자들에 대해 내가 알고 있던 것은 그들이 예수가 오리라고 예언했다는 것뿐이었다. 나는 수많은 성경 구절을 암송했고(아마 우리 마을의 젊은 사람 중 나보다 많은 구절을 외운 사람은 없었을 것이다), 모든 예언자의 이름을 댈 수 있었지만, 그들에 대해 아는 유일한 것은 그저 그들이 예수의 출현을 예고했다는 것뿐이었다. 내가 암송할 줄 아는 구절들도 다 그와 연관이 있는 것들이었다.

그런 와중에 아모스서를 접했고, 나는 성서에 이전에는 미처 알지 못했던 차원이 있음을 깨닫게 되었다. 아모스서는 이 세상을 더욱 정의로운 세상으로 변혁시키고자 하시는 하느님의 열정, 갈망, 꿈, 바람에 관한 이야기였다. 더 나아가 고대 이스라엘 예언자들의 다른 글들도, 이스라엘이라는 민족을 탄생시킨 이집트 탈출 이야기도, 그리고 예수와 바울, 초기 그리스도교의 이야기도 마찬가지였다. 물론 이러한 깨달음들이 내 안에 온전히 자리 잡기까지는 더 오랜 시간이 필요했지만 말이다.

이 지적 회심과 정치적 회심을 통해, 나는 5년 동안 대학원에서 종교학을 공부하고 예수와 당대의 정치에 초점을 둔 논문으로 박사 학위를 받았다. 이 주제는 나의 지적인 열정과 정치적인 열정을 종교적인 열심과 하나로 묶어 주었다. 내가 예수의 정치적 면모에 주목했던 데는 또 다른 이유도 있었다. 당시 하느님이 과연 실재하시는지에 대한 나의 의구심은 사라지지 않고 오히려 커지고 있었다. 그래서 나는 예수, 성서, 그리스도교의 '이 세상에서의' 의미에 더욱 마음이 끌렸다. 하느님의 존재를 확신할 수 없었지만, 윤리와 사회 윤리(다시 말해 정치와 경제)가 중요하다는 사실만큼은 분명히 알고 있었다.

그 후 30대 초반, 세 번째 회심이자 가장 명백하게 종교적인 회심이 일어났다. 여러 경험을 통해, 나는 '하느님'이라는 단어가 뜻하는 그 무엇이 정말로 존재하며, 때로는 그 실재를 알 수 있고, 가끔은 (희미하게나마) 그 존재를 감지할 수 있다는 확신에 이르게 되었다. 그 확신은 내 안에서 여전히 살아 숨 쉬며, 다른 무엇보다 더 강력하게 하느님, 성서, 예수, 그리스도교, 그리고 세상의 오래된 종교들에 대한 내 이해를 형성했다. 이 책을 비롯해 지난 30년 동안 내가 쓴 모든 글은 바로 이 확신에 뿌리를 내리고 있다.

제3장

하느님은 실재하며 신비이다

나의 세 번째 회심은 앞선 두 번의 회심보다 훨씬 더 경험과 관련이 있다. 앞선 두 번의 회심은 학문을 하는 과정에서 일어났고 '생각', 곧 지성의 활동을 통해 촉발되었다. 이와 달리 세 번째 회심의 도화선이 된 것은 30대 초반에 겪은 몇 가지 일들이었다. 이 경험들은 어떤 생각의 산물이 아니었다(물론 시간이 흐르며 이 경험들은 내 생각에 깊은 영향을 미쳤고, 어떤 면에서는 다른 무엇보다 커다란 영향을 미쳤지만 말이다). 이 경험들을 통해 나는 하느님이 실재함을 확신하게 되었다.

돌이켜보면, 그 일들이 일종의 신비 체험이었음을 이제는 안다(이에 대해서는 곧 좀 더 자세히 이야기하겠다). 하지만 당시 나는 그런 개념을 알지 못했다. 신비주의에 대해 아는 바가 전혀 없었기 때문이다. 4년간 학부 생활을, 그리고 5년간 대학원 과정을 밟았지만, 그 어떤 시기에도 신비주의를 배우지 않았다. 혼자서라도 신비주의에 관한 책들을 읽어보려 했지만, 내용이 너무 난해해 도무지 무슨 말을 하는지 알 수 없었다.

신비 체험들은 찰나였다. 길어야 1분 남짓이었고, 어떤 때는 불과 몇 초에 지나지 않았다. 이 일들을 설명해도 누군가 보기에는 별로 대단해 보이지 않을 수도 있다. 나중에야 알게 되었지만, 이런 체험의 전형적 특징 중 하나는 말로 표현하기 매우 어렵다는 것이다. 말로 그 체험한 것이 무엇인지를 담아내려 해도, 그 말로는 그 체험이 어떠했는지, 또 그 체험이 어떻게 삶을 바꾸는 능력을 발휘했는지를 제대로 전하지 못한다. 이를 인정하면서 내가 겪은 신비 체험 중 하나를 이야기해 보고자 한다. 어느 겨울, 햇살이 내리쬐는 미네소타의 시골 풍경을 9년 된 MG(*영국의 자동차 회사) 2인승 로드스터를 홀로 타고 운전하던 중이었다. 들리는 소리라고는 낮게 깔린 엔진 소리와 얇은 캔버스 천으로 된 지붕을 스치는 바람 소리뿐이었다. 세 시간쯤 달렸을까, 굽이가 이어진 고갯길에 접어들었을 때였다. 홀연히 빛이 바뀌었다. 빛은 노르스름한 황금빛으로 변해 눈에 보이는 모든 것을 감쌌다. 좌우로 펼쳐진 눈 덮인 들판, 들판을 따라 늘어선 나무들, 노랑과 검정의 도로 표지판, 그리고 도로 그 자체까지 모든 것이 빛났다. 모든 것이 경이로워 보였다. 나는 놀라움에 압도되었다. 이전에 그런 느낌을 받은 적은 단 한 번도 없었다(어쩌면 아주 어린 시절에는 그랬는지도 모르지만, 기억이 나지 않는다).

그와 동시에 나는 평소의 의식 속에 있는 주객主客 구분이 사라진다는 느낌을, 나 자신은 '이 안'에, 세상은 '저 밖'에 있다고 경험하게 만드는 의식의 '돔'이 허물어졌다는 느낌을 받았다. 만물이 서로 이어져 있음을 지성과 머리로 아는 게 아니라 몸으로 체험했다. 나는 그 연결을 '보았고', '느꼈다'. 내가 여기 있고 세상은 저기에 있다는 감각이 일순간 사라져 버렸다.

체험은 어쩌면 1분도 채 되지 않았고 이내 어디론가 사라졌다. 하지만 그 1분은 내 인생에서 가장 풍요롭고 선명한 1분이었다. 그 짧은 순간은 경이로 가득 차 있었고, 그 어느 때보다 더 맑고 진실하게 보고 또 그렇게 알게 된다는 강렬한 느낌으로 충만했다. 그 후 2년 남짓, 나는 이와 비슷한 순간들을 몇 번 더 체험했다. 어떤 때는 그날만큼 생생했고, 또 어떤 날은 어렴풋한 빛 같았다. 대부분은 눈으로 보는 경험이었지만, 몇 번은 귀로 듣는 경험이었다. 음악이 그런 체험을 불러왔다. 대학 채플에서 실내악단의 연주를 듣다, 또 공연장에서 교향악단의 연주를 듣다 그런 일이 일어났다. 보는 체험과는 분명 다른 체험이었지만, 이때도 평소의 의식 속에 있던 주객 구분이 허물어졌다. 이때 음악을 듣는 것은 '나'가 아니라 오히려 나 바깥에 있는 무언가였다. 그리고 그곳에는 오직 음악만 있었다.

그 후 거의 20년 동안 나는 그런 체험을 하지 못했다. 때로는 다시 체험할 수 있기를 간절히 바랐음에도 불구하고 말이다. 이

따금 왜 그런 체험이 더 나타나지 않는지 의문을 품기도 했지만, 결국 일종의 선물이었고 이제는 제 역할을 다했기 때문에 더는 일어나지 않는 것이라 나름의 결론을 내렸다. 어찌 되었든 그 체험들을 통해 알게 된 것들은 내 안에 남아 나를 바꾸어 놓았으니 말이다.

그러다 50대 중반에 접어들었을 때, 나는 이제껏 겪었던 그 무엇보다도 길고 강렬한 체험을 했다. 텔아비브에서 뉴욕으로 가는 비행기에서, 이륙한 지 한두 시간쯤 지났을 때, 이코노미석(이를 굳이 밝히는 것은 내가 특별히 검소해서가 아니라, 저녁 식전에 주는 술을 한 방울도 마시지 않았다는 점을 분명히 해 두고 싶어서다)에 앉아 있다가 그 일이 있었다. 어림잡아 40분 정도였던 것 같다(시간을 재지는 않았지만, 저녁 식사가 나오기 전부터 승무원들이 뒷정리를 해 줄 때까지 이어졌으니 그 정도일 것 같다). 30대 때 그랬듯 이번 신비 체험 때도 빛이 바뀌었다. 빛이 황금빛으로 변했다. 주위를 둘러보니, 모든 것이 더없이 아름다웠다. 앞 좌석 등받이를 감싼 천과 그 질감, (나는 먹지 않았지만) 제공된 음식이 가득 담긴 그릇까지 말이다. 모든 사람이 아름다워 보였다. 텔아비브에서 출발할 때 나와 부딪쳤던, 평생 본 사람 중 제일 못생겼다고 생각했던 승객까지도. 체험 전, 그가 통로를 지나다닐 때는 보기가 거북해 그때마다 눈을 피하곤 했다. 하지만 이제 그런 사람조차 경이로워 보였다. 내 얼굴은 눈물로 흠뻑 젖었고, 기쁨으로 충만했다. 이런 의식 상태라면 영원히 살 수도 있을 것 같은 기분이었고, 그 감각과 경험도 결코 낡거나 바래지 않을 것만 같았다. 모든 것이 눈부시게 아름다웠고, 영광으로 가득 차 있었다.

30대 시절로 다시 돌아가 보면, 그런 체험을 하고 얼마 지나지 않아 나는 새롭게 교수 임용이 되었고, 그로 인해 그리스도교와 다른 종교들에 나타나는 신비주의에 대해 공부해야 했다. 그리고 그때 비로소 나는 내가 겪은 일들이 신비 체험이었다는 것을 깨달았다. 이때 많은 도움을 준 책은 윌리엄 제임스William James의 고전 『종교적 경험의 다양성』The Varieties of Religious Experience 이었다. 1999년 한 전문가 집단은 100년도 더 전에 출간되어 지금까지 계속 인쇄되고 있는 이 책을 '20세기 영어로 출간된 가장 중요한 논픽션' 2위로 꼽기도 했다. 이 책에는 인간 의식의 다채로움에 매혹된 심리학자 제임스와 이 모든 현상이 무엇을 의미하는지 고뇌하는 철학자 제임스가 어우러져 있다.[1]

그는 책의 일부를 할애해 신비 체험을 다루었다. 신비 체험과 관련된 다양한 증언을 연구한 결과 그는 신비 체험의 가장 커다란 특징이 "조명"illumination과 "합일"union이라는 결론을 내렸다. "조명"이라는 표현은 두 가지 의미를 지니는데, 첫 번째 의미는 신비 체험을 할 때는 빛이나 광채, 광휘를 보는 경우가 많다는

---

[1] 이 책은 여러 판본으로 출간되어 있다. 제임스는 16장과 17장에서 신비주의를 다룬다. 책의 일부 내용은 시대에 뒤떨어지지만, 대부분은 여전히 흥미롭고 중요하다. 책 전체에 관심이 있는 독자라면, 1장, 6장부터 17장까지, 그리고 20장을 읽어볼 것을 제안한다. 『종교적 경험의 다양성』(한길사).

뜻이며. 두 번째 의미는 신비 체험을 하면 "깨달음"enlightenment, 즉 새로운 앎의 방식을 얻게 된다는 뜻이다. "합일"(혹은 '친교'communion)은 '나'와 세계 사이의 경계가 흐릿해지거나 사라지면서 서로 연결되어 있음을 경험하는 상태를 가리킨다. 이 외에도 제임스는 신비 체험을 할 때 일반적으로 나타나는 네 가지 특징을 기술했다.

- 형언불가성ineffability: 신비 체험은 말로 표현하기 어렵거나 불가능하다. 하지만 그런 체험을 한 사람들은 "정말 묘사하기 어렵지만, 그것은 마치 …와 같았어요"라며 표현하려 애쓸 때가 많다.

- 일시성transiency: 신비 체험은 대체로 짧다. 잠깐 나타났다 금세 사라진다.

- 수동성passivity: 인간의 의지나 노력으로 신비 체험이 일어나게 할 수는 없다. 그런 체험은 다가오며 그는 이를 받아들일 뿐이다.

- 이지성理知性, noetic quality: 신비 체험은 기쁨이나 경이, 놀라움 같은 강렬한 느낌뿐만 아니라 아주 분명하고 강렬한 앎의 감각을 동반한다. 이때 앎은 말이 아닌 비언어의 방식, 그 어

느 때보다 사물을 선명하고 명확하게 보고 있다는 강한 감각을 통해 이루어진다. 이런 체험을 통해 우리는 일상에서 사용하는 언어나 개념의 틀 너머, 있는 그대로 드러나는 세상을 보게 된다. 이러한 앎의 방식을 제임스는 언어라는 매개 없이 이루어지는 앎이라는 의미에서 직접 인지direct cognition라고 불렀다.

제임스를 비롯한 신비주의에 관한 여러 저술가의 글은 경이로웠다. 속된 말로 하자면, 그야말로 소름이 돋을 정도였다. 저 글들을 통해 나는 내가 한 경험들을 정확하게 묘사한 표현들을 발견했다. 내 경험들에 이름을 붙이고 이해할 수 있는 방법을 알게 된 것이다. 나아가, 나는 내가 겪은 일들이 수많은 사람의 경험과 연결되어 있다는 사실도 알게 되었다. 이는 인간 의식의 한 양식이었다. 신비 체험은 실제로 일어난다. 그리고 이지적이다. 달리 말해, 이전에는 몰랐던 무언가를 이 체험을 통해 알게 된다.

나는 그런 체험들을 가리키는 다른 명칭들도 알게 되었다. 루돌프 오토Rudolf Otto는 이를 "누미노제 체험", 즉 현상 이면에 존재하며 때때로 경험을 통해 드러나는 신비한 실재를 겪는 일이라고 불렀다. 아브라함 헤셸Abraham Heschel은 이를 "근원적 경탄"radical amazement의 순간, 언어로 실재와 현실을 길들이는 상태가 아닌, 사물이 있는 그대로 드러나는 순간이라고 불렀다. 마르틴 부버Martin Buber는 신비 체험을 두고 "나-당신"I-Thou 혹은 "나-너"I-You의 순간, '존재하는 것'을 '그것'이나 '대상'이 아닌 '너'로 마주하게 되는 순간이라고 불렀다. 에이브러햄 매슬로Abraham Maslow의 경우에는 이 체험을 "절정 경험"peak experiences, "존재에 대한 인지"cognition of being, 곧 사물의 본래 모습에 대한 앎을 수반하는 경험이라고 불렀다. 20세기 비교종교학에서 가장 영향력 있는 학자 중 한 명인 미르치아 엘리아데Mircea Eliade는 신비 체험을 하는 이가 보게 되는 광휘luminosity를 언급하며 이를 "황금세계 체험"이라고 불렀다. 이 외에 "합일 의식"unitive consciousness이나 "우주 의식"cosmic consciousness의 순간이라는 말을 쓰는 이들도 있다.

신비 체험과 하느님

신비 체험에 관한 글을 읽으며 한 가지 더 배운 것이 있다. 그런 경험을 한 사람들은 대개 자신들이 그 경험을 통해 하느님, 성스러움the sacred, 모든 말 너머에 있는 신비Mystery를 경험했다고 말한다는 점이다. 나는 그때까지 '하느님'God이라 부르는 존재를 실제로 체험할 수 있다는 생각을 단 한 번도 해본 적이 없었다. 내게 그 단어는 존재할 수도 있고 존재하지 않을 수도 있으며, 누군가가 믿을 수도 있고 믿지 않을 수도 있으며, 아니면 누군가는 확실하지 않은 채로 남겨둘 수도 있는 '존재'를 가리킬 뿐이었다. 하지만 신비 체험 이후 나는 그리스도교인이든 아니든 하느님 곧 성스러움은 경험할 수 있는 실재이며, 존재할 수도 있고 아닐 수도 있어서 그저 믿을 수 있을 뿐인 가상의 존재가 아니라고 말하는 수많은 증인이 있다는 사실을 알게 되었다. 그때 비로소 나는 온 땅에 하느님의 영광이 가득하다는 말의 의미를 이해하게 되었다. 이 표현을 성서 속에서 만날 수 있는 가장 친숙한 예는 예언자 이사야의 글에 있는 구절일 것이다. 그는 신비 가운데 하느님을 체험하는 와중에 이런 소리를 듣는다.

> 거룩하시다, 거룩하시다, 거룩하시다, 만군의 주님!
> 온 땅에 그의 영광이 가득하다. (이사 6:3)

이 표현은 전례 교회에 다니는 그리스도교인에게 익숙한 《거룩하시도다》Sanctus에도 나온다.

> 거룩하시다. 거룩하시다. 거룩하시도다.
> 만군의 주 하느님, 하늘과 땅에 가득한 그 영광.

성서에서 영광은 대개 빛, 광채를 의미한다. 하늘과 땅(곧 존재하는 모든 것)이 하느님의 영광으로 가득하다는 확신에 찬 고백은 모든 것이 하느님의 빛나는 광채로 채워져 있음을 뜻한다. 설령 우리가 자주 보지 못해도, 하느님 곧 성스러움은 존재하는 모든 것에 스며 있다. 하지만 우리의 눈이 열려 그 영광을 보게 되는 순간들이 있다. 욥기의 절정부에 보면 그런 순간이 나타난다. 이 책에서 욥은 시종일관 자신이 배워 왔던 하느님, 즉 의인에게는 상을 주고 악인에게는 벌을 주는 하느님의 실재에 의문을 제기한다. 그러다 책의 결론부(38~41장)에서 욥은 우주의 경이로움이 장엄하게 펼쳐지는 것을 경험한다. 마지막 장에서 그는 외친다.

> 주님이 어떤 분이시라는 것을, 지금까지는 제가 귀로만 들었습니다. 그러나 이제는 제가 제 눈으로 주님을 뵙습니다. (욥기 42:5)

욥은 피조세계 안에 가득한 하느님의 영광을 체험했고, 체험은 하느님에 대한 그의 생각을 바꾸어 놓았다. 이제 그에게 하느님이라는 개념을 믿느냐 마느냐는 중요한 문제가 아니었다. 욥은 하느님 곧 성스러움이 실재한다는 것을 배웠다. 그리고 그 하느님은 상상 그 이상의 존재, 자신의 상상과는 다른 존재임을 알게 되었다.

신비 체험을 통해 마주한 무언가에 이름을 붙이기란 지극히 어려운 일이다. 신비 체험을 한 사람들은 한결같이 그 경험이 말로 다 표현할 수 없을 뿐만 아니라 무어라 이름 붙일 수조차 없다고, 세상 모든 이름 너머의 경험이라고 이야기한다. 출애굽기에서 모세가 하느님의 부르심을 받는 이야기도 마찬가지다. 그는 불과 빛으로 가득하지만 타서 없어지지 않는, 영광으로 빛나는 떨기나무를 본다. 한 음성이 그에게 들리고, 모세는 그의 이름을 묻는다. 하지만 이에 대한 대답은 동어반복tautology이다.

나는 곧 나다. (출애 3:14)

동어반복은 결국 아무것도 가르쳐 주지 않고, 어떠한 정보도 제공하지 않는다. 유대교에서 가장 신성하게 여기는 하느님의 이름, 감히 입에 올릴 수조차 없을 만큼 지극히 신성한 그 이름은 바로 이 이야기에서 유래한다. 하느님 곧 성스러움은 세상 모든 이름을 넘어서 있는 존재, 있음 그 자체다.

이러한 체험을 통해 감지하게 되는 무언가를 가리키는 가장 추상적이고 일반적인 용어로는 '실재 자체'reality itself, '궁극적 실재'ultimate reality, 또는 대문자 R로 시작하는 '실재'Reality 같은 것들이 있다. 우리의 모든 언어가 허물어질 때 드러나는 '존재하는 것', 혹은 '한계 없는 있음' 같은 표현을 쓰기도 한다. 불교에서는 이를 '진여'眞如, suchness, 즉 우리가 만물을 범주화하기 이전의 있는 그대로의 모습이라고 말하기도 한다. 윌리엄 제임스는 이를 '그 이상'以上, a more이라고, 즉 우리가 지금껏 상상했던 것 이상이면서도 어디에나 현존하며 어디서나 경험할 수 있는, 어마어마하고 경이로운 실재라고 불렀다.

각 종교 전통에서는 이 '그 이상'을 나름의 언어로 부른다. 하느님, 주님, 알라, 브라만과 아트만처럼 말이다. 블레즈 파스칼

Blaise Pascal은 1654년 신비 속에서 불타는 십자가를 체험한 뒤 "아브라함과 이삭과 야곱의 하느님"을 외쳤다. 이렇듯 우리는 우리가 아는 언어로 신비 체험에 이름을 붙이고 이에 관해 이야기한다.

이런 경험들은 실재와 현실에 대한 나의 감각, 실재와 현실을 바라보는 방식을 바꾸어 놓았다. 현대 서구 문화에서 자란 많은 이들처럼 나 또한 '현실이란 물질과 에너지로 이루어진 시공간 세계'라고 정의하는 방식의 관점을 흡수하며 자랐다. 이 관점은 대중적인 수준에서 흔히 이해되는 현대 과학의 세계관이기도 하다. 과학의 방법론을 통해 관찰하고 분석할 수 있는 것만이 실재하며 현실이라는 사고방식 말이다. 돌이켜보면, 이 세계관은 청소년기와 청년기 시절에 하느님 곧 성스러움의 실재에 대해 의심하고 회의하게 만든 가장 큰 원인이었다.

신비 체험이 나의 하느님 이해에 끼친 영향

내가 자라면서 받아들인 신 관념에 신비 체험은 극적인 변화를 일으켰다. 어린 시절 나는 '하느님'을 초자연적 유신론 supernatural theism의 틀 안에서 생각했다. 즉, '하느님'은 우주와 분리되고 구별된 초자연적 존재이며 오래전에 우주를 창조한 지고의 존재supreme being를 가리키는 말이었다. 하느님은 창조자인 동시에 우리가 어떻게 살아야 하며 무엇을 믿어야 하는지를 계시한 최고의 권위자이기도 했다.

초자연적 유신론에서 하느님은 대개 '아버지'로 묘사되며 이러한 하느님과 부모 심상이 연결되면서, 특히 '아버지'라는 심상이 연결되면서 이른바 '부모 유신론'parent theism이라는 생각으로 이어지기도 한다. 하느님을 부모에 견주는 종교 이야기는 넘쳐날 정도로 많다. 그러한 심상은 친밀함과 의존, 보호의 관계를 떠올리게 한다. 부모는 (그들이 좋은 부모라면) 자신들의 아이가 어렸을 때 그 아이를 사랑하고 돌봐 준다. 많은 연구에 따르면 우리 대부분에게는 갓난아기나 유아, 어린이일 때 부모가 우리를 돌보아 주었듯 우주적 차원의 부모가 돌보아 주기를 바라는 깊은 갈망이 있다. 자식에게 무관심한 부모 밑에서 자랐을 경우 그는 그 부모보다 더 잘 돌보아 줄 수 있는 부모 같은 존재를 갈망한다.

부모 유신론, 특히 하느님을 '아버지'로 보는 신론은 권위적인 부모와 같은 하느님 상, 즉 규칙을 정하고 벌을 주는 존재, 법을 제정하고 집행하는 존재로서의 하느님 상을 만들어 낸다. 우리는 그 하느님을 실망시키고 또 실망시킨다. 그리고 그 하느님은 우리를 향해 손가락질한다. 이 하느님은 우리가 순종하지 못한 죗값을 예수가 대신 죽음으로써 갚도록 한 하느님이다. 청소년이었던 나는 이 하느님, 초자연적 유신론과 부모 유신론의 하느님에 대해 한편으로는 의구심을 품었고, 다른 한편으로는 불안해했다. 이 하느님 관념으로 인해 나는 대학에 다니는 동안에는 불가지론자로 지냈으며 20대를 지나면서는 점점 더 무신론자로 기울었다. 그런 존재가 정말로 존재한다고 상상하기는 점점 어려워졌고, 결국에는 아예 상상할 수 없게 되었다.

초자연적 유신론에 대한 대안

신비 체험은 '하느님이 존재하는가'라는 질문 자체를 바꾼다. 당연한 소리를 하자면, '있음', 즉 '존재하는 것'은 있다. 그것은 존재한다. '있음'이 있는지 없는지를 논쟁하는 것이 무슨 의미가 있겠는가? 이제 신 존재 물음은 우주 외부에 또 다른 존재가 있느냐는 물음이 아니다. 오히려 물음은 이렇게 바뀐다. '있음'이란 무엇인가? '존재한다는 것'이란 무엇인가? 실재(혹은 현실)란 무엇인가? 단지 감각을 통해 인지하고 현대 과학의 방법으로 밝힐 수 있는 시공간 속 물질과 에너지 세계일 뿐인가? 아니면 이 세계는 '그 이상'으로, 즉 빛나고 영광스러운 신비로 가득 차 있는가?

신비 체험을 진지하게 받아들이는 신학은 '하느님'이라는 말이 가리키는 대상에 대한 전혀 다른 이해로 우리를 이끈다. 이제 이 말은 우주 바깥에 있는 별개의 존재가 아니라, 존재하는 모든 것에 스며 있는 찬란히 빛나는 실재, '그 이상'의 무언가를 가리킨다. 하느님에 대한 이러한 사유 방식을 오늘날에는 주로 '범재신론'panentheism이라고 부른다. 이 말이 생긴 지는 200년 정도밖에 되지 않았지만, 성서에 바탕을 둔 아주 오래된 하느님 이해를 담고 있다. 이 말의 그리스어 어원을 보면 그 뜻이 분명해진다. '판'pan은 '모든 것'을, '엔'en은 '...안에'를 뜻한다. '티즘'theism은 그리스어 신('테오스'theos)에서 유래했다. 이를 종합하면 '판넨티즘', 범재신론은 '만물은 하느님 안에 있다'는 뜻이다. 우주, 존재하는 모든 것은 하느님 안에 있으며, 동시에 하느님은 우주 '그 이상'의 존재다.

많은 그리스도교인, 특히 초자연적 유신론만을 아는 그리스도교인들에게는 범재신론이 낯설지 모르지만, 이 신론은 성서가 하느님에 관해 말하는 방식의 기초를 이룬다. 가장 간결한 표현은 사도행전에서 바울이 했다고 알려진 말에 있다.

> 하느님은 우리 각 사람에게서 멀리 떨어져 계시지 않습니다. ... 우리는 하느님 안에서 살고, 움직이고, 존재하고 있습니다. (사도 17:27~28)

하느님과의 관계 가운데 우리는 어디에 있을까? 우리는 하느님 안에서 살고, 하느님 안에서 움직이며, 하느님 안에서 존재한다. 하느님은 어딘가 다른 곳에 있는 존재가 아니라 우리를 감싸고 있다. 우리와 존재하는 모든 것은 마치 물고기가 물 안에 있듯 하느님 안에 있다.

시편 139편의 익숙한 구절에서도 이를 확인할 수 있다. 시편

기자는 묻는다.

> 내가 주님의 영을 피해서 어디로 가며,
> 주님의 얼굴을 피해서 어디로 도망치겠습니까?
> 내가 하늘로 올라가더라도 주님께서는 거기에 계시고,
> 스올에다 자리를 펴더라도 주님은 거기에도 계십니다.
> 내가 저 동녘 너머로 날아가거나,
> 바다 끝 서쪽으로 가서 거기에 머무를지라도,
> 거기에서도 주님의 손이 나를 인도하여 주시고,
> 주님의 오른손이 나를 힘 있게 붙들어 주십니다. (시편 139:7~10)

이 시는 고대인의 상상 속에 있던 3층으로 된 우주(하늘-땅-스올)를 보여 준다. 사람이 위로 하늘에 오르든, 아래로 스올에 내려가든, 바다 끝으로 가든 하느님은 거기에 계신다. 인간은 하느님 바깥으로 나갈 수 없다. 그분은 어디에나 계시기 때문이다.

이 사례들은 단편적인 예가 아니다. 물론 성서는 때때로 하느님을 마치 우주와 분리된 한 존재인 것처럼 의인화하곤 한다. 그러나 동시에 성서는 하느님이 그 이상임 또한 분명히 말하고 있다. 솔로몬 왕은 하느님께서 땅에 머무실 거처로 예루살렘에 지은 성전을 봉헌하며 말했다.

> 하느님, 하느님께서 땅 위에 계시기를, 우리가 어찌 바라겠습니

까? 저 하늘, 저 하늘 위의 하늘이라도 주님을 모시기에 부족할 터인데, 제가 지은 이 성전이야 더 말하여 무엇 하겠습니까? (1열왕 8:27)

신학사에서 다소 전문적인 용어를 빌리자면, 범재신론은 하느님의 초월성과 내재성을 모두 품는다. 초월성은 하느님의 '그 이상 되심'moreness을 뜻한다. 달리 말하면, 하느님은 물질과 에너지로 이루어진 시공간 우주 그 이상이라는 뜻이다. 내재성('안에 머문다'는 뜻)은 하느님이 어디에나 계심을 뜻한다. 고대부터 그리스도교 신학자들은 하느님이 초월하시는 동시에 내재하신다고 이야기했다.

저 개념들을 직접 들어보지는 못했을지라도, 그리스도교인 대부분은 자라면서 하느님의 초월성과 내재성에 대해 들었다. 주의 기도(주기도문) 첫 구절에서 하느님은 "하늘에 계신"다고 한다. 동시에 하느님은 어디에나 계신다고, 무소부재無所不在하다고 배웠다. 이 둘을 함께 받아들일 때 나오는 결론이 바로 범재신론이다. 정통 그리스도교 신학은 범재신론이다. 그러나 17세기 이후 초자연적인 유신론은 대중적인 그리스도교의 중심 사상이 되었다. 부모와 같이 전능한 존재가 있어서 우리를 보호하고 구해줄 수 있다는 생각은 언제나 사람들의 마음을 끌어당기기 마련이다. 물론 하느님의 진노가 강조될 때 이러한 생각은 두려움의 원료가 되기도 했다. 하지만 17세기에 중요한 변화가 일어났다. 앎을 얻는 근대의 방식이 등장하면서 세상에서 성스러움이 제거된 것이다. 이 변화를 두고 학자들은 '자연의 탈마법화'the disenchantment of nature라고 부른다. 성스러움으로서의 하느님이 세계 밖으로 밀려난 것이다. 어떤 이들은 이를 '초월성의 길들여짐'이라고도 불렀다. 하느님 개념을 세계 밖으로 몰아냄으로써, 통제 가능한 방식으로 축소했다는 뜻이다.

초자연적 유신론은 지식인들에게도 영향을 미쳤다. 10년쯤 전 나는 '자연과 성스러움'Nature and the Sacred이라는 심포지엄에 강연자로 초청받았다. 함께한 강연자 중에는 아메리카 원주민, 불교인, 무슬림, 그리고 자연철학자 두어 사람이 있었다. 모두 각자 분야에서 책을 출간한 저명 인사들이었으며 절반 정도는 자신이 무신론자라고 말했다. 그런데도 강연자들은 모두 경이로움의 체험에 대해 이야기했다. 어떤 식으로든 각자가 모두 신비 체험(근원적 경탄의 체험)을 했던 것이다. 하지만 하느님에 관해서는 의견이 갈렸다. '하느님'이라는 단어를 다르게 이해했기 때문이다. 무신론자 강연자들에게 하느님은 초자연적 유신론이 그리는 하느님, 내가 20대 어느 때부터인가 믿기를 그만두었던 바로 그 하느님, 최근 무신론자들이 쓴 책들에서 비판하는 그 하느님, 학생들이 "저는 하느님을 믿지 않아요"라고 말할 때 대부분 염두에 두고 있는 바로 그 하느님이었다. 그런 말을 들으면 언젠가부터 나는 이렇게 대답했다. "당신이 믿지 않는 그 하느님에 대해 말해 주세요." 그럴 때마다 빠짐없이 등장하는 하느님은 초자연적 유신론이 그리는 하느님이었다.

신비 체험과 회심은 내 지적 신념에도 영향을 미쳤다. 두 가지는 이미 언급했다. 신비 체험을 통해 나는 하느님이 실재한다고 확신하게 되었고, 동시에 하느님이라는 단어에 대한 이해가 바뀌었다. 세 번째 변화는 본질의 차원에서 지성과 그리스도교, 이성과 종교 사이에는 갈등이 없다고 확신하게 되었다는 점이다. 갈등이 있다면, 종교를 오해하거나 절대화하거나, 비종교적 세계관을 절대화했기 때문이다. 혹은 둘 다일 수도 있다. 그 대표적인 예로 이른바 '신무신론자'new atheist들을 꼽을 수 있는데 그들은 종교는 가장 불합리한 부분만을 바라보되 현대 과학은 과도할 정도로 맹신한다. 그들에게는 현대 과학이 현실과 실재에 대한 최종 해답을 제공하는 종교와도 같다.

네 번째 변화는 그리스도교인이 된다는 것이 '올바른' 신념, 지적으로 '정확한' 신학을 갖는 것이 아님을 깨닫게 되었다는 점이다. 굳이 이를 강조하는 이유는 이 책의 많은 부분이 그리스도교에 대한 새로운 이해, 즉 하느님, 성서, 예수에 대해 생각하는 방식의 변화를 다루고 있기 때문이다. 하지만 그리스도교인이 된다는 것은 지적으로 올바른 신학을 갖는 것이 아니다.

긴 세월, 수없이 많은, 단순한 그리스도교인들이 있었다. 여기에는 멸시의 의도가 없다. 다만 그들에게는 사유하고 탐구하는 일이 신앙생활의 중심이 아니었음을 이야기하고 싶을 뿐이다. 그들은 올바른 신앙 조항들이 무엇인지 집착하지 않았고, 지적인 문제로 괴로워하지도 않았다. 그들에게 신앙생활의 핵심은 하느님과 예수를 사랑하고 서로 사랑하며 살아가는 데 있었다. 이러한 의미에서 많은 그리스도교 성인은 '단순한' 그리스도교인이었다.

그리스도교는 정답을 맞히는 시험이 아니다. 신학은 그리스도교의 지적 흐름이다. 좁은 의미에서 신학은 그리스도교가 무엇을 뜻하는지 성찰하고 설명하는 지적 작업, 그리스도교 초기부터 신학자들이 수행해 온 사유의 전통을 말한다.

수 세기에 걸친 신학 논쟁들은 논의 주제가 지나치게 난해한 경우도 있었고 종종 그 중요성이 과장되기도 했다. 이를테면, 1054년 삼위일체 논쟁으로 인해 교회는 동방 교회와 서방 교회로 분열되었다. 성령이 성부와 성자에게서 나오느냐, 아니면 오직 성부에게서만 나오느냐 하는 문제였다. 1600년대에는 타락 전 선택설supralapsarianism과 타락 후 선택설infralapsarianism 논쟁이 개혁주의 전통을 거의 분열시킬 뻔했다. 쟁점은 (하느님은 인간이 죄를 지을 것을 아셨으므로) 첫 번째 죄 이전에 메시아(예수)를 보내기로 정하셨느냐, 아니면 (죄를 짓고 나서야 메시아가 필요한 것이므로) 첫 번째 죄가 벌어지고 난 후에 정하셨느냐 하는 것이었다. 좀 더 익숙한 논쟁으로는 유아에게 세례를 주어도 되느냐, 성인이 되어야 세례를 받을 수 있느냐는 논쟁을 들 수 있다. 그리스도교 역사를 보면 '올바른 믿음'을 갖는 것이 중요하다고 외치는 경우가 많았다. 더 넓은 의미에서 신학은 그리스도교인들이 생각하는 바라고도 할 수 있다. 이렇게 보면 스스로 인지하든 못하든, 모든 그리스도교인에게는 (단순할 수도 있지만) 나름의 신학이 있다. 이 넓은 의미에서 신학은 정말로 중요하다. 나쁜 신학도 있기 때문이다. 여기서 말하는 나쁜 신학은 그리스도교에 대해 심각한 오해를 불러일으키고 부적절하며 끔찍한 결과를 낳는 그런 신학을 말한다. 이러한 맥락에서 신학의 주된 과제는 지적으로 만족스러운 정답들의 목록을 만드는 데 있지 않다. 신학의 과제는 그보다는 더 겸손하며, 부정의 차원이 있다. 즉 신학은 그리스도교를 진지하게 받아들이지 못하게 하는 잘못된 신념들을 허물어야 한다. 긍정의 차원에서 신학은 설득력 있고 매력적인 그리스도교 신앙에 입각한 관점, 전망을 제시해야 한다. 그러나 그 모든 점을 고려하더라도 그리스도교인이 된다는 것은 신념을 바로 세워 올바른 신학을 갖는 것이 아니다. 중요한 것은 특별히 예수를 통해 알게 된 하느님과의 관계를 깊게 하는 것이다.

다시 신비 체험 이야기로 돌아가 보겠다. 순수한 경이, 근원적 경탄, 찬란한 광채를 만나는 순간 사람들은 자기도 모르게 "오, 하느님"이라는 감탄사를 내뱉는다. 나도 그랬다. 그리고 내게 그 감탄은 진리의 표현이었다. 경이는 그리스도교인으로서 내 여정을 형성한 가장 중요한 확신이다. 하느님은 실재하신다. 그분은 만물을 살게 하고, 움직이게 하며, 존재하게 하는 만물 '그 이상'의 분이시다.

이 확신은 종교 전반에 대한 이해, 그리고 (성서에 등장하는 주요 인물들, 즉 모세, 예언자들, 예수, 바울 등을 포함한) 중요한 종교적 인물들에 대한 이해에도 영향을 끼쳤다. 그들은 모두 하느님, 성스러움, 그 이상의 존재를 실제로 체험했다. 그들이 세상을 바라보는 눈, 곧 그들의 지혜, 그들의 열정, 그들의 용기는 바로 거기서 나왔다. 그들은 그저 하느님을 굳게 믿었던 것이 아니다. 그들은 하느님을 알았다. 이 책의 중심이 되고 기초가 되는 확신은 하느님이 실재하신다는 것, 그리고 성서와 그리스도교는 하느님, 곧 만물 '그 이상'의 분, 존재 그 자체와의 관계에 관한 이야기라는 것이다.

제4장

구원은 내세보다 여기에서의 삶에 관한 것이다

내 삶의 여정, 그리고 우리 시대 미국 그리스도교라는 커다란 이야기를 되돌아보며 나는 세 가지 인식의 단계(비판 이전의 순진, 비판적 사고, 비판 이후의 긍정)가 매우 유익한 통찰을 준다는 사실을 깨달았다. 이 단계들에 관련된 용어들은 다소 전문적이고 딱딱하게 들릴 수 있다. 하지만 많은 사람은 이 단계들을 이미 겪고 있다. 앞에서 언급했듯 기억, 회심, 확신처럼 이 세 가지 또한 이 책의 전체 틀을 형성한다.

세 가지 인식의 단계

비판 이전의 순진precritical naivete

비판 이전의 순진이란 우리가 모두 경험하는 유년기 단계를 가리킨다. 이 단계에서 우리는 삶에서 중요한 권위를 지닌 사람들이 옳다고 말해 주는 것이 무엇이든 그냥 그대로 받아들인다. 이때는 그 말을 의심할 이유도 없고, 달리 생각할 이유도 없다. 예를 들어 성서는 참되고 그리스도교가 유일한 길이라고 말하면 그 말을 있는 그대로 받아들인다. 반대로 비종교적인 이야기를 하면, 그 이야기를 있는 그대로 받아들인다. 정치적인 신념이 있다면, 그 정치적 신념을 있는 그대로 받아들인다.

이 논의를 할 때면 어린 시절 들었던 성탄 이야기가 떠오른다. 나는 그 이야기들이 성서에 기록된 그대로 일어났다고 생각했다. 이를 당연히 받아들였다. (그 말이 무슨 뜻인지도 모르면서) 마리아가 동정녀였다는 것, 하느님이 예수의 아버지였다는 것, 천사들이 목자들에게 노래하며 밤하늘을 밝혔다는 것, 특별한 별 하나가 동방의 박사들이 황금과 유향과 몰약을 선물로 가지고 예수에게 오도록 인도했다는 것 등. 여섯 살 때는 베들레헴의 별이 매년 크리스마스이브마다 나타나는지 궁금해했던 기억이 난다. 누군가 내게 이 모든 것을 문자 그대로 믿으라고 강요하지도 않았다. 그냥 믿을 수 있었다. 그 시기에는 그렇게 배운 대로 믿는 것이 자연스러운 일이다.

비판적 사고 critical thinking

그러다 어느 순간 우리는 어린 시절 받아들였던 많은 것이 과연 참인지 의구심을 갖기 시작한다. 이 비판적 사고의 단계는 지적인 사람뿐만 아니라 누구나 겪는다. 소소한 예이기는 하지만, 나는 점차 자라면서 물었다. 망태 할아버지가 정말 있을까? 산타클로스는 정말 존재할까? 다리를 떨면 정말 복이 나갈까? 문지방을 밟으면 정말 큰일이 나는 걸까? 이런 의문은 사소해 보이지만, 모두 비판적 사고가 시작되었음을 보여 준다. 이런 질문을 거치며 우리는 어른이 되어간다. 이 과정 없이는 어른이 될 수 없다.

오늘날 세계에서 이 비판적 사고는 종종 종교적 믿음을 부식시키기도 한다. 현대 서구의 사유 방식은 진리를 사실성factuality과 동일시하려는 경향이 매우 강하기 때문이다. 그리고 일반에 알려진 현대 지식은 성서의 많은 부분, 더 나아가 종교 일반에 사실성이 있는지에 의문을 제기한다. 이를테면 이렇게 질문한다. 우리는 모두 그리 오래지 않은 과거에 낙원 같은 동산에 살았던 아담과 하와의 후손인가? 초기 인류는 정말로 수백 년을 살았는가? 예를 들어 므두셀라는 정말 900년 넘게 살았는가? 노아의 방주에 태운 것을 제외하고 땅 위의 모든 생명을 파괴한 홍수가 정말로 있었는가? 동정녀 탄생은 과연 가능한가? 정말로 물 위를 걸을 수 있는 사람이 있는가? 죽은 사람이 다시 살아날 수 있는가? 하느님은 존재하는가?

이처럼 현대의 비판적 사고가 전통이 지켜 온 종교적 믿음을 부식시키기 때문에, 일부 그리스도교인은 비판적 사고를 성서와 그리스도교에 적용하기를 거부한다. 그 결과가 바로 근본주의와 보수 그리스도교(중 다수)이며, 이들은 오늘날의 지식이 무어라 주장하든 성서와 그리스도교는 참되다고, 그냥 참이 아니라 사실로서 참이라고 주장한다.

한편 다른 사람들은 진리와 사실성을 동일시하는 현대의 사고방식을 따라 그리스도교와 종교 일반에 회의적이며 때로는 거부하기도 한다. 그 결과 나온 것이 "평지"Flatland*와 같은 세계관, 현실(실재)이란 물질과 에너지의 시공간 세계가 전부라는 세계관이다. 이 세계관을 두고 시인 T. S. 엘리엇T. S. Eliot은 "황무지"The Waste Land라고 불렀다. 건조하고 메마르고 척박한, 돌투성이인 삶, 어떤 이들은 이 단계에서 평생을 살아간다.

비판 이후의 긍정postcritical affirmation

이 단계는 긍정과 확신의 단계로, 어떤 진리, 특히 종교의 진리는 오직 은유와 상징 언어로만 표현할 수 있다는 깨달음에서 시작된다. '비판 이후'라고는 하지만, 이 단계에서는 비판적 사

---

* 플랫랜드Flatland: 1884년 에드윈 애벗이 쓴 소설 제목. 오직 2차원만 인식할 수 있는 세계의 주민을 통해, 우리의 감각적 경험만으로는 더 높은 차원의 실재를 파악할 수 없음을 비유하는 말이다. 여기서는 영적, 초월적 차원을 부정하고 물질세계만이 전부라고 믿는 편협한 세계관을 의미한다.

고를 버리지 않으며 이를 더 큰 전체 안에 통합한다.

나의 경우 (앞 장에서 했던 이야기를 빌려 말하면) 더 큰 전체는 우리가 때때로 경험하는 '그 이상'이 있다는 확신이며, 그리스도교를 포함한 세계의 종교가 그러한 경험들에 근거를 두고 있다는 확신이다. 설령 (그리스도교를 포함한) 종교들이 그 자체로 매우 모호한, 역사적으로 양가적인 현상일지라도 말이다. 종교는 엄청난 악과 폭력의 원천일 때가 많았다. 하지만 때로는 거대한 선과 연민의 원천이기도 했다. 최선의 상태라면, 종교는 참됨과 선함과 아름다움의 전통이다.

비판 이후 긍정의 단계에서 종교가 전하는 위대한 이야기들은 참된 것, 곧 진리로 받아들일 수 있는 이야기가 된다. 행여 이야기가 문자적으로 사실은 아니라 할지라도 말이다. 성탄절 이야기를 다시 해 보자면, 그 이야기들은 어둠 속으로 들어오는 빛에 관한 이야기, 이 세상을 지배하는 권력들과 전혀 다른 세상을 향한 하느님의 열정 사이의 끊임없는 갈등에 관한 이야기, 변화된 세상을 향한 고대 이스라엘과 인류의 오랜 갈망, 그리고 그 성취에 관한 이야기이다.

앞서 말했듯 어린 시절 나는 성서와 그리스도교가 당연히 진리라고 받아들였다. 그 진리가 문자적인 것인지 은유적인 것인지는 생각해 본 적도 없다. 그냥 진리였다. 그러다 비판적 사고의 단계에 들어섰을 때 나는 그 성서와 그리스도교의 이야기 중 얼마만큼이 진리인지 궁금해했다. 비판 이후 긍정의 단계에서는 성서와 그리스도교가 (전부 문자적으로 그리고 절대적으로 참되다고 상상하거나 유일한 진리라고 생각하지 않고도) 진리임을 깨달았다. 비판 이후의 긍정은 내게 비판 이후의 확신이 되었던 것이다.

이 단계 덕분에 나는 정신이 분열된 그리스도교인이 아니라, 온 마음을 다하는 그리스도교인이 될 수 있었다.

구원

이제 구원에 대한 내 기억과 회심, 그리고 확신을 이 세 단계에 비추어 살펴보려 한다. 구원은 그리스도교의 핵심 단어 중 하나다. 구약과 신약 모두에서 중요하며, 그리스도교인이 추구하는 목표이자 그에게 있는 깊은 갈망이다.

비판 이전의 순진 단계였던 어린 시절, 구원이 내게 의미했던 바는 분명했다. 죽어서 천국에 가는 것이었다. 당연히 천국에 가지 못하면 지옥이었다. 로마 가톨릭에는 연옥이 있다는 것을 알기는 했지만, 개신교 신자였던 나는 연옥을 믿지 않았다. 어쨌든 개신교 신자와 로마 가톨릭 신자 모두 '당신은 영원을 어디서 보낼 것인가?'라는 질문을 중심에 두고 구원을 이해했다.

지옥 불과 유황 심판을 강조하는 교회에서 자란 것도 아니었는데, 나는 이러한 이해를 받아들였다. 교회에서 지옥과 그 고통을 언급하는 일은 거의 없었지만, 암묵적인 위협과 두려움은 늘 있었다. 그리스도교가 천국에 가는 것에 관한 것이라면, 천국 말고 다른 가능성도 존재하는 게 당연했다. 이런 구원에 대한 이해는 내 어린 시절뿐 아니라 수백 년 동안 그리스도교인들의 집단심리 속에 깊이 뿌리내려 온 것이었다. 우리 조상 대부분은 천국과 지옥이 있는 게 당연하다고 생각했다. 그러한 믿음이 그들 마음에서 얼마나 강력하게 작동했을지 상상해 보라. 그 믿음은 한편으로는 희망이었고, 한편으로는 위협이었다. 왜 하느님과 예수와 성서를 믿어야 했을까? 왜 하느님의 법에 순종하고, 그러지 못했을 때 용서를 구해야 했을까? 왜 교회가 필요했을까? 천국과 지옥 때문이었다.

천국의 약속과 지옥의 위협은 지금도 미국 그리스도교에 널리 퍼져 있다. 많은 보수 그리스도교인에게 이는 그리스도교인이 되어야 할 가장 중요한 동기다. 어떤 복음주의 대형교회의 젊은 목사가 최근 출간한 책 한 권이 일으킨 논란을 생각해 보라. 『사랑이 이긴다 - 천국과 지옥, 그리고 삶을 살았던 모든 사람의 운명에 관한 책』Love Wins: A Book About Heaven, Hell, and the Fate of Every Person Who Ever Lived에서 저자 랍 벨Rob Bell은 지옥에서 영원한 고통을 받을 것이라는 가르침이 사랑의 하느님에 대한 성서의 증언과 양립할 수 있는지 질문을 제기했다. 하느님께서 우리를 사랑하신다면, 은총이 참되다면, 하느님이 어떤 사람들을 지옥에서 영원히 벌하고 계신다고 상상할 수 있을까?[1]

---

[1] Rob Bell, *Love Wins: A Book About Heaven, Hell, and the Fate of Every Person Who Ever Lived* (San Francisco: HarperOne, 2011). 『사랑이 이긴다』(포이에마).

이 책은 보수 그리스도교계의 격렬한 비판을 받았고, 타임지 표지에 등장하는 등 전국 뉴스에 오르내렸으며, 베스트셀러가 되었다. 몇몇 복음주의 논평가는 이 책이 생각해 보아야 할 중요한 문제들을 제기했다고 말했지만, 대다수는 비판 일색이었다. 비판의 요지는 이랬다. '지옥이 없다면, 왜 그리스도교인이 되어야 하는가?' 미국 최대 보수 교단인 남침례교는 '지옥의 실재에 관하여'라는 결의안을 통과시키며, "거듭나지 못한 자들은 지옥에서 영원하고도 고통스러운 형벌을 받는다는 성서의 가르침을 믿는다"고 단언했다. 단호하고 모호함 없이 지옥을 "영원하고도 고통스러운 형벌"이라고 했다는 점에 주목하라. 이때 그리스도교인이 된다는 것, 그리고 구원을 받는다는 것은 곧 천국에 가고 지옥을 피하는 것이다.

주류 개신교 신자와 로마 가톨릭 신자들의 경우, 지옥을 피하고 천국에 가기 위해서 그리스도교인이 되었다고 힘주어 말하지는 않는다. 그럼에도 많은 이는 구원을 죽음 이후의 삶과 동일시한다. 천국, 영생, 영원히 사는 삶, 부활 등 흔히 내세와 관련한 말로 여겨지는 언어들은 특별히 장례식에서 많이 사용되기는 하지만, 예배에서도 많이 등장하는 언어들이다.

나는 어렸을 때 지옥에 갈까 봐 걱정했던 기억은 없다. 예수를 믿으니 당연히 천국에 갈 것이라고 생각했다. 하지만 청소년기에 들어서면서는 지옥을 떠올리면 불안해지기 시작했다. 아이러니하게도, 이 불안은 내가 정말로 하느님을 믿는지에 대한 의심에서 비롯되었다. 하느님에 대한 의심 때문에 지옥에 갈까 봐 걱정할 만큼은 여전히 천국과 지옥을 믿고 있었던 것이다.

지옥에 가게 될까 불안했던 마음은 고등학교 졸업반이 될 때쯤 사라졌다. 천국과 지옥은 더는 내게 중요하지 않았다. 천국과 지옥을 의욕적으로 부정하지는 않았지만, 더는 주된 관심사가 아니었다. 확실한 이유 중 하나는 사춘기 호르몬이 왕성히 솟아나면서, 또 운전 면허를 따면서, 또 집을 떠나 대학 생활을 하는 미래를 기대하면서 이 세상에 대한 관심이 부쩍 늘었기 때문이다.

또 다른 이유는 천국과 지옥에 대한 비판적 사고가 시작되었기 때문이다. 돌이켜 보면 공정fairness이라는 문제에서부터 질문이 일어나기 시작했던 것 같다. 오직 그리스도교인들만 천국에 갈 수 있다는 것이 공정할까? 예수나 그리스도교에 대해 들어 본 적 없는 사람들은 어떻게 되는가? 그리고 그리스도교인이 아니지만 정말로 선한 사람들은 어떻게 되는가? 대학 1학년 때 기말시험에 나왔던 한 질문이 기억난다. "에이브러햄 링컨은 세례를 받은 적이 없다. 그렇다면 그는 구원받지 못한 것인가?" 여기에 더해 하느님이 어떤 사람들을 지옥에서 영원히 벌하신다는 것이 과연 이치에 맞는 일일까? 천국에 갈 자격이 있는 사람과 그렇지 않은 사람을 구분하는 경계선이 꽤 모호할 수 있는데도 말이다.

그 이후 수십 년 동안, 비판적 사고는 그리스도교가 천국과 지옥에 관한 종교가 아니라는 확신으로 나를 이끌었다. 나는 성서가 말하는 구원이 내세에 관한 것인 경우는 드물고, 대부분 이생에서의 변화에 관한 것임을 배웠다. 구원이란 우리가 죽은 뒤 천국에 가기 위해서가 아니라 지금, 여기의 삶이 변화하기 위해 필요한 것이다. 우리 모두 그 변화가 필요하고, 그 변화를 갈망한다. 의식하든 의식하지 않든 말이다. 그리스도교와 구원은 대부분 다음 생이 아니라, 바로 이곳에서의 삶에 관한 것이다.

내가 그리스도교와 구원이 내세에 관한 것이 아니라고 확신하는 것은, 내세가 없다고 생각하기 때문이 아니다. 나는 죽음 후에 또 다른 삶이 있는지 없는지 모른다(이 문제에 대해서는 이 장 뒷부분에서 다시 다루겠다). 다만 그렇게 확신하는 이유는 역사적이고 신학적인 것이다. 그리고 역사와 신학이 대개 그러하듯 구별할 수 있지만, 서로 겹쳐 있다.

내세는 성서의 중심이 아니다

그리스도교 성서의 3분의 2 이상을 차지하는 구약성서에는 내세에 대한 믿음이 거의 등장하지 않는다. 가장 마지막에 쓰인 책(기원전 165년경의 다니엘서), 거기서도 마지막 장에 이르러서야 비로소 축복받은 내세에 대한 명백하고 확실한 언급이 나온다. 거기서조차 악인에 대한 영원한 형벌이나 믿는 자들에 대한 보상은 언급하지 않으며 대신 순교자들의 부활, 하느님께 충성했다는 이유로 그들의 세상을 지배하던 권력자들에게 죽임당한 유대인들의 부활을 언급한다.

그 이전의 모든 시대 동안, 구약성서의 주요 인물들(아브라함과 사라, 그들의 후손들, 이집트 탈출 때의 모세, 왕정 시대와 그 몰락 시기의 예언자들, 시편과 지혜 문학의 저자들)은 죽음 후의 삶을 믿지 않았다. 그럼에도 그들은 하느님과 구원에 대해 열정적이었다. 그 열정의 주된 원천은 내세에 대한 소망이 아니었다.

'하늘'heaven과 '스올'sheol이라는 단어가 구약성서에 자주 등장하기는 하지만, 이 단어들은 그리스도교가 이해하는 천국, 지옥과 같지 않다. 구약에 나오는 하늘(단수 혹은 복수 형태)은 때로는 "하늘이 하느님의 영광을 선포하고"라는 구절에서처럼 '창공'sky을 의미하며 때로는 하느님과 다른 영적 존재들의 거처를 의미한다. 욥기에 따르면 심지어 사탄도 하늘에 산다(욥기 1:6). 하지만 신실한 이들이 죽은 후에 가는 축복받은 종착지는 아니다.

'스올'(히브리어)이나 '하데스'(그리스어)라는 단어 또한, 그리스도교에서 흔히 말하는 '지옥'처럼 형벌의 장소를 가리키지 않는다. 오히려 그곳은 모든 사람이 가는 곳, 즉 죽은 자들의 땅, 무덤을 가리킨다. 악해서가 아니라 죽어서 가는 곳이다.

이러한 의미들은 신약성서로도 이어진다. 요한계시록의 저자가 "새 하늘과 새 땅"을 말할 때, 이는 '새로운 창공과 새로운 대지'를 의미한다. 하느님의 거처로서 하늘은 (마태오복음서에서의) 주님의 기도, 즉 "하늘에 계신 우리 아버지"라는 익숙한 구절에 잘 드러난다.

신약성서에서 새로워진 점은 내세를 긍정한다는 것이다. 어떤 면에서 이는 (가장 흔히 '부활'로 일컬어지는) 내세에 대한 믿음이 커졌던 앞선 두 세기 동안 유대교 내에서 일어난 발전의 산물이다. 기원후 1세기경에는 아마도 대다수 유대인이 내세를 받아들였을 것이다. 신약성서에 알려진 대로 예수와 바울, 그리고 초기 그리스도교인들도 그랬다.

그럼에도 불구하고 이들 메시지의 핵심은 내세가 아니었다. 예수가 전한 이야기의 핵심은 '어떻게 천국에 갈 것인가'가 아니었다. 공관복음(마태오, 마르코, 루가)에서 그가 전한 이야기의 핵심은 "하느님의 나라"였다. 가장 먼저 기록된 마르코복음서에서 예수의 첫마디는 "하느님의 나라"가 왔다는 것이었다(마르 1:15). 이 하느님의 나라는 천국이 아니다. 하느님의 나라는 땅을 위한 것이다. 세상에서 가장 널리 알려진 기도가 선포하듯 말이다.

당신의 나라가 땅에서도 이루어지게 하소서.

마찬가지로 바울도 천국에 가는 방법보다는 지금, 여기에서 새로운 생명, 새로운 삶으로 변화되는 것, 즉 그가 말한 "그리스도 안에서" 사는 삶에 관심을 기울였다. 고대 이스라엘과 초기 그리스도교의 영적 조상들은 죽음 너머 천국과 지옥에서의 삶을 강조하지 않았다.

내세가 강조될 때 그리스도교에는 어떤 일이 일어나는가

신학적 차원에서 내가 내세에 대한 강조를 반대하는 것은, 내세를 강조할 때 그것이 그리스도교에 미치는 영향 때문이다. 강조라는 단어에 주목하라. 나는 내세를 믿는 것 자체가 이러한 결과를 낳는다고 생각하지 않는다. 다만 그리스도교의 설교, 가르침, 그리고 전도에서 내세를 강조할 때 어떤 일이 일어나는지를 살펴보아야 한다. 내세를 지나치게 강조하면, 그리스도교가 본래 무엇이며, 그리스도교인이 된다는 것이 무엇을 의미하는지를 심각하게 왜곡한다. 이는 여러 방식으로 이루어진다.

첫째, 내세에 대한 강조는 그리스도교를 요구와 보상의 종교로 바꾸어 놓는다. 여기서 보상은 물론 천국(혹은 오늘날 어떤 그리스도교에서는 물질의 번영과 행복한 삶)이다. 그리고 요구는 우리가 그 보상을 얻기 위해 해야만 하는 무언가다. 많은 사람이 이러한 이해를 상식처럼 받아들인다. 축복받은 내세가 있다면, 이생에서 어떻게 살았든지 간에 모두가 거기에 가는 것은 공정하지 않다고 생각한다. 히틀러? 스탈린? 칭기즈 칸? 그 외에도 셀 수 없는 이들이 그곳에 가서는 안 되는 것처럼 보인다. 그렇다면 천국에 가는 사람과 그렇지 않은 사람을 구별하는 무언가가 있어야만 한다. 예정론(하느님께서 누가 천국에 가고 가지 않을지를 미리 결정하신다는 생각)을 믿는 게 아니라면, 그 무언가는 우리가 충족해야 할 사항이 틀림없다. 믿음이든, 행동이든, 혹은 둘의 조합 같은 것이든 말이다.

둘째, 내세를 강조하면 그리스도교 신앙을 일종의 계약으로 이해하게 된다. 즉, 우리가 맡은 부분을 이행하면, 하느님께서도 당신의 몫을 이행하시리라고 생각하게 되는 것이다. 우리가 (그것이 무엇이든) x를 행하면, 하느님께서는 y를 행하실 것이다(우리를 천국으로 데려가시거나, 보호하시거나, 이생에서 우리에게 번영을 주실 것이다). 이런 이해를 두고 많은 개신교 신자는 '행위로 인한 구원'이라고 부르며 폄하하지만, 실제로는 많은 사람이 이를 당연한 세상의 이치로 받아들인다. 내 어린 시절을 돌이켜봐도 그랬다. 은총으로 인한 구원을 강조한다고 알려진 교파인 루터교에서 자랐지만, 그럼에도 불구하고 요구사항 같은 것은 있었다. 바로 매주 일요일 죄의 용서를 선언하는 순서의 끝에 선포된 말이었다.

누구든지 믿고 세례를 받는 자는 구원을 받을 것입니다.

그것은 우리가 믿고 그리스도인이 됨으로써, 또한 그렇게 되기 위해 세례를 받음으로써 구원을 받는다는 의미였다.

이렇게 이해했을 때의 첫 번째 신학적 문제는 '은총으로 인한 구원'에 대한 성서 시대와 고대, 종교개혁 시대의 그리스도교 가르침과 모순된다는 것이다. 사전에도 은총은 "공로 없이 받는 것"이라고 명시되어 있다. 즉, 은총은 선물이다. 구원은 하느님께서 주시는 선물이지, 계약을 성실하게 이행한 보상이 아니다.

두 번째 신학적 문제는 내세에 대한 강조가 그리스도교를 자기 보존의 종교로 바꾸어 놓는다는 것이다. 죽음이 최종 상태가 아니며 어떻게든 영원히 살기 위해서는 어떻게 해야 하는가? 저 이해에 따르면 그리스도교인이 되어야 한다. 하지만 이와 같은 자기 보존이 과연 그리스도교가 추구하는 바인가? 이러한 내세에 대한 강조는 개인주의를 조장하기 쉽다. 물론 대다수 그리스도교인은 자기 자신뿐만 아니라, 자신이 사랑하는 사람들과 다른 이들에 대해서도 염려한다. 하지만 그러한 염려와 동시에 각자 믿음과 행동에 따라, 올바른 것을 믿었는지, 올바른 방식으로 행동했는지에 따라 심판받게 될 것이라고 생각한다.

세 번째 문제는, 내세에 대한 강조가 흔히 사람들을 구원받은 자와 구원받지 못한 자로 나눈다는 것이다. 그리스도교가 유일한 구원의 길이라는 생각이 자리 잡으면, 그리스도교인이 아닌 모든 사람은 자연스럽게 구원받지 못한 자에 속하게 된다. '구원받은 자'의 범주가 훨씬 더 작아질 때도 많다. 오직 '올바른 믿음을 지닌' 그리스도교인들만 구원받을 수 있다고 하면 말이다.

마지막으로, 내세에 대한 강조는 우리의 관심을 '다음 생'에 돌리게 만들어 이생을 등한시하게 한다. 이 세상에서의 삶의 조건을 변화시키기 위한 노력은 구원의 조건이라는 틀 안에서만 가치 있는 일로 간주되며 상대적으로 그리 중요하지 않은 일이 된다. 이 문제는 특히 예수의 재림이 머지않았다고 가르치는 교회들(대체로 교파에 속하지 않은 개신교 교회들)에서 분명하게 드러난다. 종말이 가까이 왔다면 환경을 염려할 필요가 없다. 이곳이 지속되지 않으니 말이다. 마찬가지로 정치, 경제 체제가 굳이 정의로워야 할 이유도, 공정해야 할 이유도 없다. 어차피 다 사라지게 될 테니 말이다. 평화를 위한 일은 또 어떠한가? 이런 식의 생각은 모두 성서가 말하는 '구원'의 의미를 심각하게 왜곡하는 것이다.

구원은 변화에 관한 것이다

천국과 지옥이 성서의 중심 생각이 아니듯, '구원'을 '천국에 가는 것'과 동일시하는 생각 역시 성서의 중심 생각이 아니다. 비판적 사고는 이러한 동일시에서 벗어나도록 도와준다. 그러고 나면, 우리는 성서가 말하는 구원이 훨씬 더 풍부하다는 사실을 깨닫게 된다. '구원'의 본래 의미는 구출, 해방을 뜻한다. 부정적인 삶의 형편에서 구출되어, 이로부터 벗어나 새롭고 긍정적인 삶의 방식으로 나아가는 것이다. 그리고 이는 다음 생이 아니라 이생에서 일어난다. 오늘날 이 의미를 가장 잘 살리는 표현은 '변화'transformation일 것이다. 즉 구원이란 기존의 삶의 방식에서 다른 방식으로 변화하게 되는 것이다. 성서는 다양한 은유와 상징을 통해 인간이 처한 조건을 제시하고 그 해결책에 관한 심상을 제시한다. 이들은 내가 겪은 비판 이후의 긍정 단계에서 핵심을 이룬다.

구원은 속박에서의 해방이다

 구원을 속박으로부터의 해방으로 이해하는 관점은 고대 이스라엘의 기원 이야기, 즉 이집트 탈출 이야기까지 거슬러 올라간다. 유대교에서는 오늘에 이르기까지 이 이야기를 기념하고 기억하며 현재로 가져온다. 이 이야기와 관련된 유월절은 오늘날에도 유대교에서 가장 중요한 축제다.

 주목할 만한 사실은 이 탈출 이야기의 핵심인 해방이 단지 종교의 차원을 넘어서 정치의 차원, 경제의 차원과도 관련이 있다는 점이다. 정치와 경제의 차원에서 히브리 민족은 파라오에게 노예로 붙들려 있었고, 저항할 힘도 없었으며, 고된 노동을 강요받았고, 겨우 먹고 살 만큼의 배급만 받았다. 종교의 차원에서 보았을 때 그런 그들을 하느님께서 해방하셨다. 하느님의 뜻은 이 세상 통치자들의 억압과 착취로부터 그들을 해방하는 데 있었다. 이 이야기는 구원이라는 개념에 정치적 의미를 부여했다. 이러한 구원 이해는 성서 전반에 흐르고 있으며, 그리스도교 역사에서 때때로 강조되곤 했다.

 속박으로부터의 해방이라는 구원을 가리키는 은유는 개인적인 차원에서도 의미가 있다. 복음서에서는 다리가 마비된 사람들이 다시 걷는다. 사도행전에서는 예수의 제자들이 감옥에서 풀려난다. 바울이 쓴 편지에서 '자유'는 구원을 가리키는 가장 중요한 표현 중 하나다.

그리스도께서 우리를 해방시켜 주셔서, 자유를 누리게 하셨습니다. 그러므로 굳게 서서, 다시는 종살이의 멍에를 메지 마십시오.

(갈라 5:1)

개인적 차원의 구원은 심리적 해방과 영적 해방의 의미를 모두 담고 있으며, 그 둘을 구분하기란 어려울 때가 많다. 우리 내면에는 파라오가 하나씩 있다. 자라면서, 사회에서 어떻게 살아야 하느냐와 관련된 수많은 이야기를 들으며 자연스럽게 내면에서 형성된 존재가 바로 파라오다. 심리학에서는 이 내면의 파라오를 '초자아'superego, 즉 우리를 평가하고 채찍질하는 내면의 목소리라고 부른다. 자기애성 반사회적 인격장애자나 성인saint과 같은 예외를 제외하면, 누구에게나 이런 초자아가 있다. 이 내면의 파라오 아래서 사는 삶은 스스로를 끊임없이 시험하고 몰아붙이며, 충분한 위로 없이 살아가기에 고될 수밖에 없다.

구원은 유배로부터의 귀환이다

이집트 탈출 이야기가 그러하듯, 유배로부터의 귀환이라는 심상은 고대 이스라엘의 역사 속 경험에 뿌리를 두고 있다. 기원전 6세기 바빌로니아 제국이 예루살렘을 정복하고 파괴한 후, 수천 명의 유대인 생존자가 바빌론에 포로로 끌려갔다. 그들은 집과 고향에서 떨어져 슬픔에 잠겼고 노예처럼 살았다. 무력했고, 착취당했고, 가난하고 절망에 빠져 있었다. 그때 믿을 수 없는 기쁜 소식이 들려왔다. 그들이 집으로 돌아가게 된다는 것이었다.

유배와 귀환은 유대인 공동체의 집단 기억과 정신에 깊이 새겨졌다. 이집트 탈출 이야기처럼, 이 사건 역시 정치적인 의미와 심리적, 영적 의미가 모두 있다. 이집트가 그랬듯 바빌론도 그들이 노예살이한 실제 땅인 동시에, 이 세상을 억압하고 착취하는 권력들에 대한 은유다. 신약성서에서 바빌론은 예수와 바울, 초기 그리스도교 시대에 지중해 세계와 유대 땅을 지배했던 제국, 로마를 가리키는 상징이다.

심리적, 영적으로 유배는 삶의 의미와 활력을 주는 중심에서 떨어져 나간 상태, 소외된 상태를 뜻한다. 어떤 면에서는 때때로 삶에 찾아오는 무력감도 일종의 유배로 볼 수 있다. 심각해지면, 마치 유리병 속에 갇힌 듯 주변 세계에서 단절된 채 질식할 것 같은 경험을 하기도 한다. 종교 언어로 말하면, 유배는 우리가 살아 숨 쉬며 존재하게 하는 근원이신 하느님과의 단절, 곧 하느님으로부터의 소외를 뜻한다.

예수의 가장 잘 알려진 비유인 탕자 이야기의 중심 은유도 유배로부터의 귀환이다. 탕자는 먼 나라로 여행을 떠났는데(사실상 유배를 간 것이다) 거기서 방탕하고 문란한 생활로 삶을 허비했다. 가난과 절망에 빠져 돼지를 치는 신세로 전락하고 나서야, 그는 집으로 돌아가는 여정을 시작한다. 그는 자신이 지은 죄를 모두 고백할 준비를 하고 갔지만, 아버지(이 비유에서는 명백히 하느님에 대한 심상)는 그를 꾸짖지 않고 아낌없이 환대한다.

창세기 속 에덴동산에 살았던 아담과 하와 이야기에서도 유배는 중심 은유다. 이 이야기는 유배로 끝난다. 동산에서 쫓겨난 아담과 하와(그리고 우리)는 에덴의 동쪽에서 살아가며 잃어버린 것을 갈망하고 그리워한다. 이러한 면에서 구원은 되돌아가는 것이자 하느님과 다시 연결되는 것이다.

구원은 어둠 속을 비추는 빛이며, 눈먼 이가 시력을 회복하는 것이다

어둠 속을 비추는 빛, 그리고 눈먼 이가 시력을 회복하는 이야기는 구약과 신약 모두에 나오는 구원의 심상이다. 이사야서는 노래한다.

> 어둠 속에서 헤매던 백성이 큰 빛을 보았고,
> 죽음의 그림자가 드리운 땅에 사는 사람들에게
> 빛이 비쳤다. (이사 9:2)

> 예루살렘아, 일어나서 빛을 비추어라.
> 구원의 빛이 너에게 비치었으며,
> 주님의 영광이 아침 해처럼 너의 위에 떠올랐다. …
> 이방 나라들이 너의 빛을 보고 찾아오고,
> 뭇 왕이 떠오르는 너의 광명을 보고,
> 너에게로 올 것이다. (이사 60:1,3)

요한복음서의 첫 장은 예수가 "(모든) 사람의 빛"(요한 1:4)이라고 선포하며 이렇게 이어간다.

> 그 빛이 어둠 속에서 비치니, 어둠이 그 빛을 이기지 못하였다. ... 참 빛이 있었다. 그 빛이 세상에 와서 모든 사람을 비추고 있다. (요한 1:5, 9)

요한복음서의 조금 뒤로 가면, 예수는 자기 자신에 대해 이렇게 말한다.

> 나는 세상의 빛이다. 나를 따르는 사람은 어둠 속에 다니지 아니하고, 생명의 빛을 얻을 것이다. (요한 8:12, 9:5 참조)

바울 또한 빛이라는 심상을 즐겨 사용했다.

> "어둠 속에 빛이 비쳐라" 하고 말씀하신 하느님께서, 우리의 마음 속을 비추셔서, 예수 그리스도의 얼굴에 나타난 하느님의 영광을 아는 지식의 빛을 우리에게 주셨습니다. (2고린 4:6)

우리가 어둠 속을 살 때가 있듯, 우리는 때로 눈이 멀기도 한다 (비록 육신의 눈으로는 볼 수 있을지라도 말이다). 눈이 있어도 보지 못하는 이들이 있다. 우리는 우리라는 감옥 속에서 눈이 멀어 있다. 눈이 먼 데다 속박되기까지 한 것이다. 그래서 우리는 세상과 만물을 있는 그대로 보지 못한다.

복음서에는 예수가 눈먼 이들의 시력을 회복시켜 주는 이야기가 세 차례 등장한다. 그중 둘은 마르코복음서에 있다. 첫 번째 이야기는 베싸이다(벳새다)에 있던 눈먼 사람을 고친 이야기, 그리고 또 한 이야기는 예리고(여리고)의 눈먼 거지 바르티매오(바디매오)를 고친 이야기다(마르 8:22~26, 10:46~52). 마지막 이야기는 요한복음서 9장에 있다.

세 이야기는 모두 육신의 눈이 먼 사람들이 시력을 회복하는 사건을 전한다. 그러나 이야기들이 서술되는 방식은 이야기에 단순히 문자적인 것 이상의 의미가 있음을 암시한다. 마르코복음서의 두 이야기는 이 복음서의 중심 부분을 앞뒤로 감싸고 있는데, 이 중심 부분의 주제는 예수의 '길'과 그 길을 따르는 것이 무엇을 의미하느냐는 것이다. 마르코에 따르면 그 길, 예수의 길, 그 여정은 예수를 따라 예루살렘으로, 또한 십자가로 나아가는 여정이다. 본다는 것, 눈이 뜨인다는 것은 우리가 예수 안에서, 예수를 통해 바로 그 '길'을 보게 되는 것을 뜻한다. 바르티매오가 시력을 회복하는 이야기는 이 점을 명시적으로 보여 주며 끝맺는다.

> 그리고 그는 예수가 가시는 길을 **따라나섰다**. (마르 10:52)

요한복음서에서, 예수가 눈먼 사람을 치유하는 이야기는 예수가 "세상의 빛"임을 가르치는 계기가 된다. 이야기 후반부에서 눈을 뜬 사람은 외친다.

> 다만 한 가지 내가 아는 것은, 내가 눈이 멀었다가, 지금은 보게 되었다는 것입니다. (요한 9:25).

이는 널리 알려진 찬송가 《나 같은 죄인 살리신》Amazing Grace의 한 구절로도 전해진다.

> 나 한때 눈멀었으나, 이제는 보네.

구원은 보는 것, 다시 보는 것, 새롭게 보는 것이다.

구원은 죽은 자에게 생명을 주는 것이다

그리스도교에서는 육신의 죽음 이후의 삶을 강조하는 경우가 흔하기 때문에 구원과 관련된 심상은 내세를 가리킨다고 이해되는 경우가 많다. 하지만 구원은 이생에서의 변화를 뜻한다. 볼 수 있으나 눈이 먼 사람들이 있듯, 살아있으나 죽은 사람들이 있다. 이와 관련해 예수는 매우 인상적인 이야기를 남겼다.

죽은 사람들을 장사하는 일은

죽은 사람들에게 맡겨두고... (루가 9:60).

이 말(순회 설교자였던 예수는 이 말을 여러 번 했을 것이다)을 이해하기 위해서는 복음서에서 이 말이 놓인 맥락을 살펴야 한다. 한 남자가 예수를 따르고 싶어 하지만 먼저 아버지를 장사 지내야 하는 상황이다. 분명한 것은 예수가 말한 "죽은 사람들"이 살아 있는 사람들을 가리킨다는 점이다. 즉 죽어 있는 것과 다름없는 삶의 방식이 있다는 이야기다. 그러한 면에서 예수의 말은 매우 강력한 비판이다. 하지만 여기에는 긍정적인 의미도 들어 있다. 예수의 말은 달리 보면 "죽은 사람들"의 땅을 떠날 수 있다는 이야기이기 때문이다. 구원은 죽은 자들의 땅을 떠나는 것, 다시 태어나는 것, 새로운 피조물이 되는 것이다.

구원은 먹을 것과 마실 것이다

구원을 가리키는 성서 속 수많은 심상이 그러하듯, 이 역시 문자적인 의미와 문자적인 것 너머의 의미를 모두 가지고 있다. 한편으로, 먹을 것과 마실 것은 생명의 물질적 기초를 가리키는 심상이다. 구원은 모든 사람이 충분히 먹고 마시는 삶, 결핍이 없는 삶과 관련이 있다. 이러한 맥락에서 그리스도교에서 가장 중요한 예식인 성찬이 예수가 살았던 지중해 세계의 기본적인 식단을 대표하는 빵과 포도주를 중심으로 이루어진다는 것은 매우 놀라운 일이다.

다른 한편, 먹을 것과 마실 것은 생명의 물질적 생존을 넘어선 갈망에 대한 일종의 은유다. 우리는 하느님에 굶주렸고 그분을 향해 목말라한다. 구원은 그 굶주림과 목마름이 충족되는 삶이다.

구원은 죄로부터 구원받는 것이다

죄로부터 구원받는 것 또한 성서에 반복해서 등장하는 구원의 심상이다. 성서는 때때로 (특히 바울 서신에서) 우리를 속박하는 힘인 죄를 강조하는데, 이때 구원은 죄로부터의 해방이다(로마 7:14~21). 다른 경우에는 죄를 하느님의 법을 어기는 행위로 이해하며 이때 구원은 용서를 뜻한다. 용서란 우리의 잘못과 배신이 끝이 아님을 의미한다. 우리는 우리의 과거에 영원히 갇혀 돌이킬 수 없는, 정죄 받은 존재가 아니다. 새로운 시작이 가능한 존재다.

내세

지금까지 언급한 모든 논의를 구원은 아우른다. 구원이 다른 무엇보다 천국에 가는 것이라고 생각한다면, 이는 성서 속 풍부한 구원의 의미를 극단적으로 축소하고 빈곤하게 만드는 것이다. 죽음 이후 무슨 일이 일어나는지에 관해서 나는 불가지론자

agnostic다. 문자 그대로 모른다. 나는 알지 못하며, 사람이 어떻게 내세가 있는지 없는지를 확실히 알 수 있다는 것인지 잘 모르겠다. 물론, 대다수의 미국인을 포함한 많은 사람이 내세를 믿는다. 하지만 무언가를 믿는 것은 그 무언가가 실제로 참인지와는 상관이 없다. 좀 더 자세히 설명하자면, 나는 내세에 관해서는 기꺼이 불가지론자로 남고자 한다. 때로는 '모른다'는 사실이 불안을 낳기도 하지만, 반드시 그렇게 되는 건 아니다. 나는 내세가 존재하지 않는다고도 단언하지 않는다. 사후의 삶이 있다는 확신이 우리가 아는 것을 넘어서듯 이를 무턱대고 부정하는 입장도 마찬가지다. 이는 물질주의적 환원주의, 즉 물질세계가 전부이며 의식은 전적으로 뇌 기능에 의지한다는 확신의 산물이다. 종교적 보수주의자들이 그렇듯 저 물질주의적 환원주의자들 역시 자신들의 믿음에 결코 의문을 제기하지 않는다.

나는 40년 전 레이먼드 무디Raymond Moody의 베스트셀러 『사후의 삶』Life After Life에서 시작된, 임사 체험에 대한 연구들이 하는 이야기들을 진지하게 받아들인다. 이 책 이후로 임사 체험에 대한 더 많은 책이 나왔으며, 그중에는 인상적인 사례들도 있었다. 그 책들은 모두 거의 죽을 뻔했던 사람들이 실재의 다른 차원으로 들어서는 생생한 감각을 공유했다고 말한다. 그 외에도 임사 체험에 자주 등장하는 요소들로는 긴 터널을 통과하는 경험, 강한 빛을 봄, 인생 회고, 유체 이탈, 형용하여 말하기 어려운 아름다움을 마주함, 기쁨과 황홀함을 느끼는 경험 등이 있다.

그뿐 아니라 이러한 경험을 한 사람들은 거의 다 자신의 삶에 대한 앎, 자신들의 삶을 보는 방식이 변화되었다고 보고한다. 신비 체험을 한 사람들이 그러하듯, 임사 체험 또한 삶에 지속적인 여파를 남긴다. 나는 진지하게, 임사 체험을 신비 체험의 한 형태로 본다.

하지만 그러한 체험이 사후 세계의 존재를 증명하지는 못한다. 『사후의 삶』, 『천국의 증거』Proof of Heaven, 『천국은 실재한다』 Heaven Is for Real, 『천국에서의 90분』Ninety Minutes in Heaven 같은 제목들에도 불구하고, 이 책들은 내세가 있음을 증명하지는 못한다. 어떤 이들은 이런 경험들을 다른 과학적, 심리적 설명으로 해명할 수 있다고 하지만, 나는 그런 설명이 썩 설득력 있다고 생각하지 않는다. 임사 체험을 실제 내세에 대한 경험으로 보더라도 그 해석은 매우 다양할 수 있다. 환생을 믿는 이들은 임사 체험을 다음 생을 준비하는 중간 상태를 체험한 것이라고 해석할 것이고, 열반을 믿는 사람들은 우주적인 전체에 자신이 흡수되는 단계의 전조로 볼 것이다. 어떤 사람은 천국, 지옥, 연옥으로 가기 전 잠시 머무는 영역으로 해석할 수도 있다. 어떤 이는 임사 체험을 개별 인격체로서 '영원한 생존'이 아닌, 죽음 이후에 있는 '집단 의식'에 잠시 접속하는 것으로 볼 수도 있다. 요컨대, 이런 경험들은 내세에 대한 특정 이해를 증명하지 않는다.

내 생각에 이런 임사 체험은 현대 과학을 통해 이해할 수 있는 것보다 더 깊은 현실, 실재가 있음을 증명한다. 증명한다는 말이 너무 강하다면, 적어도 강하게 암시한다. 내가 특별히 주목하는 건 유체 이탈 현상이다. 의식이 순간 몸을 떠나 우리 몸으로부터 독립된 상태를 유지할 수 있다면, 우리의 현실은 지금보다 훨씬 더 신비로울 것이다. 신비 체험이 그러하듯 임사 체험은 경외, 감사, 변화를 불러오는 체험이다.

이 모든 것은 무엇을 의미하는 걸까?

대학원 생활을 시작했던 1960년대 유행했던 노래 가사 한 소절을 언급하면서 이 장을 마무리 하고자 한다. 가사 자체는 그리 심오하지 않았지만, 이 물음은 내 마음에 오래 남아 새로운 질문을 일으켰다.

이 모든 게 대체 무슨 의미일까요, 앨피?

이 모든 것이 무슨 의미일까? 삶이란 대체 무엇일까? 그리스도교란 무엇일까? 구원이란 무엇일까?

그 물음에 대한 지금 나의 대답, 나의 확신은 이렇다.

그리스도교와 구원은 죽음 이편에서의 변화다.

어린 시절 우리는 점차 문화와 사회의 규범에 속박된다. 그러면서 우리 존재의 근원으로부터 분리되고, 멀어지며, 소외된다. 소외와 유배를 경험하고 관습의 지배 아래에서 이 세상을 봄으로써 눈 멀어 어둠 속을 살아가며, 생의 한복판에서도 사실상 죽은 듯한 삶을 이어간다. 그리고 우리는 더 깊은 의미와 충만함에 굶주려 있고, 목말라하며, 갈망한다. 구원은 해방이며, 다시 연결되는 것이며, 새롭게 보는 것이며, 받아들여지는 것이며, 우리 안의 가장 깊은 갈망이 충족되는 것이다. 최선의 차원에서 그리스도교는 (지금까지 존속되고 있는 세상 모든 종교가 최선의 차원에서 그러하듯) 그러한 변화로 가는 길이다.

제5장

예수는 성서의 규범이다

그리스도교인으로 성장한 이라면 누구나 그렇듯 나 역시 아주 어린 시절부터 '하느님의 말씀'이라는 표현을 들었다. 이 표현은 성서와 예수 모두를 가리키는 말이었다. 성서는 책으로 된 '하느님의 말씀'이었고, 예수는 인간 안에 있는, 인간을 통해 드러난 '하느님의 말씀'이었다. 주일학교와 예배, 설교, 찬송가를 통해 나는 이 두 가지 의미를 자연스럽게 접했다.

그 가운데에서도 가장 생생하게 기억에 남은 것은 찬송가다. 성서에 대해 찬양할 때 자주 불렀던 찬송이 있었는데, 나는 이 찬송을 특히 좋아했다. 우리는 루터교 전통의 널리 알려진 찬송가 《내 주는 강한 성이요》A Mighty Fortress Is Our God의 장엄한 선율에 맞춰 (가사만 다른) 그 찬송가를 불렀다.

> 하느님의 말씀은 우리의 위대한 유산
> 영원히 우리의 것이 되리라
> 시대에서 시대까지 그 진리를 전파하는 일을
> 우리의 주된 사명으로 삼으리라
> 삶 속에서 우리의 길을 인도하며
> 죽음 앞에서는 우리의 소망이 되네
> 주여, 시간이 계속되는 동안
> 교회가 저 말씀을 굳게 붙들게 하소서
> 대대로 전하게 하소서

나는 그때 불렀던 이 찬송의 내용을 지금도 확신한다. 성서는 우리 그리스도교인에게 위대한 유산이며, 삶의 길잡이자 의지할 곳이다. 그리고 그리스도교인으로서 우리의 사명은 성서에 담긴 진리를 널리 전하는 일이다. 성서는 하느님의 말씀이자 거룩한 경전이며, 모든 책 가운데 가장 중요한 책이다.

위의 찬송과 더불어 예수를 성육신하신 하느님의 말씀으로 찬미하는 찬송가도 기억에 남는다.

> 참사람 되신 말씀 하늘의 지혜요
> 변함이 없는 진리 온 세상의 빛이라
> 주 말씀 성경에서 찬란히 빛나고
> 내 길에 등불 되니 대대로 빛나리라

주께서 세우신 교회 이 말씀 받아서
그 귀한 빛을 비춰 온 세상 밝힌다
그 말씀은 지도이자 나침반
일평생 여정 동안 당신께로 인도하시리

주님의 몸 된 교회 빛나는 등 되어
이 세상 만민 앞에 비추게 하소서
저 방황하는 길손 이 등불 따라서
주 얼굴 뵐 때까지 잘 가게 하소서

이 찬송가는 진실로 놀라운 내용을 담고 있다. 예수는 참 사람이 되신 하느님의 말씀이고, 하늘의 지혜이며, 변함이 없는 진리이자 온 세상의 빛이다. 또한 우리 삶의 항해를 인도하는 지도이자 나침반이다. 우리는 예수에게서 삶의 길을 보고, 방향을 익힌다. 비판 이전의 순진한 신앙 가운데 있던 어린 시절, 나는 성서와 예수 모두가 '하느님의 말씀'이라는 이야기를 당연시했다. 그 이야기가 어떤 의미인지를 명확하게 설명할 수는 없었지만, 둘 다 '하느님의 계시'니 완전하고 흠이 없다고 생각했다. 둘이 동등한 지위에 있다고 생각하기도 했다. 성서와 예수, 모두 하느님의 말씀이니 둘 사이에 차이나 갈등이 있을지도 모른다는 생각은 전혀 해본 적이 없었다. 그때 나에게 둘은 하나의 조화로운 전체였다.

하지만 그 후 수십 년에 걸쳐, 나는 성서와 예수 사이에 실제로 중요한 차이가 있음을 알게 되었다. 물론 둘 사이에는 분명한 연속성이 있다. 실제로 예수는 구약과 신약 전체를 아울러 성서가 말하고자 하는 바를 자신의 인격을 통해 구현했다. 그러나 때로는 양자 사이에 갈등도 있다. 이는 근대 성서학의 통찰이 아니다. 그리스도교가 시작될 때부터 사람들은 둘 사이에 갈등이 있을 수 있다는 사실을 알고 있었다. (신약 저자 중 이방인이 아마도 한 사람밖에 없을 정도로) 신약성서를 이루는 문서들이 철저히 유대교 색채를 지녔음에도 불구하고, 거기에는 구약의 특정 가르침을 거부하는 본문들이 있다. 가장 분명한 예는 구약에서 요구했던 할례와 정결 음식 규정을 거부한 것이다. 예수의 생애가 끝난 지 10~20년 만에, 그를 따르던 이들 중 일부는 이 율법들을 거부했고, 시간이 지나자 이들이 그리스도교의 주류가 되었다.

나는 성서와 예수 사이에 갈등이 있을 경우 예수가 규범이자 기준이 된다는 점을 배웠다. 성서 전체를 이해할 때도 마찬가지였다. 이 역시 초기 그리스도교 때부터 있던 가르침이다. 요한복음서 첫 장이 이를 분명하게 보여 준다. 예수는 육신이 되어 이 세상에 온 '하느님의 말씀'이며, 성육신하신 분이다. 육신이 된 말씀으로서 예수는 그리스도교인들에게 하느님의 결정적인 말씀, '궁극적' 기준이다. 그렇기에 우리가 예수에게서, 그를 통해 보는 하느님의 말씀은 성서에서 발견되는 하느님의 말씀을 넘어선다. 달리 말해, 성서와 예수 사이에 불일치가 있을 경우 기준은 언제나 예수여야 한다. 정통 그리스도교는 오랫동안 이를 견지했다.

'예수는 성서의 규범이다'라는 말은 몇 년 전 내가 다니는 교회에서 성인 교육반을 이끌며 사용했던 수업 제목이기도 하다. 일곱 살 딸을 데리고 온 한 젊은 어머니가 수업 후에 들려준 말이 있다. 그녀에 따르면 수업을 듣고 아이가 이렇게 속삭였다고 한다. "엄마, 예수님의 다른 이름이 놈(규범)Norm인 줄 몰랐어요." 다음 주엔 한 남성이 제안했다. "그럼 '놈이라면 어떻게 할까?'What would Norm do?라는 범퍼 스티커를 만들어야겠네요." 이 이야기를 소개하는 이유는 예수가 규범, 곧 성서의 기준이자 성서 해석의 렌즈라는 사실을 기억하는 데 도움이 되기 때문이다. 그를 통해 우리는 성서뿐 아니라 그리스도교 전체를 바라보고 이해해야 한다.

내 안에서 이 깨달음(성서는 때때로 오류가 있으며, 예수가 성서의 규범이라는 깨달음)은 점진적으로 일어났다. 정확히 언제 이를 깨닫기 시작했는지는 기억나지 않지만, 성서의 오류 가능성에 대한 깨달음은 대학 시절에, 예수가 규범이라는 깨달음은 대학원 시절에 형성되었다. 이 두 깨달음은 성서와 예수를 진지하게 받아들이는 것이 무엇을 의미하는지를, 더 나아가 그리스도교인이 된다는 것이 무엇인지를 규정해 준 신앙의 전환점이었다.

때때로 성서는 틀리다

성서가 때때로 틀릴 수 있다는 깨달음은 내 신앙 여정에서 중요한 전환점이 되었고 나뿐만 아니라 모든 그리스도교인에게 중요하다고 믿기 때문에 이 부분을 좀 더 다루려 한다.

먼저 짚고 넘어가고 싶은 부분은 성서를 문자 그대로 해석할 때(이를테면 창세기 1장에 나오는 6일 창조 이야기를 문자 그대로 받아들이는 경우)만 틀리는 것은 아니라는 점이다(이에 관해서는 다음 장에서 더 자세히 다룰 것이다). 구약이든 신약이든 성서의 어떤 구절들은 올바르게 해석하더라도 그 자체로 틀린 것일 수 있다. 이를 명확히 하기 위해, 몇 가지 사례를 제시할 것이다. 내 의도는 성서를 폄하하거나 부정하는 데 있지 않다. 나의 바람은 이 사례들을 통해 독자들이 그리스도교인의 삶에서 성서가 지닌 역할에 대해 좀 더 긍정적이고 성숙한 이해로 나아가는 것이다.

'성서가 때로 틀릴 수 있다'는 이야기를 하면 많은 그리스도교인은 놀라거나 충격을 받는다. 미국 개신교의 약 절반은 성서가 틀릴 수 있다는 생각을 완강하게 거부한다. 그들이 속한 교회에서는 성서란 오류가 없다고 가르치기 때문이다. 성서는 하느님의 계시이므로 오류가 없으며, 성서에 기록된 모든 것이 하느님의 진리이며, 사실상 하느님께서 직접 남긴 말씀이라고 저 교회들에서는 주장한다. 그렇기에 자연스럽게 성서는 절대적인 권위를 갖는다. 여느 책과 달리, 성서는 하느님에게서 왔기 때문이다. 성서의 무오성과 권위는 모두 성서의 신성한 기원에 근거를

두고 있다.[1]

오늘날 보수 개신교 진영에서는 성서 무오설에 대한 믿음이 일종의 리트머스 시험지처럼 작동한다. 많은 보수 개신교 교회에서 이를 가르칠 뿐 아니라 대다수 보수 그리스도교 대학과 신학교에서는 교수 임용 조건으로 성서 무오설을 믿는다는 서약서에 서명할 것을 요구한다. 이와 같은 입장은 성서를 하느님의 진리를 담은, 일종의 '신성한 정보 모음집'으로 본다. 과거에 실제로 일어난 일을 기록했다는 측면에서도 그렇고, 우리가 믿어야 할 것, 어떻게 살아야 하는지에 관한 것 등 모든 측면에서 성서는 하느님의 진리를 전하고 있다. 몇 가지 예를 들어보겠다.

- 성서는 세상이 그리 오래되지 않았으며, 태초의 인류는 말하는 뱀의 유혹을 받았다고 말한다. 그러므로 이 이야기는 사실이다.

- 성서는 노아 시대에 온 세상을 덮는 홍수가 일어나 방주에 탄 동물들을 제외한 모든 육상 동물이 멸절되었다고 말한다. 그러므로 이 이야기는 사실이다.

---

[1] 이러한 이해 방식을 흔히 '성서주의'biblicism라고 부르기도 한다(물론 '성서주의자'들 가운데는 성서주의라는 용어 자체를 들어본 적이 없는 사람도 많다). 복음주의 개신교 내부에서 성서주의에 대한 비판적 논의 과정을 보고 싶다면 다음을 참조하라. Christian Smith, *The Bible Made Impossible: Why Biblicism Is Not a Truly Evangelical Reading of Scripture* (Grand Rapids, MI: Brazos, 2011).

- 성서는 이집트 탈출 사건 중 열 가지 재앙이 이집트를 덮쳤고, 바다가 갈라져 히브리 노예들이 파라오의 군대를 피해 탈출했다고 말한다. 그러므로 이 이야기는 사실이다.

- 성서는 예수가 동정녀에게서 태어나 물을 포도주로 바꾸고, 바다 위를 걷고, 빵과 물고기 몇 개로 군중을 먹였다고 말한다. 그러므로 이 이야기는 사실이다.

- 신약의 몇몇 구절은 예수가 구원의 유일한 길이라고 말한다. 그러므로 이는 진리이다.

- 성서 일부 본문은 동성 간 성적 관계를 잘못되었다고 말한다. 그러므로 모든 동성 간 성적 관계는 금해야 한다.

성서의 무오성과 절대적 권위를 믿는 사람이 매우 많기는 하지만, 이는 오직 개신교, 그중에서도 비교적 최근에 등장한 흐름에서만 나타나는 현상이라는 점을 알아둘 필요가 있다. 로마 가톨릭 교회, 그리고 동방 정교회, 그리고 역사 속 대다수 교회에서는 한 번도 성서가 무오하다고 가르친 적이 없다. 성서 무오설은 개신교, 그 안에서도 특정 분파에서, 최근에 형성된 교리다. 물론 성서의 권위를 교회의 권위보다 더 높게 두었던 종교개혁에서 그 뿌리를 찾을 수는 있다. 하지만 주요 종교개혁가들은 성서 무오설을 주장하지 않았다. 마르틴 루터Martin Luther는 당시 권력자들에 맞서 '오직 성서'sola scriptura라는 구호를 외쳤지만, 다른 한편으로는 야고보의 편지와 요한계시록을 신약성서에서 제외해야 한다고 이야기했으며 실제로 자신이 번역한 독일어 신약성서에서는 저 두 권을 부록으로 따로 실었다. 성서가 무오하다고 믿는다면 결코 그런 일을 하지 못했을 것이다.

또한 '오직 성서'라는 표어에도 불구하고, 루터는 성서가 그리스도교인의 삶에서 유일무이한 권위가 있다고 보지는 않았다. 그는 '분명한 이성'evident reason도 함께 강조했다. 루터를 사형시킬 수 있는 권한을 지닌 교황 대리인이 루터에게 그의 사상과 저술을 철회하라고 요구하자 루터는 답했다.

> 성서와 분명한 이성에 의해 설득되지 않는 이상, 나는 철회할 수 없고, 철회하지도 않겠소.

성공회 종교개혁에서 가장 중요한 신학자인 리처드 후커Richard Hooker 역시 성서를 그리스도교인의 삶에 대한 유일한 권위로 보지 않았다. 그는 성서, 전통, 이성이라는 세 가지 상호작용하는 권위를 강조했다.

따라서 성서의 무오성, 성서의 절대 권위라는 생각은 종교개혁 이후 등장한 개신교 신학의 발명품이다. 성서가 '무오하다'는 표현이 처음 등장한 곳은 17세기 후반 개신교 신학 저작들이며,

성서 무오설을 광범위하게 지지한 현상은 훨씬 더 최근에 일어났다. 특히 1910년부터 출판되기 시작해 지금까지 보수 개신교의 정체성을 형성한 일련의 책들은 성서 무오설을 그리스도교 5대 핵심 교리 가운데 첫 번째 항목으로 꼽았다. 요점은 분명하다. 그리스도교 역사 전체를 놓고 보면 성서 무오설과 성서의 단독 권위를 강조한 그리스도교인은 극소수에 불과하며 그 역사도 그리 오래되지 않았다는 것이다. 그렇다면 미국 개신교인의 절반은 왜, 어떻게 이러한 사상을 '정통' 그리스도교라고 여기는 것일까?

여러 가지 이유가 있다. 먼저 많은 개신교 교회는 목사 안수를 받기 위한 공식 교육 절차가 거의 없거나 아예 없기 때문에, 해당 교회에서 자란 목회자나 평신도는 자신이 배운 것이 늘 그래왔던 진리라고 믿기 쉽다. 다른 관점에 노출되지 않으면, 사람들은 자신의 시각이 유일한 정답이라고 확신하기 쉽다. 또 다른 이유는 안정에 대한 갈망이다. 많은 사람은 간절하게 옳고 그름을 분명하게 구분해 주는 절대적인 권위가 있기를 바란다.

성서가 틀린 사례들

이제 성서가 틀릴 수 있는 몇 가지 사례를 살펴보고자 한다. 앞서 언급했듯 문제는 단지 문자 그대로 해석했을 때만 성서가 틀려 보이는 게 아니라는 것이다. 고대의 맥락 안에서 성서를 올바르게 해석하더라도, 그 내용이 틀린 경우가 있다. 이 예들을 살펴보며, 그 의미를 깊이 성찰해 보자.

하느님은 무차별적인 폭력을 명령하시는가?

사무엘상 15장 1~3절에 따르면, 하느님은 이스라엘의 첫 번째 왕 사울에게 아말렉 사람들을 모두 죽이라고 명령하신다. 본문은 모호하지 않다. 폭력은 명백히 하느님의 이름으로 이루어진다.

> 만군의 주가 말한다. ... 사정을 보아 주어서는 안 된다. 남자와 여자, 어린아이와 젖먹이, 소 떼와 양 떼, 낙타와 나귀 등 무엇이든 가릴 것 없이 죽여라. (1사무 15:2, 3)

이 구절 하나만 그런 것이 아니다. 구약뿐 아니라 신약에도 하느님의 이름으로 폭력을 주장하는 본문은 여럿 있다. 특히 요한계시록은 하느님의 명령에 따른 파괴를 묘사하는데, 어떤 면에서는 구약보다 더 폭력적이다. 이러한 본문들은 심각한 질문을 제기한다. 하느님이 실제로 남자, 여자, 어린이, 심지어 아기를 학살하라고 명령하셨는가? 그런 일이 정말 하느님의 뜻이었는가? 좀 더 일반적인 차원에서, 하느님은 '적들' 또는 '악인들'의 파멸을 바라시는가? 그리고 언젠가는 그렇게 하실까? 이러한 폭력의 본문들이 과연 하느님의 무오한 계시이며 그분이 어떤 분인지를 보여 주는가? 그렇다면 하느님은 폭력적인 존재인가? 폭력적인 하느님을 믿는다는 것은 어떤 의미인가? 이는 그리스도교인이 된다는 것에 어떤 영향을 미치는가?

하느님은 노예제를 승인하시는가? 혹은 승인하신 적이 있는가?

구약과 신약 모두 노예제를 당연한 제도로 수용하는 본문들이 있다. 구약의 율법은 노예제를 어떻게 실행해야 하는지 구체적으로 명시하고 있다. 이스라엘 동족은 일정 기간만 노예로 삼을 수 있으며, 안식년마다 해방시켜야 했다. 그러나 비이스라엘인은 영구 노예로 삼을 수 있었다. 노예에 대한 처벌은 제한했지만, 노예제 자체는 당연한 것으로 받아들였다.

신약성서에서도 후기 서신서 중 일부는 노예제를 완전히 부정하기보다는 다소 완화된 형태로 유지하는 방식을 택한다. 아래는 그 대표적인 본문들이다.

> 종으로 있는 이 여러분, 두려움과 떨림과 성실한 마음으로 육신의 주인에게 순종하십시오. 그리스도께 하듯이 해야 합니다. ... 선한 일을 하는 사람은, 종이든지 자유인이든지, 각각 그 갚음을 주님께로부터 받게 됨을 여러분은 아십시오. (에페 6:5~8)

> 종으로 있는 이 여러분, 모든 일에 육신의 주인에게 복종하십시오. ... 사람을 기쁘게 하는 자들처럼 눈가림으로 하지 말고, 주님을 두려워하면서, 성실한 마음으로 하십시오. ... 주인 된 이 여러

분, 정당하고 공정하게 종들을 대우하십시오. 여러분도 하늘에 주인을 모시고 있다는 사실을 아시기 바랍니다. (골로 3:22, 4:1)

종들을 가르치되, 모든 일에 주인에게 복종하고, 그들을 기쁘게 하고, 말대꾸를 하지 말고, 훔쳐내지 말고, 온전히 신실하라고 하십시오. (디도 2:9~10)

하인으로 있는 여러분, 극히 두려운 마음으로 주인에게 복종하십시오. 선량하고 너그러운 주인에게만 아니라, 까다로운 주인에게도 그리하십시오. (1베드 2:18)

그리스도교 역사 속 대부분의 시간 동안, 그리스도교인들은 이 구절들을 노예제가 하느님의 뜻에 부합한다는 뜻으로 이해해 왔다. 특히 1800년대 중반 미국 그리스도교인의 대다수는 그렇게 믿었다. (훗날 노예제를 반대한) 북부에서도 성서의 노예제 본문에 대한 폐지론자들의 도전은 널리 받아들여지지 않았다. 이 본문들은 심각한 질문을 유발한다. 노예제는 하느님의 뜻이었던 적이 있는가? 과거에는 허용되었지만 지금은 그렇지 않은가? 그렇다면 성서는 한때는 하느님의 무오한 뜻이었지만 지금은 그렇지 않은 것을 우리에게 전하고 있는 것인가? 더 나아가, 성서의 모든 본문이 과연 하느님의 무오하고 절대적인 계시일 수 있는가?

예수는 성서의 규범이다

남자가 처녀를 강간했을 경우

세 번째 사례는 매우 구체적이며, 간음·처녀성·강간에 관한 고대의 법률 문맥 안에 등장한다. 여기서 성서는 약혼하지 않은, 즉 정혼하지 않은 처녀를 남자가 강간했을 경우에 관한 규정을 제시한다.

> 어떤 남자가 약혼하지 않은 처녀에게 욕을 보이다가 두 사람이 다 붙잡혔을 때는, 그 남자는 그 처녀의 아버지에게 은 오십 세겔을 지불해야 합니다. 그리고 그 여자에게 욕을 보인 대가로 그 여자는 그의 아내가 되고, 그는 평생 동안 그 여자와 이혼할 수 없습니다. (신명 22:28~29)

이 율법이 말하고자 하는 바는 분명하다. 가해자는 피해자의 아버지에게 돈을 치르고, 피해자와 결혼하며, 이혼은 금지된다. 이는 가부장 중심의 당시 사회 구조에서의 아버지와 딸, 남편과 아내, 남성과 여성의 관계를 반영한다. 아버지는 딸의 소유주이며, 결혼 지참금을 받을 권리가 있었다. 강간이 일어났을 경우 딸의 가치가 손상되었기에, 가해 남성은 아버지에게 은 오십 세겔을 지불해야 한다. 게다가 이 일로 인해 딸은 다른 남자에게 결혼 상대로서 가치가 없게 되었기 때문에 가해 남성은 반드시 피해 여성과 결혼해야 한다. 마지막으로, 원래는 남편이 아내를 쉽게 내쫓을 수 있지만, 이 경우에는 이혼을 허용하지 않는다.

당시 고대 맥락을 보면 이 법의 취지는 이해할 수 있다. 가부장제 사회에서 여성들은 경제적으로 남성에게 의존했다. 여성이 의존할 수 있는 남성(아버지, 남편, 아들)이 없는 경우, 그녀는 생계 수단을 잃게 된다. 따라서 가해자가 피해자와 결혼하고 부양해야 한다는 규정은, 그 당시의 현실에서 일종의 보호 조치였을지도 모른다. 그러나 결과는 충격적이다. 피해 여성은 가해 남성과 평생 함께 살아야 한다. 이런 법이 정말 하느님의 뜻이란 말인가? 즉, 성폭행 피해자가 가해자와 결혼하는 것이 하느님의 뜻일 수 있는가? 이러한 법률을 하느님의 말씀, 무오하고 절대적인 계시로 받아들여야 하는가? 실제로 그렇다면, 왜 그리스도교인들은 오늘날 이 법을 더는 따르지 않는가?

가부장제는 하느님의 뜻인가?

앞서 살핀 예들 외에도 성서의 많은 구절은 가부장제와 여성의 종속성을 긍정하고 있다. 구약과 신약을 비롯해 유대교와 그리스도교 역사 전반에 걸쳐 예외적인 사례들이 존재하긴 하지만, 지배적인 목소리는 일관되게 가부장적이었다.

특히 신약성서의 후기 문서들(바울에게 귀속되었으나 그가 직접 기록하지 않았을 가능성이 높은 서신들)에서는 여성의 역할과 행동에 대해 다음과 같이 말한다.

아내 된 이 여러분, 남편에게 하기를 주님께 하듯 하십시오. ... 아

내도 모든 일에 남편에게 순종해야 합니다. (에페 5:22~24)

아내 된 이 여러분, 남편에게 순종하십시오. 이것이 주님 안에서 합당한 일입니다. (골로 3:18)

여자는 조용히, 언제나 순종하는 가운데 배워야 합니다. 여자가 가르치거나 남자를 지배하는 것을 나는 허락하지 않습니다. 여자는 조용해야 합니다. 사실, 아담이 먼저 지으심을 받고, 그다음에 하와가 지으심을 받았습니다. 아담이 속임을 당한 것이 아니라, 여자가 속임을 당하고 죄에 빠진 것입니다. 그러나 여자가 믿음과 사랑과 거룩함을 지니고, 정숙하게 살면, 아이를 낳는 일로 구원을 얻을 것입니다. (1디모 2:11~15)

마지막 구절을 주의 깊게 살펴보라. 여성은 남성에게 순종해야 하며, 남성보다 더 권위를 가져서는 안 된다. 오늘날에도 많은 보수 교회에서는 여성 목사 안수를 거부하는 근거로 이 구절을 들고 있다. 더 나아가, 이 구절은 죄가 세상에 들어온 책임을 여성에게 돌리고 있다. 아담은 속지 않았으나 하와는 속았다는 것이다. 하지만 여성이 믿음, 사랑, 거룩함, 정숙함 가운데 자녀를 낳으면 구원받을 수 있다는 말도 덧붙인다.

과연 이런 이야기가 하느님의 무오한 뜻인가? 하느님께서 바라시는 여성상, 여성과 남성의 바람직한 관계가 이런 모습인가?

남성이 여성 위에 군림하는 것이 하느님의 뜻인가? 아니면, 이 본문들은 자신들이 속한 시대의 가부장적 가치관에 순응한 결과에 불과한가?

예수는 곧 다시 오는가

신약성서의 여러 구절은 예수의 재림이 가까운 미래에 일어날 것이라고 선포한다. 마르코복음서(마태오복음서와 루가복음서에는 그 평행본문이 있다) 구절을 보자.

> 그 때에 사람들이, 인자가 큰 권능과 영광에 싸여 구름을 타고 오는 것을 볼 것이다. 그 때에 그는 천사들을 보내어, 땅끝에서 하늘 끝까지, 사방에서 선택된 사람들을 모을 것이다. ... 내가 진정으로 너희에게 말한다. 이 세대가 끝나기 전에, 이 모든 일이 다 일어날 것이다. (마르 13:26~27, 30)

사도 바울도 재림이 임박했다고 믿었다. 그는 당시 살아 있는 이들 중 일부는 (어쩌면 자기 자신도) 재림을 볼 것이라고 확신했다.

> 우리는 주님의 말씀으로 여러분에게 이것을 말합니다. 주님께서 오실 때까지 살아남아 있는 우리가, 이미 잠든 사람들보다 결코 앞서지 못할 것입니다. 주님께서 호령과 천사장의 소리와 하느님의 나팔 소리와 함께 친히 하늘로부터 내려오실 것이니, 그리스도

안에서 죽은 사람들이 먼저 일어나고, 그다음에 살아남아 있는 우리가 그들과 함께 구름 속으로 이끌려 올라가서, 공중에서 주님을 영접할 것입니다. 이리하여 우리가 항상 주님과 함께 있을 것입니다. (1데살 4:15~17)

신약성서에 속한 문서 중 '종말'에 대해 가장 길게 논의한 문서는 요한계시록이다. 저자는 일곱 번이나 "때가 가까웠다"고, 곧 종말이 일어날 것이라고 말한다. 그는 1세기 말 소아시아에 있는 일곱 교회 공동체를 향해 이 글을 썼다. 당시 공동체 사람들에게 '가까이'와 '곧'은 말 그대로 가까운 시간 안에 일어날 일을 의미했을 것이다. 그러나 예수의 재림은 그들의 시대에 일어나지 않았다. 이 본문들은 틀렸다. 예수는 '곧' 돌아오지 않았다. 어떤 이들은 이 '곧'이라는 말의 의미를 지금 우리가 사는 시대, 혹은 미래 어느 시점까지 연장해 이해하려 하지만(2천 년이 지났음에도 여전히 '곧' 올 것이라고 말하려 하지만) 그런 해석은 설득력이 없다.

이러한 본문들, 그리고 이와 유사한 다른 본문들을 종합적으로 고려해 보라(사례는 무수히 많다). 과연 이런 본문을 하느님의 무오하고 절대적인 계시라고 말할 수 있는가? 일부 그리스도교인들은 여전히 성서 무오설을 믿고 이에 관한 이론을 제시하며 옹호하려 한다. 사랑의 하느님이 오류 있는 성서를 주셨을 리 없다고 주장하기도 한다. 하지만 실제로 성서가 말하는 내용을 주의 깊게 살펴보면, 성서 무오설을 계속해서 주장하는 것이 가능한가? 성서가 무오하다는 관념은 성서 본문을 있는 그대로 진지하게 받아들이는 태도와 양립할 수 있는가?

어떤 사람들은 이 문제로 인해 그리스도교 전체에 대한 회의를 보이기도 한다. 열렬한 무신론자들은 위에서 언급한 구절들을 인용하며 그리스도교가 진리라는 이야기를 공격한다. 어떤 그리스도교인은 성서 무오설을 굳게 믿으며 자라다 이러한 문제를 깨닫고 그 결과 신앙을 잃어버리기도 한다. 이런 사람들에게, 그리고 많은 무신론자가 보기에 성서가 무오하다는 주장과 그리스도교가 진리라는 주장은 깊이 연결되어 있다. 전자가 무너지면 후자도 무너지는 것이다.

대안

성서를 하느님의 무오하고 무류한, 절대적인 계시로 보는 관점에 대한 대안이 있다. 이 대안은 성서가 무오하거나 무류하다고 주장하지 않으면서도, 성서의 풍요로움과 깊이를 진지하게 받아들일 수 있는 길을 제시한다. 이 관점은 그리스도교인들에게 성서가 중심적인 위치에 있음을 진지하게 받아들인다. 성서는 거룩한 경전의 지위, 그리스도교인의 신앙을 형성하는 역할, 그리고 삶을 변화시키는 능력을 지닌 책이다. 성서는 그리스도교인에게 있어 그 어떤 책보다 중요한 책이다.

이러한 성서 이해의 기초는, 성서가 하느님의 무오하고 무류한 계시가 아니라 두 고대 공동체 속에서 살아간 신앙의 조상들이 남긴 산물이라는 확신에서 출발한다. 구약성서는 고대 이스라엘의 조상들로부터 유래했으며 신약성서는 초기 그리스도교 공동체의 조상들로부터 유래했다. 성서는 하느님이 세상을 어떻게 보시는지를 알려 주기보다는, 우리 신앙의 선조들이 하느님과 세상을 어떻게 보았는지를 보여 준다. 그러므로 성서는 인간의 산물이며 바울의 표현을 빌리면 질그릇에 담긴 보물이다. 이 표현은 그가 50년대에 고린토 교회에 보낸 둘째 편지 4장 7절에서 사용한 말로, 당시 "보물"은 복음, 곧 예수 그리스도에 대한 기쁜 소식을 의미했다. 그리고 "질그릇"(일부 현대 번역에서는 "흙항아리")은 그 복음을 전하는 사람들을 가리킨다. 여기에는 바울을 비롯해 예수의 초기 추종자들이 포함되며, 이들은 모두 유한하고, 잘못이 많고, 실수하는 인간들이었다.

성서 또한 그러하다. 그 안에 담긴 보물은 고대 이스라엘과 초기 그리스도교 시대의 조상들이라는 '질그릇'을 통해 우리에게 전해진다. 그들이 전한 것은 다음과 같다.

• 하느님에 대한 그들의 이야기와 경험.

• 하느님의 성품(하느님이 어떤 분이신가)에 대한 그들의 확신과 하느님의 뜻에 대한 그들의 확신.

- 하느님이 그런 분이라면 우리가 어떻게 살아야 하는지에 대한 지혜, 곧 '길'에 관한 성찰.

- 찬미와 기도의 표현들. 특히 시편과 성서 여러 곳에 나오는 예배와 감사, 간구의 언어들.

- 그들의 슬픔과 절망. 예레미야 애가와 같은 책은 물론 "주님, 언제까지입니까?"라는 절규를 구약과 신약 곳곳에서 만날 수 있다.

- 당혹감과 질문들. 전도서와 욥기 같은 책은 하느님과의 관계에 대한 통념을 정면으로 문제 삼으며 심지어 뒤집어엎기도 한다.

- 윤리적 가르침. 율법 조항, 예언자들의 고발과 훈계, 일반 원칙과 그 구체적 적용 방안 등.

성서에 담긴 이 다양한 목소리들은 천 년이 넘는 기간에 걸쳐 우리에게 말을 건넨다. 구약성서의 가장 이른 부분은 기원전 900년경 기록되었고, 신약성서의 마지막 책들은 기원후 100년 무렵 쓰였다. 여기에는 이야기꾼, 예언자, 입법자, 서기관, 제사장, 예배 인도자, 복음 전도자, 사도, 교사 등의 목소리가 담겨 있다.

이들은 모두 동일한 관점으로 세상을 바라보지 않았다. 많은 주요 인물(모세, 예언자들, 예수, 바울 등)은 이 세상의 변화를 갈망했다. 그들은 노예제, 가부장제, 불의한 경제, 폭력, 전쟁, 지배 체제와 같은 사회적 관습들을 바꾸려고 열정을 품었다. 그러나 그와 달리 그 당시 세상 관습을 받아들이고 적응하려 한 목소리도 있었다. 어떤 이들은 노예제를 정당하게 여기고, 가부장제를 당연시했으며, 하느님이 적들을 향해 복수해 주시기를 열망했다. 어떤 이들은 예수가 재림할 때 하느님의 심판을 집행하는 도구로 올 것이라고 선포하기도 했다.

이처럼 성서 안에는 다양한 목소리들이 공존한다. 예언과 지혜의 목소리도 있고, 제한된 시야와 한정된 지식의 목소리도 있다. 맹목적이며 체제에 순응하는 목소리도 있다. 하느님의 계시에 모순이 있어서가 아니다. 인간의 목소리가 다양하며 성서는 바로 그 다양한 목소리를 담고 있기 때문이다. 성서 무오에 대한 믿음을 내려놓을 때, 우리는 성서 무오설이 낳은 문제들에서 벗어날 수 있다.

성서는 그리스도교인들을 위한 성스러운 경전이다

이 대안은 성서가 인간의 산물임을 인정하면서도 동시에 그것이 '성경'the Holy Bible, 곧 그리스도교인들을 위한 성스러운 경전이라고 확언한다. 성스러운 경전이라는 지위는 하느님에게서 유래한 것이 아니라, 우리 신앙의 조상들이 내린 결정에 기초한다. 성서의 책들은 처음 기록되었을 때부터 성스러운 경전으로 여겨진 것이 아니었다. 오히려 시간이 흐르면서 점차 성스러운 경전으로 받아들여졌고, 결국 우리 조상들은 이를 '성스러운 책'이라고 선언했다. 이러한 과정을 '정경화'canonization라고 하며, 그 결과 형성된 책이 바로 '성서 정경'canon이다. 정경화는 수 세기에 걸쳐 이루어졌다. 구약성서의 첫 번째 부분(오경, 또는 '토라', '율법'으로도 불린다)은 기원전 400년경에 거룩한 책으로 여겨졌고, 두 번째 부분(예언서)은 그로부터 몇 세기 후에, 세 번째 부분(성문서)은 아마도 기원후 100년경에 이르러서야 경전의 지위를 얻게 되었다.

신약성서의 정경화는 기원후 4세기까지 이어졌다. 330년경, 초기 그리스도교 역사학자인 에우세비우스Eusebius는 당시 일반적으로 정경으로 인정하던 22개의 문서를 목록으로 남겼다. 오늘날 우리가 사용하는 신약성서 27권 전체가 한 목록 안에 처음으로 등장한 시기는 365년이다. 우리가 알고 있는 한, 구약과 신약 모두에 대해 공식적인 공의회가 정경을 최종적으로 결정한 적은 없다. 오히려 이는 시간이 흐르며 자연스럽게 형성된 것으로 보인다. 다시 말해, 정경은 공식적인 결정보다는 관행을 반영한다.

성서의 문서들을 인간이 기록했듯, 이 문서들에 성스러운 경전이라는 지위를 부여한 이 역시 인간이다. 물론 그렇다고 해서 성서의 지위가 약화되지는 않는다. 오히려 이러한 이해는 성서의 결정적인 위치를 부각한다. 성서에 속한 책들은 그리스도교인에게 가장 중요한 문서들이며 그리스도교의 이해와 정체성을 형성하는 바탕이다. 그리스도교인으로 산다는 것은 이 문서들과 끊임없는 대화를 이어간다는 뜻이다. 이 대화가 드문드문 이루어지거나 끊어진다면 그는 더는 그리스도교인이라 할 수 없다. 성서는 그리스도교인의 기초 문서다. 그 기원이 성스럽지는 않지만, 지위와 기능 면에서 '성스럽다'.

성서가 틀렸을 때 이를 어떻게 분별할 수 있는가

성서가 틀렸을 때 이를 어떻게 알아차릴 수 있을까? 책임감 있게 이를 분별하려면 어떻게 해야 할까? 성서를 마치 뷔페에서 식사하듯 마음에 드는 것만 골라 담고 나머지는 접시에 담지 않는 방식을 어떻게 피할 수 있을까?

여기서 이성은 중요한 역할을 한다. 이때 이성은 단지 인간의 사고 능력뿐 아니라, 이성의 활용을 통해 축적된 인류의 보편적이고 검증된 지식까지를 포함한다. 고대부터 그리스도교 신학자들은 이러한 의미의 이성을 중시했다.

예를 들어 기원후 200년경, 초기 그리스도교 신학자 오리게네스는 이성을 근거로 창세기에 나오는 6일 창조 이야기를 문자 그대로 해석하는 것을 거부했다.

어떤 지적인 사람이 태양도, 달도, 별도 없이 첫째 날, 둘째 날, 셋째 날이 존재했다고 상상할 수 있는가? 또 첫째 날이 하늘도 없이 존재했다고? 누가 감히 하느님이 정원사처럼 동쪽 에덴에 동산을 심고, 눈에 보이는 생명나무를 심어, 그 열매를 먹으면 영생하고, 또 다른 나무의 열매를 먹으면 선악을 알게 된다고 믿겠는가? 하느님이 저녁에 동산을 거니시고, 아담은 나무 뒤에 숨었다는 이야기를, 문자 그대로 일어난 역사적 사건이라고 받아들이는 이는 과연 누구인가? 나는 누구든 이것이 영적 의미를 상징하는 이야기라는 점을 의심하지 않을 것이라고 본다.[2]

그리스도교 역사상 가장 영향력 있는 신학자로 손꼽히는 아우구스티누스Augustine는, 400년경 "경험과 이성의 빛"으로 비그리스도교인들이 알고 있는 세계에 관한 사실들과 모순되는 진리를 가르치는 그리스도교 교사들을 꾸짖었다. 그리고 앞서 언급했듯 16세기 마르틴 루터는 성서와 더불어 "명백한 이성", "분명한 이성"을 하나의 권위로 인정했다.

하지만 그리스도교인들이 성서가 틀렸는지 아닌지를 분별하는 데 있어 가장 중요한 기준은 예수다. 이 장 앞부분에서 강조했듯 예수는 성육신한 하느님의 말씀이며, 그리스도교인에게는 하느님의 결정적인 계시다. 예수는 성서 전체를 해석하는 규범

---

[2] Origen, *De Principiis*, 4.1.16. 『원리론』(아카넷).

이자 기준이다.

여기서 중요한 점은, 앞서 사용한 표현을 빌리면, 예수는 단순히 구약만 능가하는 존재가 아니라는 것이다. 많은 그리스도교인은 구약이 신약보다 열등한 계시이며, 구약의 하느님은 율법과 진노, 심판의 하느님, 신약의 하느님은 은총과 사랑의 하느님이라는 관념, 일반적이지만 잘못된 고정관념에 익숙하다.

이와 같은 생각을 신학계에서는 '대체주의'supersessionism라고 부른다. 신약의 하느님이 구약의 하느님을 대체한다는 것이다. 이 사상은 그리스도교에 널리 퍼져 있지만, 역사적으로도 정확하지 않고 정통 그리스도교 신학의 가르침도 아니다. 정통 그리스도교는 예수가 하느님의 성품과 뜻을 온전히 구현한다고 이야기한다.

예수는 신약성서도 넘어선다. 나는 40년 전, 요한계시록을 주제로 한 대학원 수업에 참여하며 이를 처음으로 깨달았다. 당시 교수는 말했다. "우리는 솔직히 인정해야 한다. 요한계시록에는 '비그리스도교적'이라고까지 부를 수 있는 내용들이 있다." 그는 계시록이 많은 사람을 파괴하고 그들을 영원한 고통에 빠뜨리는 폭력적인 하느님을 묘사하고 있음을 인정했다. 과연 이런 하느님 심상이 예수를 통해 드러난 하느님과 일치하는가?

예수가 성서의 규범이라는 말은 성서의 다른 부분이 무의미하다는 뜻이 아니다. 구약성서(곧 히브리 성서) 없이는 예수가 누구였는지를 온전히 이해할 수 없다. 그는 구약의 전통, 특히 이 세상의 변혁을 향한 하느님의 열망에 깊이 뿌리내리고 있다. 게다가 복음서와 신약의 나머지 문서들은 구약에 대한 풍부한 암시로 가득 차 있다. 반대로 신약성서의 나머지 문서가 없다면, 우리는 예수가 제자들에게 어떤 의미를 가졌는지를 알 수 없게 된다. 예수가 기준이 된다고 해서, 성서의 다른 부분이 덜 중요해지는 것은 아니다. 성서 전체는 여전히 중요하다.

하느님께서 책이나 가르침이 아닌 한 인격을 통해 당신을 결정적으로 계시하셨다는 고백은 그리스도교의 가장 독특한 특징이다. 이는 그리스도교를 다른 세계 종교들과 구별할 수 있게 해준다. 유대교와 이슬람교에서는 하느님이 책(토라와 꾸란)에 당신을 결정적으로 계시하셨다고 믿는다. 불교에서는 계시라는 개념을 쓰지는 않지만, 굳이 쓴다면 붓다라는 인물보다 그의 가르침에서 드러난다고 여긴다. 붓다는 존경의 대상이지만 결정적인 중요성을 지닌 건 그의 가르침이다. 힌두교 역시 마찬가지다. 힌두교에서 계시는 특정 인격보다는 전통의 가르침에 있다.

이는 우열의 문제가 아니다. 다만 차이가 있음을 이야기하려 한 것이다. 그리스도교는 처음부터 예수를 하느님의 결정적인 계시로 보았다. 성서가 무오하다고 주장하는 것은 책인 '하느님의 말씀'을 '하느님의 말씀'인 예수 위에 올려놓는 것이자, 예수 안에서 예수를 통해 계시된 말씀보다 책에 더 권위를 부여하는 것이다. 그러나 육신이 된 말씀, 성육신은 책 속에 있는 말씀보다 더 크다.

제6장

성서는 문자적으로 사실이 아니어도 참일 수 있다

나는 신앙의 여정을 걸어 오며 성서가 진리임을 확신하게 되었다. 그러나 이 진리가 그리스도교인들에게 커다란 비중을 차지하는 것은 성서가 사실이어서가 아니라는 확신 또한 갖게 되었다. 앞 장에서 언급했듯 때때로 성서는 제대로 이해하더라도 그 안에 잘못된 내용이 있을 수 있다. 그럼에도 나는 성서의 주요 이야기들과 주제가 사실이든 아니든 그에 상관없이 진리라는 확신을 갖게 되었다. 4장에서 언급한 여정(비판 이전의 순진함에서 출발해 비판적 사고를 거쳐, 비판 이후 확신에 이르는 여정)을 통해서 말이다.

나는 비교적 온건한 문자주의 신앙에 둘러싸여 자랐고, 당연히 성서에 나오는 이야기들이 실제로 일어났다고 믿었다. 그러나 어느 순간, 그 일들이 정말로 일어났는지 의문을 품기 시작했다. 아담과 하와는 실제 인물일까? 에덴동산은 실제로 있었을까? 하느님께서 실제로 열 가지 재앙을 이집트에 내리셨을까? 여호수아 시대에 하느님이 정말로 태양을 멈추셨을까? 고대 이스라엘 백성이 나팔을 불며 예리고 성 주위를 행진하자 성벽이 무너졌을까? 복음서에 등장하는 수많은 이야기도 의심스러웠다.

그즈음 나는 이른바 자연주의 설명을 접하게 되었다. 이를테면 출애굽기에 나오는 재앙은 일정하게 반복되던 자연현상을 하느님이 개입한 사건으로 해석한 것이라는 주장, 예리고 성벽은 나팔 소리로 발생한 진동 때문에 무너졌다는 설명, 베들레헴의 별은 혜성이나 초신성 혹은 행성들의 결합 현상이었다는 주장 등이다. 이러한 해석들은 성서 본문에 담긴 사건들이 실제로 일어나긴 했지만, 이 일들을 고대 이스라엘 사람들이 잘못 해석해 하느님이 하신 일로 이해한 것이라고 간주했다. 다시 말해, 본문이 전하는 사건 자체의 '기억'은 참되나 그 원인을 하느님께 돌린 것이 문제였다는 식이다. 그러나 내게 이런 설명은 설득력 있게 다가오지도 않았고, 흥미롭지도 않았다. 그러던 중 나는 (성서에 나오는 이야기들을 포함해) 종교 이야기가 전하는 진리는 그 이야기의 사실 여부에 달려 있지 않다는 점을 깨닫기 시작했다. 이는 종교 일반이나 그리스도교가 단지 우화와 환상에 기반하고 있다는 뜻이 아니다(현대 서구 문화에서는 종종 사실의 대안으로 '우화'

와 '환상'을 제시하기는 하지만 말이다). 종교의 진리, 성서의 진리는 '문자 이상의' 의미, 곧 '사실 이상의' 의미에 있다는 뜻이다.

종교 본문에 담긴 문자 이상의 의미란 곧 그 본문의 은유적 의미를 가리킨다. 여기서 말하는 '은유적 의미'는 이야기들이 전달하는 풍부한 의미, 곧 '의미의 잉여'surplus of meaning를 뜻한다.[1] '상징적 의미'도 이와 비슷한 말이다. 성서의 많은 이야기(어쩌면 대부분의 이야기)는 은유적이거나 상징적이다. 성서 저자들은 현대의 신문 기자나 역사학자들처럼 사실을 정확히 보도하기 위해 이야기를 하지 않았다. 그들은 어떤 의미를 전하기 위해 이야기를 전했다.

성서 본문의 은유적·상징적 의미를 가리키는 또 다른, 다소 낯설지만 중요한 용어는 '비유적 의미'parabolic meaning이다. 대표적인 예는 예수가 들려준 비유들이다. 그는 비유의 대가였으며, 유대 전통에서 그만큼 많은 비유를 남긴 인물은 없다.

예수의 비유는 '지어낸 이야기'였다. 이 비유의 목적은 실제 사건을 보고하는 데 있지 않았다. 선한 사마리아인의 비유를 실제로 예루살렘에서 예리고로 가는 길에서 일어난 일로 여기는 그리스도교인을 나는 본 적이 없다. 탕자의 비유도 마찬가지이다. 그 이야기에 나온 아버지가 실제로 존재한다고 믿는 사람을 나는 본 적이 없다. 우리 모두 저 이야기들의 핵심을 안다.

---

[1] '의미의 잉여'라는 표현은 다음 책에서 따왔다. David Tracy, *The Analogical Imagination* (New York: Crossroad, 1987), 99~229.

이 이야기들이 '사실'이 아니라 '의미'를 전달하려 한다는 것을 말이다. 비유는 사실 이하가 아닌, 사실을 넘어서는 의미를 전달한다.

성서의 이야기들, 즉 서사들도 마찬가지이다. 그 목적은 의미를 전달하는 데 있으며, 정확한 사실을 입증하는 데 있지 않다. 성서가 의미보다는 사실성에 관한 것이라는 생각은 현대 서구 그리스도교, 특히 개신교 안에서 심각한 왜곡을 낳았다.

오늘날의 성서 문자주의

성서 무오설과 더불어 성서 문자주의는 보수 개신교 신앙의 기초에 해당한다. '성서를 문자 그대로 믿는다'는 말은 보수 개신교 내부자와 외부자, 진정한 신자와 그렇지 않은 자를 가르는 일종의 충성 서약이 되어버렸다.

오늘날 성서 문자주의는 성서 내용의 '사실성'을 강조한다. 이는 근대 이전 그리스도교가 말하던 '문자적 해석'literal interpretation과는 전혀 다르다. 중세에 문자적 해석은 성서 해석의 네 가지 단계 중 첫 번째 단계였고, 본문이 실제로 무엇을 말하며 어떤 문학 형식인지를 주의 깊게 살피는 것을 의미했다. 성서 본문이 기도문인지, 찬양인지, 시인지, 법조문인지, 윤리적 권고인지, 이야기인지, 이야기라면 상징적인지 역사적인지를 묻는 것이다. 근대 이전의 문자적 해석은 본문의 사실성에 초점을 두지 않았다. 이 시기 문자적 해석은 다른 차원의 의미들, 문자 이상의 의미를 살피기 위해 반드시 거쳐야만 했던 예비 단계였다. 이 단계 이후 이루어지는 해석에서 길어 올리는 의미들은 모두 '문자 이상의 의미'였다.[2]

이와 달리 오늘날 성서 문자주의는 본문의 문자적 의미를 본문의 사실성과 동일시한다. 이는 그리스도교 역사 대부분에서 '본문의 문자 그대로의 의미'가 의미했던 바와는 전혀 다를 뿐 아니라, 성서와 그리스도교 신앙이 무엇인지를 흐리거나 왜곡하는 결과를 낳았다. 많은 사람이 이로 인해 성서와 그리스도교에 대해 불신을 갖게 되었다.

- 현대 문자주의는 성서가 말하는 내용과 우리가 수천 년 동안 익힌 지식 사이에 불필요한 갈등을 만들어 냈다. 성서에 대한 자신들의 이해가 현대의 지식과 충돌할 경우 현대의 지식을 거부하는 보수 그리스도교인들의 모습은 가장 분명한 예라 할 수 있다. 성서 문자주의는 성서에 담긴 문자 이상의 의미를 가려 버린다. 문자주의자들에게는 성서에서 이야기하는 바가 실제로 일어났는가가 가장 중요하며 이를 먼저 받아들인 후에야 비로소 의미를 탐색하기 시작한다.

---

[2] 네 가지 해석 단계에 관해서는 다음을 참조하라. Robert M. Grant and David Tracy, *A Short History of the Interpretation of the Bible* (Philadelphia: Fortress, 1984), 85~86. 『성경 해석의 역사』(알맹e).

- 이렇게 되면 신앙의 의미가 바뀐다. 문자주의를 고수하는 그리스도교 신자들에게 신앙이란 성서가 기록한 모든 일이 실제로 일어났다고 믿는 것이다. 그러나 그것이 믿음의 핵심인가? 신앙이란 성서 이야기가 사실임을 믿는 것인가?

- 성서의 사실성에 대한 집착은 결과적으로 그리스도교의 핵심 메시지를 가린다. 그리스도교 신앙은 과거에 일어난, 믿기 어려운 일들을 믿는 것이 아니다.

- 문자주의는 성서 언어의 상당 부분이 은유적이라는 사실을 제대로 인식하지 못하게 만든다. 은유적 언어를 문자 그대로 해석하면, 그 이야기는 믿기 어려운 내용으로 바뀌며 본래 의미는 사라진다.

- 문자주의는 수백만, 어쩌면 수억 명의 사람들이 그리스도교에 다가가지 못하게 만든다. (다른 나라들도 마찬가지이지만) 미국에서는 온갖 방송과 라디오, 거리 전도 등을 통해 성서 문자주의를 퍼뜨리고 있다. 그 결과 대중은 그리스도교를 성서 문자주의와 동일시하게 된다.

오늘날 성서 문자주의가 초래한 부정적인 결과 가운데 가장 두드러진 사례는 바로 '창조' 대 '진화' 논쟁이다. 미국 개신교인의 약 절반이 창세기의 창조 이야기가 문자 그대로 참이라고 (즉 사실이라고) 가르치는 교회에 속해 있다. 이로 인해 그들은 진화론을 거부하고, 창조가 불과 만 년도 채 되지 않은 과거(가장 흔히 언급하는 연대는 기원전 4004년)에 일어났다고 믿는다.

이러한 갈등은 미국 내 그리스도교인들 사이에 분열을 낳았으며, 정치 문제로까지 번져나갔다. 오늘날에도 공립학교 과학 수업에서 진화론과 함께 '창조론', 혹은 '창조과학'을 가르쳐야 하는지를 두고 교육위원회와 주 의회가 논쟁을 벌이곤 한다. 많은 그리스도교 우파에게 있어 진화론을 거부하는 입장은 공직을 맡을 자격을 판단하는 일종의 리트머스 시험지가 되었다. 실제로 일부 대통령 후보들조차 이 문제에 대해 명확한 입장을 밝히지 않으려 한다.

진화론을 거부하는 성서 문자주의자들은 창세기 초반에 나오는 다른 이야기들도 사실로 받아들여야 한다고 주장한다. 그들은 아담과 하와가 실제로 에덴동산에 살았으며, 도시 생활이 곧이어 시작되었고, 그들의 아들 가인이 최초의 도시를 세웠다고 믿는다. 가장 일반적인 문자주의 연대기에 따르면, 그로부터 약 천 년 후인 기원전 3000년경에 대홍수가 발생하여 노아의 방주에 실린 동물을 제외한 지구상의 모든 동물이 사라졌다. 몇몇 탐사대는 튀르키예 동부의 아라라트산에서 방주를 찾기 위한 탐사를 벌이고 있으며, 미국 켄터키주에는 창세기의 창조 이야기를 문자 그대로 옹호하는 창조 박물관이라는 테마파크도 있다. 이

곳에서는 노아의 방주를 재현해 대홍수 이야기가 사실임을 주장하는 방주 탐험이라는 프로그램을 운영할 계획이다.

이처럼 성서 이야기를 문자 그대로, 사실로 해석할 때 발생하는 문제는 매우 분명하다. 창조가 만 년도 채 되지 않는 가까운 과거에 일어났고, 도시가 창조 이후 한 세대 만에 세워졌으며, 약 5천 년 전에 일어난 대홍수가 모든 생명을 파괴했다고 믿는 것은 천문학, 물리학, 지질학, 고생물학, 인류학, 고고학, 생물학, 그리고 선사시대 동굴 벽화 연구에 이르기까지 방대하게 축적된 현대의 지식을 전면 부정하는 것이다. 그래서인지 내 수업을 듣는 학생 중 절반 이상은 그리스도교인들이 단지 '문자주의적'일 뿐 아니라 반지성주의에 빠졌다고 보았다. 그러니 많은 (특히 젊은) 그리스도교인들이 이러한 이해를 접한 뒤 교회를 떠났으며, 대다수 비그리스도교인들이 그리스도교에 별다른 관심을 보이지 않는다는 것이 그리 놀라운 일은 아니다. 그리스도교인이 되기 위해서는 성서의 모든 내용을 문자 그대로, 사실로, 절대적으로 참되다고 믿고 현대 과학이 이룬 성취를 모두 거부해야 하는가? 정말로 그러한가? 그것이 그리스도교 신앙의 핵심일까?

성서 문자주의의 불가능성

성서 문자주의의 또 다른 문제는 성서를 문자 그대로, 사실로 받아들이는 것이 실질적으로 불가능하다는 데 있다. 성서 문자주의자는 성서 언어의 상당 부분이 명백히 은유적인데도 이를 인식하지 못한다. 이러한 의미에서 문자주의는 문자 그대로 성립될 수 없는 해석 방식이다. 공정하게 말하면, 성서 문자주의자들도 성서 속 일부 내용이 은유임을 인정한다. 이를테면 시편 96편 12절에서는 나무들이 즐거이 노래한다는 부분, 이사야 55장 12절에서는 산들이 노래하고 나무들이 손뼉을 친다는 부분이 그러하다. 내가 아는 한, 이러한 본문을 문자 그대로 해석하여 산과 나무가 실제로 노래를 하거나, 손이 있어서 손뼉을 친다고 생각하는 사람은 없다.

좀 더 심각한 문제는 성서가 하느님을 묘사할 때다. 성서는 하느님이 보고, 듣고, 냄새 맡고, 말하고, 느낀다고 표현한다. 이런 표현이 사실인가, 은유인가? 문자 그대로라면, 사실이라면 하느님이 눈, 귀, 코, 성대, 입을 지닌 존재라는 말인가? 그런 표현들이 은유라는 사실은 명백하다. 성서가 하느님의 오른손에 대해 언급할 때도 있다. 하느님께 실제로 손이 있는가? 그분에게 오른쪽과 왼쪽의 구분이 가능한가? 분명 이러한 표현은 은유다. 이를 문자 그대로, 사실로 받아들이는 것은 그 의미를 왜곡하는 것이다.

하느님에 대한 성서 언어는 또 다른 질문을 불러일으킨다. 성서에서는 종종 하느님을 한 인격체처럼 묘사한다. 하느님은 보고, 알고, 명령하고, 행동하신다고 말이다. 이러한 표현은 문자 그대로 이해해야 하는가, 아니면 그러지 말아야 하는가? 저런 표현들은 결국 하느님이 인격적인 존재, 혹은 인간의 인격과 유사한 인격을 지닌 분이라는 뜻 아닌가? 이때 중요한 것은 성서가 어떤 말을 했는가가 아니라, 우리가 저 언어를 어떻게 이해해야 하는가다.

좀 더 구체적인 예로, 요한계시록에는 전갈 꼬리를 가진 메뚜기가 말처럼 전투 채비를 한 모습, 그리고 용, 표범, 곰, 사자의 특징을 결합한 일곱 머리와 열 뿔을 지닌 짐승 등 다양한 환상적 존재들이 등장한다. 이런 표현을 문자 그대로 받아들인다는 것은 저 존재들이 실제로 있다는 뜻인가? 하지만 요한계시록을 문자 그대로 해석한다고 말하는 해석자들조차 이 경우에는 그렇지 않다. 그들은 저 표현들이 (당대 혹은 오늘날 현실 속의) 다른 존재를 가리킨다고 해석한다. 성서 문자주의자를 자처하는 어떤 작가들은 재림을 주제로 한 소설을 쓰며 일곱 머리와 열 뿔의 짐승은 유럽 연합Europe Union을, 무저갱에서 올라온 용은 국제 연합United Nation을, 그 머리는 적그리스도를 가리킨다고 해석했다. 전갈 꼬리를 지닌 거대한 메뚜기는 헬리콥터를 가리킨다고 이야기하기도 했다. 이는 문자적 해석이 아니다. 문자주의를 주장하는 이들조차 자신들도 모르는 사이에 문자주의가 불가능하다는 사실을 스스로 입증하고 있는 셈이다.

'성서 내용을 문자 그대로 믿는가?'라는 질문 뒤에는 아마도 '성서를 진지하게 받아들이는가?'라는 더 중요한 질문이 숨겨져 있을 것이다. 성서를 진지하게 받아들이는 일은 매우 중요하다. 이는 그리스도교 신앙의 기초다. 성서는 성스러운 경전이며, 그리스도교 신앙의 이해와 정체성 형성에 필수적이다. 그러나 성서의 모든 내용을 문자 그대로, 사실로 받아들이는 것이 성서를 진지하게 받아들이는 것과 동일하지는 않다. 오히려 오늘날의 성서 문자주의는 성서의 깊은 의미를 이해하는 데 방해가 될 뿐이다.

대안

성서를 문자 그대로, 사실로 해석하는 방식에 대한 대안은 '역사-은유적 해석'historical-metaphorical interpretation이다. 이는 일반적으로 주류 성서학계에서 택하는 성서 접근 방식이다. 보수 그리스도교 기관이 아닌 곳, 즉 성서 무오설과 문자주의에 매이지 않는 종합대학교, 대학, 신학교 등에서는 이러한 접근을 가르친다. 오늘날 모든 주류 개신교와 가톨릭 성직자들은 적어도 신학교 시절에는 이 해석 방법을 배운 적이 있다. 주류 교파에 속한다 해도 어떤 이들은 이 방식을 받아들이고, 어떤 이들은 그렇지 않은 듯하지만, 어쨌든 이러한 성서 해석 방식은 이미 오래전부터 있었다.

'역사적'과 '은유적'이라는 두 형용사는 모두 중요하며, 그 의미는 단순하지만 성서 이해에 미치는 영향은 크다. 어떤 그리스도교인에게는 이 두 용어의 함의가 성서의 진리를 위협하는 것처럼 보일 수도 있다. 그러나 다른 이들에게는, 이 해석이 성서의 의미를 훨씬 풍성하게 만들고, 성서를 다시 진지하게 받아들일 수 있는 길을 열어 준다.

역사적 해석

역사적 해석은 당연하고도 분명한 사실에서 출발한다. 바로 성서가 2천 년, 혹은 그보다 더 오래전, 특정 시대, 특정 장소에서 쓰인 고대 문서들의 모음집이라는 것이다. 성서는 오늘날 우리를 독자로 염두에 두고 기록되지 않았으며, 고대 이스라엘과 초기 그리스도교라는 역사적 맥락 속에서, 우리 신앙의 선조들을 위해 기록되었다. 역사적 해석은 이 고대 문서들을 당시의 역사적 맥락에 두고 이해하는 것을 뜻한다.

오해를 막기 위해 분명히 말하자면, 여기서 말하는 역사적 해석은 주로 '이 이야기 가운데 실제로 일어난 것은 무엇인가?'에 초점을 맞춘 접근이 아니다. 물론 '역사적'historical이라는 단어는 그러한 의미를 내포할 수 있으며, 성서학자들이 이에 관련된 판단을 내릴 때도 있다. 그러나 여기서 말하는 역사적 해석은 그런 뜻은 아니다. 이 맥락에서 역사적 해석이란 당대 역사라는 맥락, 상황 가운데서 성서 본문이 의미했던 바가 무엇인지를 살피는 접근이다. 아모스, 이사야, 예레미야, 욥, 예수, 바울이 남긴 말들은 당시 청중에게 어떤 의미였는가? 그들은 자신이 속한 공동체에게 무엇을 말하고자 했는가? 이러한 역사적 접근은 성서 본문을 생생하게 만들어 준다. 이 고대의 본문들은 고대라는 맥락 안에서 읽고, 듣고, 보고, 해석할 때 생동감 있게 살아난다. 예를 들어 헨델의 《메시아》Messiah 덕분에 널리 알려진 이사야 40장의 구절들을 살펴보자. 이 구절들에는 기원전 6세기경, 유배 중인 유대 백성에게 유대 예언자가 선포한 말들이 담겨 있다. 바빌론 유배기를 배경으로, 그는 하느님께서 백성의 유배 생활을 끝내시고 그들을 고향으로 인도하실 것이라고 선포한다. 먼저 예언자는 자신이 받은 말씀을 전한다. 그의 사명은 유배 중인 백성에게 위로를 전하고, 고난의 시간이 끝났음을 선포하는 것이다.

> "너희는 위로하여라! 나의 백성을 위로하여라!" 너희의 하느님께서 말씀하신다. (이사 40:1)

그리고 바빌론과 유다의 고향 땅을 가로지르는 광야에서 주님의 길이 준비되고 있다는 음성이 들린다.

> 광야에 주님께서 오실 길을 닦아라. 사막에 우리의 하느님께서 오실 큰길을 곧게 내어라. (이사 40:3)

길의 은유는 계속된다. 모든 계곡이 메워지고, 산과 언덕은 낮아

지며, 거친 길은 평탄하게 되고, 험한 곳은 평지가 된다. 마치 광활한 곳에 고속도로가 건설되는 듯한 인상이다.

> 모든 계곡은 메우고, 산과 언덕은 깎아 내리고, 거친 길은 평탄하게 하고, 험한 곳은 평지로 만들어라. (이사 40:4)

이후 예언자는 하느님께서 목자처럼 백성을 먹이시고, 그들이 집으로 돌아가는 여정 내내 그들과 함께하시고, 그들을 섬세히 인도하실 것이라고 선포한다.

> 그는 목자와 같이 그의 양 떼를 먹이시며, 어린 양들을 팔로 모으시고, 품에 안으시며, 젖을 먹이는 어미 양들을 조심스럽게 이끄신다. (이사 40:11)

이 본문들은 그 역사적 맥락을 모른다 하더라도 충분히 보편적이고 감동적인 언어를 담고 있다. 그러나 역사적 상황과 맥락을 알고 읽는다면, 그 의미는 훨씬 더 풍성해지고 깊어진다.

은유적 해석

은유적 해석은 성서의 상당 부분이 은유라는 점에 기초한다. 일부 표현은 분명하게 은유이고(이 장 앞부분에서 살펴본 예들을 떠올려 보라), 상당수 표현은 분명하게 드러나지는 않으나 (어쩌면 좀 더 중요한 의미에서) 은유다. 즉, 문자적 의미나 사실적 의미를 넘어서는 '의미의 잉여'를 가리킨다.

이런 맥락에서 볼 때, 은유적 언어는 문자적·사실적 언어보다 더 중요하다. 문자적·사실적 언어는 성서가 묘사하는 사건이 실제로 일어났는지(혹은 일어나지 않았는지) 정도밖에 말해주지 못한다. 반면 은유적 접근은 이야기의 의미에 초점을 맞춘다. '이 일이 실제로 일어났는가?'를 묻기보다는, '이 이야기는 무엇을 말하고자 하는가?'를 묻는다. 그리고 그 의미는 대부분 하나가 아니며 여럿이다. 성서의 이야기들은 여러 층위의 의미를 지니고 있으며 그만큼 다양한 울림을 낸다.

성서 이야기들과 비유적 의미

방금 논의한 사안을 더 발전시키기 위해, '은유적'이라는 표현과 동의어로 '비유적'parabolic이라는 표현을 써 보자. 앞서 언급했듯 성서 이야기를 이해하는 데 있어 가장 좋은 모형은 바로 예수의 비유parable다. 비유는 예수의 가장 대표적인 가르침 방식이었으며, 그는 이를 여러 차례 반복해 사용했다. 어떤 순회 설교자도 좋은 이야기를 한 번만 쓰지는 않는다. 아마도 어떤 비유의 경우 예수는 백 번도 넘게 이야기했을 수 있다. 이러한 구전 이야기들은 이야기 틀은 같더라도 그때그때 길이나 세부 묘사는 달라졌을 가능성이 높다.

예수의 비유는 실제로 일어난 사건에 대한 보고가 아니었다. 우리는 그 비유들이 사실에 대한 보고가 아니라 의미를 담은 이야기라는 것을 알고 있다. 비유의 목적이 거기에 있기 때문이다. 비유는 의미로 가득 찬 이야기이며, 그런 점에서 진리로 가득한 이야기이다. 그리고 그 의미와 참됨은 비유 속 사건이 실제로 일어났는지 아닌지에 달려 있지 않다.

비유적 해석은 우리가 예수의 비유를 해석하듯, 성서의 이야기들에도 동일한 방식으로 접근하는 해석 방법이다. 그 이야기들이 명시적으로 '비유'라고 언급하지 않더라도 말이다. 이러한 해석의 초점은 이야기의 '의미'에 맞춰져 있으며, 이야기 속 사건들이 실제로 일어났는지 아닌지에는 초점을 맞추지 않는다. 이 해석은 이야기의 사실 여부에 대해 특정한 결론을 내려야 할 필요가 없다. 사실 여부에만 관심을 두는 이들에게 이 해석은 말한다. '그 문제에 대해서는 당신이 믿고 싶은 대로 믿으세요. 이제 이 이야기들이 무엇을 의미하는지 함께 살펴봅시다.'

비유로서의 창조 이야기들

역사-은유-비유적 해석historical-metaphorical-parabolic interpretation이 정확히 어떻게 이루어지는지 설명하기 위해 창세기의 창조 이야기를 살펴보도록 하자. 역사적 해석을 따랐던 주류 성서학계는 창세기에 두 가지 창조 이야기가 있음을 밝혔다. 하나는 안식일인 일곱째 날에서 절정을 이루는 6일간의 창조 이야기(창세 1:1~2:4a)이고, 다른 하나는 에덴동산에서의 추방이 절정을 이루는 첫 남자와 첫 여자의 창조 이야기(2:4b~3:24)이다. 이 두 이야기는 서로 다른 시기에 쓰였다. 첫 번째 이야기는 대체로 기원전 500년경에 쓰였다고 추정하며, 두 번째 이야기는 더 오래전인 기원전 900년경에 쓰였을 가능성이 있다고 본다. 이 이야기들은 창세기(그리고 오경의 다른 책들)가 최종적으로 문서화된 시기인 기원전 500년경(혹은 그보다 50년 정도 지난 후) 하나로 결합되었다.

그렇다면 이 이야기들은 참인가? 비유적 해석의 관점에서 이들의 참됨 여부는 창조가 얼마나 오래전에 일어났는지, 아담과 하와가 실제 인물이었는지, 에덴동산이나 말하는 뱀이 실제로 존재했는지에 달려 있지 않다. 오히려 중요한 질문은 이 이야기들에 담긴 의미가 무엇이냐, 이 이야기가 전달하는 은유적·상징적·비유적 의미가 무엇이냐는 것이다.

창세기 1:1~2:4a

6일간의 창조 이야기는 대칭 구조를 이루고 있으며, 반복되는 문구들을 통해 그 구조가 명확히 드러난다. 각 날은 약간의 변형을 제외하면, "하느님이 말씀하시기를 … 생겨라 하시니"라는 구절로 시작해, "하느님 보시기에 좋았다", "저녁이 되고 아침이 되니 … 날이 지났다"라는 말로 끝난다. 이 구조에서 주목할 또 하나의 특징은 1일부터 3일까지 창조된 영역들과 4일부터 6일까지 그 영역들을 채우는 존재들 사이의 상응 관계이다. 첫 세 날에는 영역이 창조되고, 다음 세 날에는 그 영역들이 채워진다.

　　1일: 빛, 낮과 밤 → 4일: 해, 달, 별
　　2일: 하늘과 바다 → 5일: 새들과 바다 생물
　　3일: 땅과 식물 → 6일: 육지 생물, 인간

이러한 순서는 문자적·사실적 해석과 양립할 수 없다. 문제는 단지 6일이라는 이야기상 시간과 수십억 년이라는 과학적 연대 사이에 간극이 있다는 것만이 아니다. "날"을 아주 긴 시기로 해석한다 해도, 창조 순서 자체가 과학적 사실과 맞지 않는다.

　가장 뚜렷한 문제는 빛, 낮과 밤, 지구, 식물이 처음 3일 동안 창조되었는데, 해, 달, 별이 넷째 날에야 창조된다는 것이다. 앞서 언급했듯 이러한 문제는 현대에 와서야 알게 된 것이 아니다. 이미 1,800여 년 전 초기 그리스도교 신학자 오리게네스도 이를 알고 있었다. 창세기 1장을 비문자적으로 해석하는 전통은 전혀 새로운 것이 아니다.

　대신 이 창조 이야기를 비유로 이해하면, 고대 또는 현대의 과학과 아무런 충돌이 일어나지 않는다. 이 이야기의 의미는 다층적이다. 우선, 이 이야기는 존재하는 모든 것이 하느님으로부터 나왔다고, 그래서 피조세계는 본질적으로 선하다고 이야기한다. 각 날 창조를 하신 후, 하느님은 "보시기에 좋았다"고 말씀하신다. 심지어 여섯째 날 창조가 끝난 후에는 "보시기에 참 좋았다"고 나온다. 이야기는 피조세계의 그 어떤 것도 악하거나 기피해야 할 대상으로 간주하지 않는다. 모든 것이 선하다. 물론, 이것이 모든 일이 하느님에게서 나왔다는 뜻은 아니다. 이는 두 번째 창조 이야기로 넘어가면 더 분명해진다.

또 하나 주목할 점은, 이 대칭 구조와 반복되는 후렴구들로 인해 일부 학자들은 창세기 1장을 창조주 하느님께 드리는 찬양, 또는 송영으로 본다는 것이다. 성서가 창조주 하느님을 찬미하는 찬가로 시작된다는 것은 성서 본래의 의미에 더없이 잘 어울린다.

창세기 2:4b~3:24

두 번째 창조 이야기는 최초의 남자, 최초의 여자가 창조되는 사건에 초점을 맞춘다. 우리는 이들을 흔히 아담과 하와라고 부르지만, 사실 "아담"이라는 이름은 창세기 4장 25절에 이르러서야 처음 등장한다. 창세기 2~3장에서 "아담"은 특정 남성 개인의 이름이 아니라, 인류를 뜻하는 일반 명사다. 저자의 의도는 분명하다. 이 이야기는 특정한 남성 아담의 이야기가 아니라, 인류 곧 우리 모두의 이야기이다. 아담의 갈빗대로부터 여자가 창조된다. 이는 곧 아담이 남성과 여성을 모두 포함한다는 상징적 의미를 담는다. 그녀는 "하와"라 불리는데, 이 역시 개인의 고유한 이름이라기보다 '모든 산 자의 어머니'라는 뜻을 지닌다. 아담과 하와는 '기쁨의 동산'이라는 의미를 가진 에덴동산에서 살고 있으며, 그 중심에는 두 그루의 특별한 나무가 있다. 하나는 "선악을 알게 하는 나무", 다른 하나는 "생명나무"이다. 이 나무들의 열매는 아담과 하와에게 금지되어 있었지만, 말하는 뱀이 등장해 그들을 유혹하여 선악과를 먹게 한다. 뱀은 선악과를 먹으면 하느님처럼 될 것이라고 말한다. 아담과 하와는 유혹에 넘어가고, 그 결과 낙원에서 추방되며 고통과 노동, 고난의 세계로 유배당한다. 이야기의 마지막 장면은 천사들과 불타는 검이 동산을 지키며 생명나무에 접근하지 못하게 막는 모습으로 마무리된다.

이야기 속 상징적인 이름들, 특별한 나무들, 말하는 뱀 등의 요소는 이 이야기를 비유적으로 해석해야 함을 분명하게 알려준다. 단순한 수준에서 이 이야기는 성적 욕망과 결혼, 출산의 고통, 땀 흘리는 노동, 그리고 뱀이 왜 땅을 기어다니는지에 대한 설명을 제시한다(창세 3:14~19). 그러나 더 깊은 수준에서 이 이야기는 낙원에서 무슨 일이 잘못되었는지를 묻는다. 하느님이 창조하시고 좋다고 선언하신 세계에 왜 이토록 많은 고통과 아픔, 비참함이 있는가? 이에 이야기는 태초의 조상이 뱀의 유혹에 넘어가 "선악을 알게 하는 나무"의 열매를 먹음으로써 하느님처럼 되려 했기 때문이라고 답한다. 이 답이 정확히 무엇을 뜻하는지는 명확하지 않지만, 풍부한 암시와 상징을 담고 있는 것은 분명하다. 그리스도교 전통에서는 이 이야기를 '타락'과 '죄의 기원'에 관한 이야기로 이해하지만, 정작 이 이야기 본문에서는 '타락'이나 '죄'라는 말은 등장조차 하지 않는다. 그럼에도 불구하고, 이 이야기는 낙원을 잃어버린 이야기다.

이 이야기가 지닌 상징적 힘은 이후 수 세기에 걸쳐 이 이야기에 대한 수많은 해석이 나왔다는 사실을 통해 드러난다. 고전적 해석 중 하나는 이 이야기를 그리스어로 '휘브리스'hubris라 불리는 태도, 즉 인간이 자신의 위치를 넘어서는 교만에 관한 이야기로 해석한다. 이 단어는 흔히 '자만'이라고 번역하지만, 이 번역은 종종 부적절하고 오해를 낳을 수 있다. 휘브리스는 단순히 자기, 혹은 자신이 이룬 성취에 대해 일정 이상의 뿌듯함을 느끼는 긍정적 감정이 아니라, 자신을 과도하게 부풀리고 존재의 중심에 두는 태도를 의미한다. 이 휘브리스, 교만은 때로는 불안에서 비롯되기도 하고, 때로는 자만에서 비롯되기도 하며 이 두 가지가 뒤섞여 나타나기도 한다.

또 다른 고전적 해석에서는 이 이야기를 자의식의 탄생에 관한 이야기로 본다. 이 해석에 따르면 이 창조 이야기는 자아와 세계 사이의 구분이 시작되고, 대립이라는 인식이 생겨나는 순간을 다루고 있다. 이는 모든 인간의 삶에서 반드시 일어나는 과정이며, 누구도 예외일 수 없다. 이 두 해석은 서로 충돌하지 않으며, 결합될 수도 있다. 자의식의 발생은 자기 자신과 자신의

성서는 문자적으로 사실이 아니어도 참일 수 있다

안위에 대한 불안을 낳고 결과적으로 자기 자신을 존재의 중심에 두는 휘브리스에 이르게 된다는 식으로 말이다.

어떠한 경우든, 나는 이 이야기들이 참되다고 확신한다. 이 이야기에서 다루는 사건들이 실제로 일어났다고 상상하지도, 믿지도 않지만 말이다. 내 확신을 간결하게 표현한 말이 두 개 있다. 하나는 아메리카 원주민 블랙 엘크Black Elk가 남긴 말이고, 다른 하나는 저명한 20세기 소설가 토마스 만Thomas Mann이 남긴 말이다. 블랙 엘크는 자신이 전한 중요한 이야기에 대해 이렇게 말했다. "나는 그 일이 정확히 어떻게 일어났는지 모르지만, 이 이야기가 참되다는 것은 안다." 그리고 토마스 만은 '신화'에 대해 이렇게 이야기한 적이 있다. "신화란 결코 실제로 일어난 적은 없지만, 늘 그런 방식으로 일어나는 일에 관한 이야기다." 창세기의 창조 이야기들도 이와 같다. 비록 실제로 일어나지는 않았다 해도, 이 이야기들은 참되다. 이 창조 이야기들에 대한 비유적 해석은, 이 이야기들을 문자적으로 해석했을 때 일어나는 갈등을 제거해 준다. 그러면서 이 이야기들의 의미와 중요성을 약화하지 않고 더 풍성하게 만들어 준다.

피조세계는 만물 '그 이상', 곧 '성스러움', '하느님'에게서 비롯되었고 선하다. 만물이 그러하다. 이 세계는 하느님의 영광으로 가득하며, 그분의 솜씨를 드러낸다. 하지만 우리가 살고 있는 곳은 에덴, 곧 낙원이 아니다. 무언가가 우리 조상들 사이에서 일어났고, 오늘날 우리에게도 반복해서 일어나고 있다. 그 결과 우리는 '에덴의 동쪽'에서 살아간다. 성서는 이 에덴의 동쪽에서 일어나는 삶에 관한 이야기이자, 하느님 중심의 삶, 곧 에덴에서의 삶을 다시 갈망하는 이야기다. 세상이 본래 의도된 모습으로 변모하기를 바라는 열망이 담긴 이야기다. 나는 이 모든 이야기가 진리라고 믿는다. 이 이야기들이 문자적으로, 사실적으로 참이 아니며 실제로 일어나지 않았다 해도 그러하다. 이 이야기들의 문자적·사실적 진리를 두고 싸우는 것은 불필요할 뿐만 아니라, 그 안에 담긴 더 깊고 넓은 비유적 진리를 보지 못하게 막는 일에 불과하다.

비유적 해석의 또 다른 예들

비유적 해석은 성서 이야기 전반에 적용될 수 있다. 이를 확신하는 이유는, 고대 이스라엘과 초기 그리스도교의 영적 조상들이 어떤 사건을 단지 기록하려 한 것이 아니라, 신앙적으로 의미 있다고 여긴 사건들을 선택하고 그 의미에 따라 이야기를 구성하는 방식으로 이야기를 전했기 때문이다. 그들은 오늘날 언론인이나 역사학자들처럼 사실을 있는 그대로 보도하는 데는 관심이 없었다. 오히려 그들은 이야기에서 어떤 의미를 보았기에 이를 기억하고 전했다.

그렇다면 그들은 저 이야기들에 담긴 사건들이 실제로 일어났다고 생각했을까? 어떤 이들은 그랬을 것이다. 그러나 그들이 이야기를 전한 이유는 이야기의 사실 여부 때문이 아니었다. 그들의 관심은 사건의 사실적 기록에 있지 않았다. 그 이야기들이 그들에게 넘치는 의미, 비유적 의미를 지니고 있었기 때문이다.

이집트 탈출 이야기

성서의 처음 다섯 권, 토라 혹은 '모세오경'이라 불리는 오경의 중심에는 이스라엘 백성이 이집트에서 탈출하고 파라오의 지배에서 해방된 이야기가 있다. 이는 고대 이스라엘의 가장 중요한 이야기, 그들의 시원이 되는 서사primal narrative이며 현대 유대교에서도 가장 중시하는 이야기로 매년 유월절을 통해 이를 기념한다. 또한, 이집트 탈출 이야기는 성서 전체를 형성하는 '거시 이야기'macro-story 중 하나이기도 하다.

오경이라는 큰 드라마에서 이집트 탈출 이야기는 여러 막으로 이루어진 극처럼 전개된다. 먼저 조상들이 이집트의 지배자, 곧 파라오의 권세 아래 노예가 되는 것으로 이야기는 시작된다. 이어지는 장면에서는 이집트에서 해방되고, 시나이산에서 하느님과 계약을 맺으며, 새로운 삶을 향해 광야에서 40년을 걷는 여정으로 이야기가 펼쳐진다. 그리고 마침내 약속의 땅 경계에 도달하며 이야기는 마무리된다.

이야기 곳곳에서 장엄한 하느님의 개입이 이루어진다. 하느님은 이집트에 열 가지 재앙을 내리신다(마지막 재앙에서는 이집트 가정의 맏아들과 가축의 처음 난 새끼들이 모두 죽는다). 바다가 갈라져 히브리 노예들이 파라오의 군대를 피해 바다를 건너고, 이후 다시 물이 덮여 군대는 몰살당한다. 낮에는 구름 기둥, 밤에는 불기둥이 이스라엘 백성을 인도한다. 하느님은 그들에게 물과 양식도 주신다. 바위에서 물이 터지고, 하늘에서는 만나와 메추라기가 떨어진다.

이 모든 일이 실제로 일어났을까? 하느님은 실제로 열 가지 재앙을 내리셨을까? 그중 마지막 재앙, 왕세자부터 가난한 농부의 아들까지 이집트 모든 집안의 맏아들이 죽는 일이 정말로 있었을까? 홍해를 갈라 도망치는 노예들이 건너가게 하셨으며, 다시 물을 덮어 군대를 몰살시키셨을까? 하느님은 실제로 두 돌판에 십계명을 새기셨을까? 매일 아침 땅을 만나로 덮으시고, 어떤 날은 메추라기를 1미터나 되는 높이로 내리셨는가(민수 11:30~32 참조)? 상상해 보라. 아침에 텐트 문을 열자마자 쌓인 메추라기를 퍼내야 하는 상황을.

비유적 해석의 관점에서 이러한 질문들은 중요하지 않다. 그런 일들이 실제로 일어났는지 아닌지는 각자의 선택에 맡기되, 중요한 것은 이야기의 의미다. 의미는 분명하다. 하느님은 이스라엘 백성이 파라오의 지배에서 해방되기를 바라셨다. 그분은 인간이 이 세상의 지배자들에게 종속되어 살아가기를 바라지 않으셨다. 그리고 하느님은 광야 여정 내내 새로운 땅, 새로운 삶을 향해 나아가는 백성을 먹이고 인도하셨다.

이것이 이집트 탈출 이야기가 오늘날 우리에게 전하는 비유적 의미다. 하느님은 오늘 우리를 지배하는 '파라오들'로부터 우리가 해방되기를 바라신다. 우리가 억압과 두려움의 세계를 떠나 새로운 존재 방식, 새롭게 함께 사는 삶으로 들어설 때도 그분은 우리와 함께하신다. 새로운 삶은 이 세상의 지배자들이 아닌, 하느님을 중심에 두는 삶이다.

> 당신들은 마음을 다하고 뜻을 다하고 힘을 다하여, 주 당신들의 하느님을 사랑하십시오. (신명 6:5)

이것이 바로 이집트 탈출 이야기의 참된 의미다. 핵심은 하느님이 과거에 저 모든 기적을 행하셨는가가 아니라, 저 이야기가 오늘 우리 삶에 무엇을 말하고 있는가이다.

예수의 탄생 이야기들

예수의 탄생 이야기는 네 복음서 중 두 곳, 마태오복음서와 루가복음서에만 등장한다. 가장 이른 시기에 쓰인 복음서인 마르코복음서, 또한 요한복음서는 예수의 탄생에 대해 언급하지 않고 그가 특별한 방식으로 태어났다고 이야기하지도 않는다. 마르코보다 한두 세대 앞서 글을 쓴 (신약성서의 저자 중 가장 이른 시기의 저자인) 바울 역시 마찬가지이며, 신약의 다른 문서들도 그러하다.

마태오와 루가는 예수의 탄생에 대해 서로 다른 이야기를 전하지만, 그 은유적 의미는 매우 유사하다. 두 복음서 모두 예수가 하느님의 영으로 잉태되었으며, 하느님의 아들이고, 어둠 속의 빛이며, 그의 탄생이 이 세상의 지배자들이 구성한 세상 질서에 도전하는 사건임을 강조한다.

두 이야기에는 여러 차이가 있다. 그 가운데 하나는 예수의 부모에 대한 묘사다. 마태오복음서에는 마리아가 거의 등장하지 않으며 아무 말도 하지 않는다. 이야기의 중심은 요셉에게 있다. 요셉은 하느님의 계시를 다섯 번 꿈을 통해 받는다. 이 계시에는 마리아의 예상치 못한 임신이 하느님에게서 왔음을 알리는 내용도 포함되어 있다. 반면 루가복음서에서는 요셉이 거의 등장하지 않는다. 대신 천사 가브리엘이 마리아에게 직접 나타나 그녀가 성령으로 잉태할 것이라고, 또한 아들을 낳게 될 것이라고 알린다. 루가복음서의 탄생 이야기에서 중심인물은 마리아다.

또한 마태오복음서에는 동방에서 온 박사들이 아기 예수를 찾아올 수 있도록 인도하는 특별한 별이 등장한다. 반면 루가복음서에는 박사도, 별도 등장하지 않는다. 대신 천사들이 밤하늘에 나타나 목자들에게 소식을 전한다.

> 오늘 다윗의 동네에서 너희에게 구주가 나셨으니, 그는 곧 그리스도 주님이시다. (루가 2:11)

그렇다면 이 모든 일이 실제로 일어났을까? 비유적 해석은 이 질문에 큰 비중을 두지 않는다. 이 해석은 이야기의 사실 여부보다 그 의미에 주목한다. 이 이야기들을 전한 이들에게 이 이야기들은 어떤 의미였을까? 그리고 이 신앙 전통 안에 서 있는 우리에게는 어떤 의미가 있을까? 이 이야기들은 오래전에 있었던 (혹은 일어나지 않았던) 놀라운 사건들을 말하려는 데 그 의도가 있었을까? 아니면 예수의 의미와 중요성을 전하려 했을까? 비유적 해석은 분명히 후자를 택한다. 이 이야기들이 말하는 바는 다음과 같다.

- 성령에 의한 예수의 잉태는 예수가 어떤 사람이었는지, 무엇에 헌신했는지를 드러내며, 그 모든 부분이 하느님으로부터, 즉 성령으로부터 비롯되었음을 보여 준다.

- 예수의 동정녀 탄생, '하느님의 아들', '주', '구세주'라는 예수에 대한 칭호들은 로마 제국의 신학에 대한 명백한 도전이다. 그 시대의 황제 아우구스투스는 그 모든 칭호의 주인이었다. 복음서 이야기들은 예수가 바로 진정한 하느님의 아들이며, 참된 주, 그리고 땅 위에 평화를 가져오는 구세주임을 선포한다.

- 마태오복음서의 별과, 루가복음서에 나오는 밤하늘을 밝히는 주님의 영광 같은 빛의 심상은 예수가 어둠 속의 빛,

세상을 비추는 참된 빛, 요한복음서의 표현을 빌리면 "세상의 빛"임을 뜻한다. 이 모든 신앙의 확언은 이야기의 사실성에 의존하지 않는다. 이 이야기들은 "너희는 나를 누구라고 하느냐?"(마태 16:15)라는 질문에 대한 다양한 방식의 응답이다.

부활 이야기들

많은 그리스도교인은 부활 이야기들을 육체의 부활에 대한 문자적·사실적 설명으로 여긴다. 즉, 하느님이 예수의 시신을 일으키고 변화시키셔서 무덤이 실제로 비어 있었으며, 예수가 그의 제자들 가운데 일부에게 육체적이고 물리적인 형태로 나타났다는 것이다. 이처럼 이해하는 이들에게 부활 이야기들은, 그 자리에 비디오카메라가 있었다면 촬영할 수 있었을 사건들을 묘사한 것이다.

그러나 부활절 이야기들에 대한 비유적 해석은 이와 다르다. 예수의 탄생 이야기들과 마찬가지로, 이 해석은 이야기의 문자적 사실성에 대해 각자가 믿고 싶은 대로 믿도록 허용한 후, 그 질문을 뒤로 미루고 이렇게 묻는다. 이 이야기들은 무엇을 의미하는가? 이 이야기들이 지닌 의미는 다양하고, 풍부하며, 강력하다. 가장 초기의 부활 이야기인 빈 무덤 전승은 이렇게 말한다.

- 예수는 더는 죽은 자 가운데 있지 않다.

  어찌하여 너희들은 살아 계신 분을 죽은 사람들 가운데서 찾고 있느냐? (루가 24:5)

- 제국의 처형과 부자의 무덤도 그를 가둘 수 없었다.

- 하느님은 예수의 손을 들어 주셨고, 그를 죽인 권력자들에게 반대하셨다.

- 아직 끝나지 않았다. 예수가 시작한 일은 끝나지 않았다.

- 예수는 여전히 세상에 살아 있으며, 여전히 하느님 나라를 위해 사람들을 부르고 있고, 여전히 여기, 우리와 함께 있다.

다른 부활 이야기들도 마찬가지로 강력한 비유적 의미를 지니고 있다. 루가복음서에 따르면, 예수의 두 제자가 우리가 부활절이라고 부르는 그날, 예루살렘에서 엠마오라는 마을로 걸어가고 있었다. 그런 그들에게 낯선 사람 하나가 다가와 함께 걷기 시작했다. 우리는 이야기의 독자이자 청자로서 이 낯선 사람이 부활하신 예수임을 알지만, 제자들은 몇 시간 동안 그와 함께 걷고 대화를 나누면서도 그가 누구인지 알아보지 못한다. 엠마오에

도착했을 때, 낯선 사람은 떠나려 하지만 두 제자는 그에게 간청한다.

> 저녁때가 되고, 날이 이미 저물었으니, 우리 집에 묵으십시오. (루가 24:29)

이 말은 깊은 감동을 불러일으킨다. "우리 집에 묵으십시오." 이렇게 제자들이 말한 이유는 어둠이 다가오고 있기 때문이다. 제자들의 이 말은 유명한 찬송가의 가사를 연상시킨다.

> 때 저물어서 날이 어두우니
> 구주여 나와 함께하소서

낯선 사람, 부활한 그리스도는 그 요청을 받아들인다. 세 사람은 여관으로 들어가 저녁 식사를 위해 자리를 잡는다. 그리고 그 낯선 사람은 "빵을 들어서 축복하시고, 떼어서 그들에게"(루가 24:30) 준다.

> 그제서야 그들의 눈이 열려서, 예수를 알아보았다. 그러나 한순간에 예수께서는 그들에게서 사라지셨다. (루가 24:31)

비유적 해석은 이 일이 실제로 일어났는지를 따지지 않는다. 비디오로 촬영할 수 있는 사건인지 묻지 않는다. 대신 이 이야기가 전하려는 의미에 주목한다. 그 의미는 다음과 같다.

- 부활하신 그리스도는 우리가 의식하든 못하든 우리와 함께 걷고 계신다.

- 우리는 때때로 그 현존을 경험한다.

- 부활하신 그리스도께서는 빵을 축복하고, 떼고, 나누는 행위를 통해 우리에게 오신다. 이 이야기는 명백하게 성찬과 관련이 있다.

마지막 예로 요한복음서 20장에 나오는 예수와 제자 도마 이야기를 살펴보자. 도마는 부활한 예수가 다른 제자들에게 나타났을 때 자리에 없었다. 제자들이 이 사실을 전하자, 도마는 말한다.

> 나는 내 눈으로 그의 손에 있는 못자국을 보고, 내 손가락을 그 못자국에 넣어 보고, 또 내 손을 그의 옆구리에 넣어 보지 않고서는 믿지 못하겠소 (요한 20:25)

일주일 후, 예수는 도마 앞에 나타나고, 그에게 자신의 상처를 만져보라고 한다. 이에 도마는 외친다.

나의 주님, 나의 하느님! (요한 20:28)

사람들은 흔히 도마를 '의심 많은 도마'라고 부른다. 대다수 그리스도교인에게 도마는 그다지 긍정적인 신앙의 본은 아니다. 나 역시 어린 시절 교회에서 "의심 많은 도마가 되지 말라"는 말을 자주 들었다. 하지만 이 이야기에서 도마는 비난받지 않는다. 도마는 부활한 예수를 직접 체험하기를 원했고, 그 바람은 이루어졌다. 이 이야기는 도마가 보기 전에는 믿을 수 없었다는 사실을 인정하면서도, 보지 않고도 믿는 이들을 향한 축복으로 결론을 맺는다.

나를 보지 않고도 믿는 사람은 복이 있다. (요한 20:29)

여기서 '믿는다'는 말은 근대 이전의 그리스도교 전통에서 그러했듯 '사랑한다'는 뜻을 품고 있다. 이러한 맥락에서 이 이야기의 비유적 의미는 부활한 예수를 직접 체험했든 그렇지 않든 예수를 사랑하는 사람은 복된 존재라는 것이다.

모든 부활 이야기는 예수가 단지 한때 사랑했던 기억 속 대상이 아니라, 지금도 살아 있다는 확신을 표현한다. 그의 제자들은 그의 죽음 이후에도 여전히 그를 알고, 경험했다. 유령 같은 존재가 아니라 주님, 신적 실재, 하느님과 하나 된 존재, 하느님의 오른편에 앉아 계신 분으로 말이다. 이러한 체험들에는 종종 예수를 '보는' 경험, 때로는 만지거나 만져지는 경험도 포함될 수 있다. 그러나 이러한 체험은 그 자리에 있던 누구나 볼 수 있는 물리적 몸을 보는 경험과는 다른 차원의 경험이다.

이러한 체험들(예수의 현존과 관련된 환상과 같은 체험뿐 아니라 환상이 아닌 다양한 방식의 체험들)은 부활 이야기들이 지닌 역사적 토대를 이룬다. 그러나 이 이야기들은 그 세부 사실 여부와 관계없이 강력한 비유적 의미를 전달한다. 그렇기에 나는 이렇게 말할 수 있다. 무덤이 실제로 비어 있었든 아니든, 예수의 시신에 어떤 특별한 일이 일어났든 아니든, 이 이야기들은 참되다.

성서 이야기들에서 비유적 의미를 찾는 일은 결코 잘못이 아니다. 오히려 그 의미를 찾지 않는 것이 잘못이다. 비유적 해석은 이야기 속 사건이 실제로 일어났는지를 믿는 데 강조점을 두지 않고, 그 이야기들이 무엇을 의미하는지를 보고 받아들이는 데 무게를 둔다. 믿음이란 실제로 일어났을 법하지 않아 보여도 이야기의 사실성을 믿는 것을 뜻하지 않는다. 믿음은 훨씬 더 중요한 무언가와 관련이 있다. 믿음은 하느님과 우리의 관계에 관한 것이다. 믿음은 하느님을 삶의 중심에 두고 살아가는 것이며, 그분에게 충실하고, 그분을 신뢰하는 것이다. 믿음은 오만한 자기 확신도, 불안한 자기 의심도 아니다. 믿음은 깊은 평온함 가운데 하느님을 신뢰하는 것이다.

제7장

예수의 십자가 죽음은 중요하다
- 그러나 우리의 죗값을 치렀기 때문은 아니다

　기억이 남아 있는 가장 어린 시절보다도 오래전부터, 예수는 내 삶에서 중요한 존재였다. 우리 가족은 나를 유아용 의자에 앉혀 놓고 다 같이 식사할 때, 식사 기도를 드리며 그의 이름을 불렀다.

　주 예수님, 오셔서 우리의 손님이 되시고,
　이 음식들을 축복하소서.

　아기였을 때부터, 걸음마를 뗄 무렵부터 매주 일요일 나는 교회에 있었다. 성탄절과 부활절이 어떤 의미인지도, 예수가 누구인지도 전혀 몰랐지만, 이미 그 날들은 한 해 중 가장 특별한 날들이었다.

어린 시절, 나는 왜 예수가 중요한지를 배웠다. 교회의 가르침에 따르면 그는 성령으로 잉태되어 동정녀 마리아에게서 나신 하느님의 아들이었다. 하느님의 아들인 그는 하느님과 같은 능력을 지녔고 누구도 이룰 수 없는 기적을 행했다. 물 위를 걸었고, 폭풍우 치는 바다를 잠잠하게 했으며, 빵과 물고기 몇 개로 수많은 사람을 배불리 먹였고, 물을 포도주로 바꾸었다. 죽은 사람을 살리기도 했다.

무엇보다 예수가 중요한 것은 우리가 지은 죄의 대가로 그가 죽음으로써 우리의 구원을 이루었기 때문이었다. 매주 일요일 교회는 우리 모두 죄를 지었고, 그 죄는 인류가 시작될 때부터 이어져 왔으며, 그런 우리를 대신해 예수가 죽었다고 가르쳤다. 예수는 죄가 없었기에 그가 죽음으로써 우리의 죗값을 치를 수 있었고, 실제로도 그는 그렇게 했다.

이는 예수의 죽음을 인류가 저지른 '죗값'으로 이해한 전통적인 관점이다. 이를 '대속'substitution, 혹은 '만족(보상)'satisfaction이라고 부르기도 한다. '대속'은 우리가 받아야 할 벌을 예수가 대신 받아 죽었다는 데 초점을 맞추고, '만족'은 죄에 대한 하느님의 진노와 순종의 요구를 예수가 보상하고 만족시켰다는 데 초점을 맞춘다. 둘 다 예수가 십자가에 달림으로써 우리가 받아야 할 죄의 대가를 대신 치렀다고 본다.

성금요일과 관련해 가장 선명히 남아 있는 어린 시절 기억은 흑인 영가 《거기 너 있었는가》Were You There When They Crucified My Lord?를 부르던 일이다. 그리고 어느 시점부터 나는 그 질문에 대한 답이 '예, 거기 저도 있었습니다'임을 알았다. 나도 그분의 죽음에 연루되어 있었다. 내 죄가 그분을 십자가로 이끌었고, 내 죄 때문에 그분이 죽으셔야 했다.

이런 생각은 몇몇 찬송을 통해 더 깊어졌다(지금도 나는 이 찬송을 부를 때마다 깊이 감동하며 목이 멘다). 1630년에 쓰인 《귀하신 예수》Ah Holy Jesus, How Hast Thou Offended에는 이런 가사가 있다.

> 뉘 잘못인가, 누가 범죄했나
> 오 나의 반역, 주는 죄가 없다
> 이 몹쓸 내가 주를 배반하고
> 못 박았구나

13세기 라틴어 찬송시에 바탕을 둔 《오 거룩하신 주님 그 상하신 머리》O Sacred Head Now Wounded도 같은 고백을 담고 있다.

> 주 당하신 그 고난 죄인 위함이라
> 내 지은 죄로 인해 주 형벌 받았네

예수의 죽음을 죄에 대한 대가로 이해하는 방식은 오랜 시간 그리스도교 신앙의 핵심 요소로 자리해 왔다. 그리고 오늘날에도 이 관점은 보수 그리스도교의 특징으로 남아 있다. 100년 전, 미국 개신교 근본주의자들은 예수의 대속적 죽음을 '그리스도교 5대 핵심 교리' 중 하나로 공식화했다. 몇 년 전 미국에서 가장 영향력 있는 보수 복음주의 그리스도교 잡지 표지에는 '대속자를 대신할 것은 없다'No Substitute for the Substitute라는 제목이 실렸다. 예수의 죽음을 인류의 죗값을 대신 치른 사건으로 보는 전통적인 이해를 강력히 옹호하는 기사였다.[1]

보수적인 개신교에서만 예수의 십자가 죽음을 이런 방식으로 이해하지는 않는다. 이런 이해는 다른 개신교, 더 나아가 로마 가톨릭 교회에도 널리 퍼져 있다. 이 교회들에 속한 신자들은 어릴 때부터 이를 배워 왔다. 예배 시간마다 죄를 고백하는 순서가 있는 것도 이런 이해를 강화한다. 이는 '우리에게 가장 큰 문제는 죄이며, 우리에게 가장 필요한 것은 용서'라는 메시지를 신자들에게 각인시키는 효과를 낸다.

감사성찬례the Eucharist(혹은 주님의 만찬the Lord's Supper, 미사mass)에서 사용하는 언어도 예수의 십자가 죽음을 우리의 죄를 대신해 치른 대가로 보는 이해를 강조하거나 그런 식으로 해석될 수 있다. 적지 않은, 어쩌면 대다수 그리스도교인에게 예수의 대속적 죽음은 신앙의 흔들릴 수 없는 전제다. 그들은 이 전제 위에서 예수의 죽음과 희생, 성주간과 성금요일의 의미, 나아가 예수의

---

[1] Mark Dever, 'Nothing But the Blood', *Christianity Today*, May 2006.

삶 전체의 의미를 이해한다. 예수는 세상의 죗값을 대신 치르기 위해, 죽기 위해 이 세상에 왔다는 것이다. 대다수 그리스도교인은 이를 믿거나, 적어도 믿어야 한다고 생각한다. 어떤 그리스도교인들은 이를 믿지 않으면 자신이 진짜 그리스도교인일 수 있는지 불안해하기도 한다. 이 해석을 정통 그리스도교의 필수 요소로 보기 때문이다.

오랜 기간에 걸쳐 수많은 그리스도교인에게 이 이해는 커다란 영향을 미쳤다. 이 이해는 실로 거대한 힘을 지니고 있고 수많은 사람의 삶을 바꾸었다. 최선의 경우, 이 이해는 하느님의 사랑과 예수의 사랑이 얼마나 깊은지를 보여 준다.

- 예수께서 당신을 너무나 사랑하셔서 당신을 위해 죽으셨다.

- 당신은 하느님께 너무나 소중한 존재이기에, 당신을 위해 하느님께서는 그분의 아들을 내어주셨다.

- 당신이 아무리 스스로를 무가치하게 여긴다 해도, 그와 상관없이 당신의 죄는 용서받았으며 주님께서는 당신을 받아들이셨다.

수많은 사람에게 이는 하느님의 철저한 은총, 그리고 받아들이심을 보여 주는 강력한 선언으로 다가갔다. 우리를 향한 하느님의 크신 사랑을 보여 주는 이야기로 받아들인다면, 대속으로서의 십자가 사건 이해는 거의 해가 되지 않으며 커다란 유익을 준다. 하지만 이 이해가 예수의 죽음과 관련해 유일하게 참된 설명이라거나 십자가의 의미를 설명하는 유일하게 올바른 방식이라고 단정하는 것은 문제이며, 그럴 때 이 이해의 한계와 문제점이 드러난다. 이는 신학의 문제일 뿐 아니라, 예수의 죽음에 대해 역사 속에서 사람들이 오해해 온 방식과도 연결되어 있다. 구분해서 살펴볼 수는 있지만 말이다. 진짜 위험은 이런 이해가 그리스도교가 정말로 말하고자 하는 바를 왜곡하거나, 심할 경우 무너뜨릴 수도 있다는 데 있다.

역사적·신학적 문제들

예수가 우리의 죗값을 치르기 위해 죽었다는 이해가 유일하게 올바른 해석이라는 주장에는 역사적 문제가 있다. 그리스도교 초기 천 년 동안 그런 해석은 그리스도교 신앙의 중심에 있지 않았다. 신약성서에서도 그러한 이해는 아무리 좋게 보아도 부차적인 비중을 차지했을 뿐이며 어떤 학자들은 아예 그런 식의 이해는 있지 않았다고 보기도 한다. 어쨌든 예수의 죽음에서 대속을 강조하는 관점은 초기 그리스도교의 핵심이 아니었고, 따라서 성서에 바탕을 두며 전통에도 충실한 그리스도교 신앙으로는 보기 어렵다.

대속이라는 개념은 1098년 수도사이자 사제, 수도원장이자 캔터베리 대주교였던 안셀무스Anselm가 처음으로 체계화했다. 『하느님은 왜 인간이 되셨는가』Cur Deus Homo에서 그는 예수의 성육신과 죽음이 왜 필요했는지를 합리적으로 설명하려 했다. 이를 위해 안셀무스는 자신이 살던 시대의 문화·역사 배경, 즉 봉건제 사회의 영주와 봉신 간의 관계를 모형으로 삼았다. 봉신이 영주의 법을 어겼을 때, 영주가 자기 마음대로 그를 용서해버리면 어떻게 될까? 그렇게 되면 불순종이 별다른 문제가 되지 않는다는 인상이 사람들에게 퍼져 사회 질서가 흔들릴 것이다. 그러므로 봉신은 값을 치르고 보상과 배상을 이행해야 한다. 그래야만 영주의 명예와 그가 만든 법질서를 유지할 수 있다. 안셀무스는 이 모형을 하느님과 인간의 관계에 적용했다. 하느님께서 아무런 대가 없이 인간의 죄를 용서하신다면, 사람들은 하느님이 죄를 별로 중요하게 생각하지 않으신다고 여길 것이다. 그러므로 반드시 대가는 치러야 한다. 예수의 성육신과 죽음은 그래서 필요했다. 그는 인간이 되신 하느님이었기 때문에 죄 없는 삶을 살 수 있었고, 우리를 대신해 죗값을 치를 수 있었다. 안셀무스가 살던 문화 배경에서 보면 이는 상당히 합리적인 설명이다.

그러나 이 설명은 신학사에서 새로운 발명품이기도 했다. 그리스도교의 초기 천 년 동안 신앙의 중심부에는 이러한 이해가 없었다. 동방 그리스도교에서 대속이 별다른 비중을 차지하지 않는다는 사실만 보아도 이를 알 수 있다. 서방과 동방 그리스도교의 분열은 1054년에 일어났고, 안셀무스는 그로부터 약 반세기 후에 등장한 '서방' 신학자였다. 안셀무스와 그의 이론은 동방 그리스도교 전통이 형성되는 데 아무런 영향을 미치지 못했다.

예수의 죽음을 대속으로만 이해할 때, 그리고 대속을 그가 죽음을 맞이한 유일한 이유, 궁극적 의미로 여길 때 생기는 심각한 신학적 문제들은 다음과 같다.

- 하느님께서 예수의 죽음을 계획하신 것처럼 생각하게 만든다. 이 논리대로라면 예수는 반드시 죽어야 했다. 하느님에 대한 우리의 불순종은 대가를 치러야만 하니 말이다. 대속 이론에 따르면 하느님께서는 그 일을 감당하게 하려고 예수를 보내셨다. 결국 예수의 죽음은 하느님의 뜻이었다는 말이다. 정말 예수가 죽는 것이 그분의 뜻이었을까?

- 대속 이론은 죄에 대한 하느님의 분노와 그 분노를 달래야 한다는 점, 그리고 예수의 죽음이 그 역할을 했다는 점을 강조한다. 하지만 하느님이 그러한 분이실까? 예수가 보여 주고 알려 준 하느님이 그런 분이실까? 불순종에 대가를 치를 것을 요구하는 전제군주일까?

- 대속 이론은 죽음을 예수의 전체 활동 중 가장 중요한 일로 만듦으로써, 죽기 전 그의 삶과 가르침과 활동의 중요성을 가

린다. 하지만 예수의 가르침과 활동도 그의 죽음만큼 중요하지 않을까? 둘 사이에 중요한 연결고리가 있는 건 아닐까?

• 대속 이론은 예수가 우리 죄를 위해 죽었다고 '믿는 것'을 그를 '따르는 것'보다 더 중요하게 만든다. 이렇게 되면 그리스도교는 예수의 고난에 참여하는 삶이 아니라 우리가 할 수 없는 일을 예수가 우리 대신 해주었다고 믿는 것이 되어버린다. 대속 이론을 비판한 한 복음주의 비평가는 이런 식의 믿음으로 인해 '흡혈귀 그리스도인'vampire Christians, 달리 말해 예수가 흘린 피에만 관심을 기울이고 다른 건 별달리 신경 쓰지 않는 그리스도교인들이 생겨난다고 꼬집었다.[2]

얼마 전 지역 신문은 강에 빠진 아들을 구하려다 익사한 아버지의 비극을 보도했다. 제목은 이랬다. '아들을 구하려던 아버지 숨져.' 예수의 죽음을 죗값을 치르는 것으로 보는 해석은 이와는 정반대다. '아버지, 아들의 죽음을 요구.' 정말 하느님께서 예수처럼 선하고 신실한 이가 죽기를 요구하신단 말인가? 그렇다면 이는 하느님의 성품에 대해, 하느님이 어떤 분인지에 대해 무엇을 말해 주는가?

끝으로, 대속 이론으로 인해 생겨나는 역사적인 문제인 동시

---

[2] Dallas Willard, *The Divine Conspiracy* (San Francisco: Harper SanFrancisco, 1997), 403, 각주 8. 『하나님의 모략』(복있는사람).

에 신학적인 문제가 하나 있다. 대속 이론의 주장대로 예수의 죽음을 하느님의 구원 계획 안에서 반드시 일어나야 했던 사건으로 보게 되면, 예수가 왜 실제로 십자가형에 처했는지에 대한 역사적 이유들, 그리고 그 일이 왜 일어났는지에 대한 신학적 의미를 흐리거나 아예 보이지 않게 만든다.

역사의 맥락에서 바라본 예수의 십자가

분명한 사실부터 짚고 시작하자. 예수는 그냥 죽지 않았다. 그는 특정한 방식으로 살해당했다. 예수는 처형당했다. 십자가형은 제국 권력에 도전하는 이들을 처벌하기 위해 로마가 사용한 처형 방법이었다. 살인자와 도둑과 같은 일반 범죄자들은 다른 방식으로 처형되거나 생존 가능성이 거의 없는 강제 노역형을 선고받았다. 이와 달리 십자가형은 공개 처형이었다. 이를 통해 제국은 사람들에게 분명한 경고를 전했다. '제국의 권위에 도전하는 자는 이렇게 된다.' 복음서에 따르면 예수를 체포하고 사형 선고를 하는 과정에는 일부 고위 성전 지도자들이 개입했는데, 이들은 로마의 힘으로 그 자리에 오른 자들이었고, 그 권력에 빚지고 있는 사람들이었다.

그렇다면 왜 로마와 성전 세력은 예수를 체포하고 처형했는가? 대속을 강조하는 관점은 이들이 무엇을 의도했든 간에 모든 일은 결국 하느님의 뜻이었다고 이야기한다. 하지만 이에 대한 대안적 관점은 이들이 예수를 처형한 이유가 역사적으로나 신학적으로나 중요하다고 이야기한다.

권력자들은 예수가 하고 있던 일 때문에 그를 죽였다. 당시 그는 교사이자 치유자로서 점점 더 명성을 얻고 있었다. 물론 그런 일을 했다는 이유만으로 예수가 목숨을 잃을 위기에 놓이지는 않았다. 진짜 문제는 그가 공공연히 권력자들을 비판했으며, 그들이 세상을 운영하는 방식에 도전했다는 것이다. 예수가 권력자들에게 던진 도전은 그가 전한 가르침과 실천의 핵심에 잘 드러난다. 바로 '하느님 나라'가 다가왔다는 선포였다. 가장 먼저 기록된 복음서인 마르코복음서에서 예수가 처음으로 한 말이 바로 이 선포였다. 마르코복음서는 첫 열세 절을 통해 예수의 이야기를 광야에서 "주님의 길을 예비"(마르 1:3)하라고 외친 세례자 요한과 연결한다. 예수는 요한이 있는 광야로 나아가 세례를 받고 그 후 기쁜 소식을 전하기 시작했다.

> 요한이 잡힌 뒤에, 예수께서 갈릴리에 오셔서, 하느님의 복음을 선포하셨다. "때가 찼다. 하느님의 나라가 가까이 왔다. 회개하여라. 복음을 믿어라." (마르 1:14~5)

이 짧은 본문에는 주목해야 할 부분이 많다. 먼저 예수의 멘토였던 세례자 요한이 당시 세상을 지배하던 권력자들에게 체포된다(이후에는 처형된다). 요한이 감옥에 갇히자, 예수는 자신의 공적 활동을 시작한다. 요한이 그랬듯 그 역시 권력자들과의 충돌을 피할 수 없게 된다. 그가 첫 번째로 한 말 역시 매우 인상적이다.

> 때가 찼다. 하느님의 나라가 가까이 왔다.

이 말은 예수의 '취임사'inaugural address라 할 수 있다. 마르코복음서는 이 선언을 통해 예수의 이야기, 복음('기쁜 소식')이 어떤 뜻을 지니는지를 요약해 들려준다. 오늘날 대다수 신약학자도 이 말이 예수가 전한 가르침을 가장 잘 담아낸 핵심 선언이라는 데 동의한다. 하지만 어떤 (아마도 적지 않은) 그리스도교인들은 예수가 전한 가르침의 핵심이 '하느님 나라의 도래'였다고 하면 놀라움을 표하곤 한다. 많은 사람은 예수가 영원한 생명을 가르쳤다고, 혹은 세상의 죄를 없애기 위해 죽음을 감내하러 온 자신, 즉 하느님의 아들을 믿으라 했다고, 혹은 서로 사랑하라 가르쳤다고 생각한다(혹은 이 모든 것을 함께 떠올리기도 한다). 하지만 중요한 사실은 예수가 말한 하느님 나라는 내세가 아니었고, 그의 가르침은 천국에 가는 법에 관한 가르침이 아니었다는 것이다. 하느님 나라는 지금 이 땅에서의 삶이 어떻게 달라져야 하는지를 가리키는 말이었다.

누군가에게는 이런 생각이 낯설어 보일 수도 있지만, 사실 그리스도교인이라면 아주 놀랄 일은 아니다. 그리스도교에서 가장 널리 알려진 기도, 어떤 면에서는 세상에서 가장 유명한 기도라고도 할 수 있는 '주기도문'을 드리며 우리는 이렇게 기도한다.

아버지의 나라가 오게 하시며, 아버지의 뜻이 하늘에서와 같이 땅에서도 이루어지게 하소서.

예수가 활동하던 시대에 하느님 나라는 단지 종교적인 의미뿐만 아니라 정치적인 의미도 지니고 있었다. 종교적으로 이 말은 당연히 하느님이 다스리시는 세상을 뜻했지만, 정치의 범주에서 '나라(왕국)'kingdom는 당대 가장 흔한 형태의 정치 체제를 가리켰다. 당시 유대 땅에는 헤로데(헤롯)의 나라와 로마의 나라가 있었다(당시 로마 제국 동부 지역에서 로마는 자신을 '제국'empire이 아니라 '나라'kingdom라고 부르기도 했다). 예수의 말을 들은 사람들은 세상의 나라들이 어떤 모습인지 익히 알고 있었다. 그렇기에 예수가 선포한 하느님 나라는 그러한 현실의 나라들과는 전혀 다른 세상, 그곳에서의 삶을 가리킨다는 점을 어렵지 않게 이해했을 것이다.

예수가 원했다면 그런 정치적 함의를 피할 수도 있었을 것이다. '하느님 나라'라는 말 대신 '하느님의 가족'이나 '하느님의 백성', '하느님의 공동체', 혹은 '하느님의 친족'이라는 말을 쓸 수도 있었기 때문이다. 하지만 그는 그렇게 하지 않고 '나라'라는 말을 썼다. 하느님 나라는 세상의 권력자들이 아니라 하느님이 이 세상을 다스리신다면 이 땅의 삶이 어떻게 달라지는지를 보여 주는 말이었다.

유월절에 맞추어, 예수는 이 하느님 나라를 예루살렘 한복판에서 선포했다. 그 주의 첫째 날, 오늘날 그리스도교인들이 '종려주일'Palm Sunday이라고 부르는 날에 그는 예루살렘으로 들어가며 사람들의 시선을 사로잡고 정치·종교적 메시지를 전달하기 위한 상징적 행동을 했다. 나귀를 타고 성에 들어간 것이다. 이 장면은 예언자 즈가리야(스가랴)가 말했던 왕의 모습, 전쟁을 그치고 온 민족에 평화를 전하는 왕의 모습을 연상케 했다. 예수의 예루살렘 입성은 그가 전하고자 하는 바가 곧 하느님 나라에 관한 것임을 분명히 드러내는 행동이었다. 그 나라에는 전쟁이 아니라 평화가 있었고, 폭력에 바탕을 두지 않은 전혀 다른 질서가 자리 잡고 있었다.[3]

다음 날, 예수는 또 한 번 강한 메시지를 담은 상징적인 행동에 나섰다. 이번에서는 예루살렘 성전의 뜰에서였다. 그는 환전을 해 주는 사람들의 상을 뒤엎었다. 이 행동은 성전과 성전 권력자들을 향한 분명한 항의이자 고발이었다. 예수는 그들이 성전을 "강도들의 소굴"로 만들어버렸다고 질타했는데, 이는 예언자 예레미야가 성전이 착취와 불의의 중심지가 되었다고 비판하면서 썼던 말이었다.

---

[3] 마르코복음서 11장 1~10절이 즈가리야서 9장 9절과의 연결을 암시적으로 드러내는 반면, 마태오복음서 21장 1~11절은 4~5절에서 즈가리야서 구절을 직접 인용함으로써 그 연결을 분명하게 드러낸다.

> 내 이름으로 불리는 이 성전이, 너희의 눈에는 도둑들이 숨는 곳으로 보이느냐? 여기에서 벌어진 온갖 악을 나도 똑똑히 다 보았다. 나 주의 말이다. (예레 7:11)

이를 통해 예수는 자신의 시대에도 성전이 제국의 폭압에 부역하는 중심지가 되어버렸음을 드러냈다.

예수의 이 두 행동은 권력자들이 그를 위험한 인물로 간주하게 된 결정적 계기가 되었다. 그들은 이제 더는 예수를 그대로 두고 볼 수 없었다. 예수는 착취와 폭력으로 유지되는 '그들의 나라'에 맞서는 완전히 다른 삶의 방식, '하느님 나라'를 선포했고, 따르는 무리도 있었다.

권력자들은 위협을 느꼈고, 예수를 제거하기로 마음먹었다. 그러나 성전 뜰에서 예수의 가르침을 듣던 다수의 군중이 예수에게 깊은 호감을 가지고 있었기 때문에, 모두가 보는 앞에서 그를 체포했다가는 폭동이 일어날 위험이 있었다. 그러던 중, 배신자가 나타나 군중이 없는 틈을 노려 예수를 붙잡을 수 있는 장소를 그들에게 알려 주었다. 그리고 목요일 밤, 그 배신자가 알려 준 곳에서 권력자들은 예수를 체포했고, 금요일에는 그를 십자가에 못 박아 죽였다. 하지만 일요일이 되었을 때 하느님께서는 그를 다시 일으키셨다.

복음서들은 예수의 죽음을 신학적으로만 해석하지 않았다. 이들은 그가 당시 어떤 권력들과 갈등했으며 왜 십자가에서 죽었는지를 구체적인 역사적 배경 속에서 보여 준다. 예수는 불의하고 폭력적인 방식으로 세상을 지배하던 권력들에 도전했다는 이유로 처형당했다. 혹시 우리는 이런 역사적 사실은 별로 중요하지 않다고 여기는 건 아닐까? 어차피 이 모든 일이 하느님의 구원 계획 안에서 예정된 일, 곧 우리 죄가 용서받기 위해 반드시 일어나야 했던 일이라 생각하기 때문은 아닐까?

잠깐 상상해 보자. 예수의 삶이 다른 방식으로 끝났다면 어땠을까? 그의 정체성과 가르침, 활동은 그대로였지만 죽음만 다른 형태였다면 말이다.

이를테면 유대 지역에 전염병이 돌았고 예수가 그 병든 이들을 극진히 돌보다 병에 걸려 생을 마감했다고, 하지만 하느님께서 그를 죽은 이들 가운데서 다시 살리셨다고 상상해 보라. 이 역시 분명 타인을 향한 사랑에서 비롯된 자기희생의 이야기다. 여기서도 예수는 다른 이들을 살리기 위해 자신의 목숨을 내놓는다. 하지만 그렇다 해도 이 이야기가 지금 우리가 알고 있는 이야기와 같은 이야기일까? 예수가 세상의 권력자들에 의해 처형당한 것과 죽어가는 이들을 돌보다 병으로 숨진 것 사이에는 과연 아무런 차이도 없는 것일까?

분명한 점은 예수가 십자가에 못 박혀 죽지 않았다면 그리스도교의 상징은 지금과 달랐으리라는 것이다. 그리스도교의 핵심 상징이 십자가인 이유는 그가 십자가 처형을 당했기 때문이다. 그러나 그보다 더 중요한 점은 예수가 당대 권력자들에 의해 십자가 처형을 당했다는 사실이다. 이 사실은 예수 이야기 전체에, 그렇지 않았다면 가질 수 없었을 결정적인 의미를 부여한다. 예수를 십자가에 매달아 죽임으로써 당대 권력자들은 예수가 하던 일에 분명하게 '아니'라고 말했다. 그들은 하느님을 향한 예수의 열정, 하느님 나라를 향한 그의 열정을 거부했다.

이 사실은 부활의 의미에도 영향을 미친다. 부활은 하느님께서 예수와 그의 하느님 나라를 향한 열정을 긍정하신 사건이며, 그를 죽인 권력자들에게 '아니'라고 선언하신 사건이다. 이처럼 성금요일과 부활절에는 정치적인 의미가 있다. 물론 정치적인 의미를 넘어선 더 깊은 의미도 담겨 있다. 하지만 예수의 죽음을 대속으로만 이해하는 관점은 예수의 삶과 죽음, 그리고 하느님께서 그를 다시 살리신 사건이 지닌 정치적 의미를 가릴 뿐 아니라, 아예 지워버린다.

예수의 죽음은 중요하다

대속 이론을 반대하는 그리스도교인 가운데는, 예수의 가장 중요한 점은 그의 죽음이 아니라 그의 삶과 가르침이라고 말하는 이들이 있다. 분명 예수의 삶과 가르침을 중시하는 것은 타당한 일이다. 하지만 그렇다고 해서 그의 죽음이 중요하지 않다고 한다면, 이는 역사적으로나 신학적으로나 잘못된 일이다.

예수 생애의 마지막, 곧 십자가에서의 죽음은 그리스도교가 시작될 때부터 그리스도교 신앙의 핵심부에 있었다. 네 복음서 모두 이야기의 상당 부분(마르코복음서의 경우에는 약 3분의 1, 나머지도 4분의 1 이상)을 예수의 마지막 한 주를 다루는 데 할애하고 있으며, 그 절정은 권력자들에 의한 처형과 이에 대한 하느님의 응답 즉 부활로 이어진다.

복음서 저자들은 이야기 초반부터 예수의 죽음을 암시한다. 마태오와 루가는 예수의 탄생 이야기부터 그렇게 하고, 마르코복음서에서는 시작 후 첫 두 장이 지나자마자 권력자들이 예수를 없애려 음모를 꾸미고 있다는 사실을 전한다.

> 바리사이파 사람들은 나가서 즉시 헤로데 당원들과 만나 예수를 없애버릴 방도를 모의하였다. (마르 3:6)

또한, 마르코복음서 중반부에서 예수는 자신이 예루살렘에서 죽을 것이라고 세 차례나 예고한다.

> 그 때에 비로소 예수께서는 사람의 아들이 반드시 많은 고난을 받고 원로들과 대사제들과 율법학자들에게 버림을 받아 그들의 손에 죽었다가 사흘 만에 다시 살아나시게 될 것임을 제자들에게 가르쳐주셨다. 예수께서는 이 말씀을 명백하게 하셨던 것이다. 이 말씀을 듣고 베드로는 예수를 붙들고 그래서는 안 된다고 펄쩍 뛰었다. 그러자 예수께서는 돌아서서 제자들을 보신 다음 베드로에

게 "사탄아, 물러가라. 하느님의 일은 생각하지 않고 사람의 일만 생각하는구나!" 하시며 꾸짖으셨다. (마르 8:31~33)

예수의 일행이 그곳을 떠나 갈릴래아 지방을 지나가게 되었는데 예수께서는 이 일이 사람들에게 알려지는 것을 원치 않으셨다. 그것은 예수께서 제자들을 따로 가르치고 계셨기 때문이다. 그는 제자들에게 "사람의 아들이 잡혀 사람들의 손에 넘어가 그들에게 죽었다가 사흘 만에 다시 살아날 것이다" 하고 일러주셨다. 그러나 제자들은 그 말씀을 깨닫지 못했고 묻기조차 두려워하였다. (마르 9:30~32)

예수의 일행이 예루살렘으로 올라가는 길이었다. 그때 예수께서 앞장서서 가셨고 그것을 본 제자들은 어리둥절하였다. 그리고 그 뒤를 따라가는 사람들은 불안에 싸여 있었다. 예수께서 다시 열두 제자를 가까이 불러 장차 당하실 일들을 일러주셨다. "우리는 지금 예루살렘으로 올라가는 길이다. 거기에서 사람의 아들은 대사제들과 율법학자들의 손에 넘어가 사형 선고를 받고 다시 이방인의 손에 넘어갈 것이다. 그러면 그들은 사람의 아들을 조롱하고 침 뱉고 채찍질하고 마침내 죽일 것이다. 그러나 사람의 아들은 사흘 만에 다시 살아날 것이다." (마르 10:32~34)

여기서 눈여겨보아야 할 부분은 예수가 우리의 죄를 위해, 우리를 대신해 죽는다는 것이 아니라 그를 위협으로 여긴 권력자들이 그를 죽이려 한다는 것이다.

누군가가 들으면 놀랄지도 모르겠지만, 어떤 복음서도 예수가 우리의 죗값을 치르기 위해 죽었다고 가르치지 않는다. 그런 이해를 전제하고 읽으면 그렇게 해석할 수 있는 몇몇 구절이 있기는 하지만 말이다.[4]

바울에게도 복음의 중심은 단순한 예수의 죽음이 아닌, 그가 십자가에 못 박혔다는 사실 그 자체였다. 복음을 한마디로 요약할 때는 "십자가에 달리신 그리스도"라는 표현을 쓰기도 했는데, 이 표현은 기원후 50년경 고린토에 있는 교회 공동체에 보낸 편지에 등장한다.

> 우리는 십자가에 달리신 그리스도를 전합니다. (1고린 1:23)

그는 이런 말을 하기도 했다.

> 나는 여러분 가운데서 예수 그리스도 곧 십자가에 달리신 그분 밖에는, 아무것도 알지 않기로 작정하였습니다. (1고린 2:2)

---

[4] 이를테면 마르코복음서 10장 45절은 대속을 뒷받침하는 구절로 인용된다. "인자는 섬김을 받으러 온 것이 아니라 섬기러 왔으며, 많은 사람을 구원하기 위하여 치를 몸값으로 자기 목숨을 내주러 왔다." (마르 10:45) 하지만 이 구절에서 '몸값'이라고 번역한 그리스어는 죄에 대한 대가를 치른다는 의미가 아니라 노예 상태나 속박으로부터의 해방을 뜻한다.

이렇듯 바울은 예수가 어떻게 죽었는지를 강조한다. 그는 단순히 예수가 죽었다고 말하지 않았고, 십자가에 달려 죽었다고 거듭 강조한다. 바울과 예수가 살아간 세계, 그리고 초기 그리스도교가 있던 세계에서 십자가는 언제나 로마 제국의 십자가, 제국이 일으키는 공포의 상징이었다. 이러한 맥락에서 "십자가에 달리신 그리스도"라는 복음은 그 자체로 당시 권력자들, 당시 세상을 지배하는 권세와 체제에 대한 도전이었다. 복음은 단순히 내면의 평안이나 영혼 구원에 관한 이야기가 아니었다. 복음은 제국에 맞서 세상이 어떠한 모습이어야 하는지를 이야기하는 전망이자 꿈이었다. 실제로 신약성서, 그리고 초기 수 세기 동안 그리스도교는 근본적으로 로마 제국에 맞서는 운동이었다. 예수가 십자가에서 처형당한 이유, 초기 그리스도교 공동체가 제국에게 박해받은 이유, 그 모든 이유가 여기에 있었다.

예수의 죽음이 지닌 두 번째 의미

지금까지 언급했듯 예수의 죽음과 부활이 지닌 첫 번째 의미는 정치적이면서 종교적이다. 십자가는 '하느님 나라', 이 세상의 완전한 변혁과 그곳에서의 변화된 삶을 향한 예수와 하느님의 깊은 열망의 상징이자 결과이다. 이에 견주면 두 번째 의미는 보다 인격적이고 종교적이며, 달리 표현하면 영적이다. 죽었다가 다시 사는 것, 즉 죽음과 부활이라는 과정은 인격의 변혁을 표현하는 고전적인 '원형'archetype이다. 이를 원형이라 부르는 이유는 삶의 전환을 죽음과 부활이라는 방식으로 이해하는 도식이 인간 영혼에 깊이 각인된, 보편적인 구조처럼 보이기 때문이다. 이 원형은 세상의 대다수, 어쩌면 모든 오래된 종교와 지혜 전통에 나타난다. 신화학자 조지프 캠벨Joseph Campbell이 말한 "천의 얼굴을 가진 영웅"the hero with a thousand faces 이야기의 중심에도 죽음의 세계를 통과한 뒤 다시 돌아오는 여정, 죽고 다시 사는 원형이 있다.

이 원형은 과거 삶의 방식에는 죽고, 완전히 새로운 존재 방식, 삶의 방식으로 다시 태어나는 급진적인 변화를 가리킨다. 복음서 이야기도 마찬가지다. 예수를 따르는 것은 단지 그와 함께 예루살렘으로 올라가 권력자들과 맞서는 것만이 아니었다. 그와 더불어 예수를 따른다는 것은 죽음과 부활의 길, 곧 자기 변혁을 향한 길에 들어서는 것을 뜻했다.

바울에게도 "십자가에 매달린 그리스도"라는 복음은 세상 질서에 맞서는 선언일 뿐 아니라 자신 안에서 일어난 근본적인 변화를 의미했다. 이러한 맥락에서 그는 말했다.

> 나는 율법과의 관계에서는 율법으로 말미암아 죽어버렸습니다. 그것은 내가 하느님과의 관계 안에서 살려고 하는 것입니다. 나는 그리스도와 함께 십자가에 못 박혔습니다. 이제 살고 있는 것은 내가 아닙니다. 그리스도께서 내 안에서 살고 계십니다. 내가 지

금 육신 안에서 살고 있는 삶은, 나를 사랑하셔서 나를 위하여 자기 몸을 내어주신 하느님의 아들을 믿는 믿음 안에서 살아가는 것입니다. (갈라 2:19~20)

그는 옛 바울은 죽었고, 이제는 (바울이 그의 편지들에서 자주 썼던 표현인) "그리스도 안에서" 새로운 존재로 태어나 살아가고 있다고 고백한다. 비슷한 맥락에서 바울은 예수를 따르는 모든 이를 그리스도와 함께 죽고, 그리스도와 함께 살아난 자들이라고 부른다. 이 은유는 그리스도인이라는 정체성의 토대였으며 요한복음서가 말하는 '거듭남'이라는 표현과 같은 의미이다.[5]

인격이 변화한다는 것은 이 세상에 뿌리내린 옛 정체성과 삶의 방식이 죽는다는 의미이다. 옛 삶이란 곧 자기 자신과 자신의 안녕에 대한 관심과 염려를 중심으로 형성된 존재 방식이다. 그

---

[5] 로마인들에게 보낸 편지 6장 3~4절에 따르면 그리스도와 함께 죽고 다시 살아가는 것이 세례의 의미다. 다시 태어남, 새로 태어남, 혹은 위로부터 태어남이라는 은유는 요한복음서를 참고하라. "바리사이파 사람 가운데 니고데모라는 사람이 있었다. 그는 유대 사람의 한 지도자였다. 이 사람이 밤에 예수께 와서 말하였다. "랍비님, 우리는, 선생님이 하느님께로부터 오신 분임을 압니다. 하느님께서 함께하지 않으시면, 선생님께서 행하시는 그런 표징들을, 아무도 행할 수 없습니다." 예수께서 그에게 말씀하셨다. "내가 진정으로 진정으로 너에게 말한다. 누구든지 다시 나지 않으면, 하느님 나라를 볼 수 없다." 니고데모가 예수께 말하였다. "사람이 늙었는데, 그가 어떻게 태어날 수 있겠습니까? 어머니 뱃속에 다시 들어갔다가 태어날 수야 없지 않습니까?" 예수께서 대답하셨다. "내가 진정으로 진정으로 너에게 말한다. 누구든지 물과 성령으로 나지 아니하면, 하느님 나라에 들어갈 수 없다. 육에서 난 것은 육이요, 영에서 난 것은 영이다. 너희가 다시 태어나야 한다고 내가 말한 것을, 너는 이상히 여기지 말아라."" (요한 3:1~7)

리고 이러한 관심과 염려는 종교적이든 세속적이든 세상 문화가 만든 관습들에 의해 움직인다. 이렇게 형성된 자아는 때로는 자신을 높이며 자부심에 가득 차 있을 수도 있고, 때로는 소외되고 수치심에 짓눌려 있을 수도 있다. 죽고 다시 살아나는 것, 거듭나는 것은 이제 하느님 안에서, 그리스도 안에서, 성령 안에서 (신약성서에서는 때때로 이 세 표현을 서로 바꿔 쓴다) 새로운 정체성과 존재 방식으로 들어섬을 뜻한다. 바울은 말한다.

> 누구든지 그리스도 안에 있으면, 그는 새로운 피조물입니다. 옛것은 지나갔습니다. 보십시오, 새것이 되었습니다. (2고린 5:17)

그러므로 예수의 십자가는 실로 중요하다. 제대로 이해한다면 십자가는 그리스도교 신앙의 핵심이며, 십자가가 그리스도교의 중심 상징으로 자리 잡은 것도 전혀 이상한 일이 아니다. 하지만 이는 예수가 우리의 죗값을 치르기 위해 죽었기 때문이 아니다. 그러한 이해(혹은 해석)는 예수의 죽음을 하느님의 뜻이자 구원 계획의 일부로만 설명함으로써 십자가에 담긴 참 의미를 약화하고 흐리게 만든다. 그렇게 되면 십자가는 더는 개인과 세상의 변혁을 아우르는 상징이 되지 못한다. 그러나 원래 예수의 십자가가 의미했던 바는 바로 그것이었다. 처음부터 십자가는 새로운 삶과 새로운 세상을 향한 하느님의 열망의 상징이었다.

제8장

성서는 정치적이다

그리스도교 역사 대부분의 시간 동안 그리스도교인들은 성서와 그리스도교 신앙이 정치와 무관하다고 여겼고, 아니면 자신들의 정치적 입장을 정당화해 준다고 생각했다. 혹은 둘 다라고 생각했다. 어린 시절 나도 가족에게 그렇게 배웠다.

한편, 나는 그리스도교가 정치와 무관하며 매우 특정한 의미에서 종교적이라고 배웠다. 그리스도교는 하느님에 관해 가르치는 종교, 하느님의 법과 그분의 요구에 따라 살아가는 삶의 중요성을 이야기하는 종교, 우리가 실패할 때는 용서받고, 죽은 뒤에는 그분과의 올바른 관계로 들어가야 한다고 가르치는 종교였다. 인생의 궁극적인 문제는 결국 천국, 지옥, 연옥과 같은 내세이기에 정치란 그리 중요하지 않다고 배웠다.

하지만 다른 한편으로, 2장에서 말했듯 나는 정치적으로 보수적인 가정에서 자랐고 우리 가족은 우리의 정치관과 성서, 그리스도교 신앙이 서로 일치한다고 여겼다. 그 때문에 우리는 민주당 당원도 과연 그리스도교인일 수 있을까를 토론하곤 했다. 그 시절 자주 들었던 성서 구절이 15~20개 정도 되는데, 그중에서도 가장 자주 들었던 구절은 데살로니카인들에게 보낸 둘째 편지에 나오는 구절이었다.

일하기를 싫어하는 사람은 먹지도 말라. (2데살 3:10)[1]

당시 우리 가족에게 이 구절의 의미는 분명했다. 심각한 장애가 있는 경우가 아니라면, 일하지 않는 사람은 돌봄의 대상이 되어서는 안 된다는 뜻이었다. 누군가가 가난하다면 그에게 의욕이 없거나 근면하지 않기 때문이라고 우리는 생각했다(이러한 생각은 오늘날에도 정치 담론 전반에 널리 퍼져 있다).

---

[1] 이 구절은 1세기 초대 그리스도교 맥락에서는 매우 다르게 이해되었다. 바울의 그리스도 공동체 구성원들은, 사도행전 2장 44~45절과 4장 32절에 나오는 일부 초기 그리스도교 공동체들처럼 모든 소유를 팔아 모든 것을 공동으로 나누지는 않았지만, 누군가 병들거나 다치거나 노쇠하여 일을 할 수 없게 되어도 그가 계속 먹고 살 수 있도록 음식을 나누었던 것으로 보인다. 그러므로 이 구절은 곧 '무임승차자'freeloader 문제를 가리킨 것으로 볼 수 있다. 즉, 이런 공동체에 가입하면 먹을 것을 보장받을 수 있으니 일할 필요가 없겠다고 생각한 사람들을 의미한 것이다. 이에 관한 자세한 내용은 다음을 참조하라. Marcus J. Borg and John Dominic Crossan, *The First Paul* (SanFrancisco: HarperOne, 2009), 189~190. 『첫 번째 바울의 복음』(한국기독교연구소).

하지만 그 후 수십 년 동안 나는 이런 생각이 대부분 맞지 않음을 알게 되었다. 대다수 가난한 사람은 게으르거나 근면하지 않아서가 아니라 자신의 통제 밖에 있는 구조적 요인, 특히 특정 경제 체제의 작동 방식 때문에 가난해진다. 약 5,000년 전 대규모 인구 밀집 사회가 등장한 이래, 권력층과 부유층은 늘 자신들의 이익을 위해 그런 체제를 설계해 왔다.

또한, 나는 수십 년 동안 성서의 많은 부분이 정치와 관련이 있다는 사실도 배웠다. 하느님의 이름으로 저 불의한 체제들을 철저하게 비판하고, 새로운 방식으로 공동의 삶을 일구어야 한다고 주장한다는 점에서 성서는 정치적이었다. 구약에서 이런 목소리는 특히 이집트 탈출 이야기, 오경의 율법, 이스라엘 왕권의 권력과 부에 맞선 예언자들의 저항을 통해 울려 퍼진다. 신약과 로마 제국이라는 배경 속 초기 그리스도교에서는 이 땅 위의 하느님 나라를 향한 예수의 헌신, '예수는 주님이시다'라는 바울의 선언과 '그리스도 안에서의 삶', 그리고 다양한 상징을 활용해 카이사르와 그리스도의 충돌을 드러내는 요한계시록에서 저항과 대안의 목소리를 들을 수 있다.

성서의 많은 부분은 단지 정치와 관련이 있을 뿐 아니라 일반적으로 이 세상이 구조화되는 방식 자체를 전복하려는 저항의 책이다. 그러나 1,500년 전 그리스도교가 로마 제국의 공식 종교가 된 이래, 성서와 그리스도교는 기존 정치 질서를 정당화하는 도구로 쓰이곤 했다. 그 예는 무수히 많다. 황제들과 왕들은 하느님의 이름으로 즉위했고, 백성은 통치자에게 복종하는 것이 곧 하느님께 순종하는 것이라고 배웠으며 대부분 그렇게 믿었다. 무슬림 세계에서는 오늘날에도 '십자가의 전쟁'wars of the cross이라고 불리는 중세의 십자군 전쟁이 하느님의 이름으로 일어났다. 종교개혁 이후 16~17세기 유럽 종교 전쟁이 일어났을 때도 각 진영에 속한 그리스도교인들은 자신들이 벌이는 전쟁이 하느님의 뜻이라고 정당화했다.

미국 그리스도교는 이와 같은 역사에 대한 반작용 가운데 형성되었다. 많은 초기 유럽 이주민들은 자국에서의 신앙 갈등과 박해를 피해 신대륙으로 건너왔다. 미합중국 헌법을 만든 이들은 유럽의 전철을 밟지 않으려는 의지가 확고했다. 그래서 미국의 권리장전 제1조는 종교의 자유를 선언한다.

> 의회는 특정 종교를 국교로 삼는 법을 만들거나 자유로운 종교 활동을 금지하는 법을 제정해서는 안 된다.

이 조항은 종교로부터의 자유와 국가의 간섭을 받지 않고 종교 활동을 할 수 있는 자유라는 두 가지 의미를 가지고 있다. 그리고 헌법이 명시하고 있지는 않지만 '교회와 국가의 분리'separation of church and state라는 개념도 먼 과거로부터 미국인들의 집단의식에 깊이 새겨져 있다. '교회와 국가의 분리', 즉 정교분리 개념은 거의 200년 동안 미국 헌법 해석의 중요한 부분을 이루어 왔다.

이러한 맥락에서 너무나 많은 미국인이 종교와 정치가 서로 아무 관계도 없어야 한다고 생각한다는 사실은 그리 놀랍지 않다.

그리스도교와 정치의 분리?

신앙과 정치를 두 개의 분리된 영역으로 구분하려는 주장을 정당화할 때 신약성서에서 가장 자주 끌어다 쓰는 본문 세 곳을 보자. 그중 두 곳은 예수의 말로 전해지는 부분이고, 한 곳은 바울이 남긴 말이다. 이 구절들은 흔히 제임스 흠정역으로 인용되므로 여기서도 그 번역을 따르겠다.

> 카이사르의 것들은 카이사르에게, 하느님의 것들은 하느님께 바치라. (마르 12:17, 이 말은 마태오복음서와 루가복음서에도 나온다)

이 말은 보통 그리스도교인은 정치 영역에서는 카이사르(세속 권력)에게, 종교 영역에서는 하느님께 순종해야 하며, 특별한 상황이 아닌 이상 양자 사이에 갈등은 없다고 해석되어 왔다.

> 내 왕국은 이 세상에 속하지 아니하니라. (요한 18:36)

이 구절은 유대 땅의 로마 총독 본티오 빌라도가 "네가 유대인들의 왕이냐?"라고 묻자 예수가 한 대답이다. 많은 그리스도교인은 예수가 말한 "왕국"이 이 세상과 무관한 저 너머의 세계, 즉 죽음 이후 천국의 삶을 가리킨다고 이해했다.

> **권력들은 하느님께서 임명하셨느니라.** (로마 13:1)

오늘날 신개정표준판New Revised Standard Version은 조금 다르게 번역했지만, 요지는 같다. '모든 사람은 통치자들에게 복종하라. 모든 권력은 하느님으로부터 온 것이며, 모든 권세는 하느님께서 세우셨다.' 많은 그리스도교인은 이를 정치권력자들이 무엇을 요구하든 이에 복종해야 한다는 뜻으로 받아들여 왔다.

제3제국 시기 독일에서 대다수 그리스도교인은 히틀러에게 복종하는 것이 정당하다고 여기며 바로 이 본문을 인용했다. 미국이라고 크게 다르지 않았다. 1950~60년대 흑인 민권운동 당시 수많은 그리스도교인은 권세에 복종하지 않는다는 이유를 들며 비폭력 시민 불복종 운동을 공격했다.

좀 더 최근 사례로, 2003년 미국이 이라크를 침공하기 직전, 한 복음주의 목사는 CNN 방송에서 대통령의 결정을 지지해야 한다고 주장하며 이 본문을 인용했다. 그리고 실제로 복음주의 그리스도교인의 대다수(80% 이상)가 이라크 전쟁을 지지했다. 이들은 당시 미국 내 어떤 인구 집단보다 전쟁에 대한 지지율이 높았다. 하지만 이 본문들을 오랫동안 흔히 받아들여 온 방식으로 해석하는 것이 옳지는 않다. 예수는 종교와 정치가 별개라고 가르치지 않았고, 바울 역시 정치권력에 조건 없이 복종하라고 주장하지 않았다. 오히려 둘은 당시 권력자들에게 도전했고, 그래서 로마 제국은 이들을 처형했다.

물론 미국 그리스도교에도 예외는 있다. 미국 그리스도교에도 정치적 권위에 순응하지 않는 전통들이 있다. 퀘이커, 메노나이트, 그리스도 형제회Church of the Brethren와 같이 오랜 세월에 걸쳐 평화주의를 지향한 교회들부터 시작해, 19세기 노예제 반대론자들, 19세기 말부터 20세기 초까지 있던 사회복음 운동, 1960년대 민권운동, 1960~70년대 베트남전 반대 운동, 그리고 오늘날 이루어지고 있는 수많은 급진적인 그리스도교 운동들을 예로 들 수 있다. 하지만 지난 수십 년 동안, 특히 1980년대 이후 미국 그리스도교가 가장 사람들의 눈에 띄게 정치에 관여한 사례는 '그리스도교 우파'의 활동이었다.

이들이 관여한 정치 문제는 전쟁과 평화, 시민권과 같은 공적 사안이 아니라 대부분 개인의 행위 및 신념과 관련된 부분, 특히 성(낙태, 동성혼, 음란물, 여성의 역할, 어떤 경우에는 피임)과 관련된 문제가 주를 이루었다. 신앙과 관련해서는 창조과학으로 진화론을 반박하려는 시도, 공립 학교에서 기도를 허용해야 한다는 운동, 학교나 법정에 십계명을 비치하고 공공장소에 예수 탄생 장면이나 십자가를 다룬 상징물을 유지하려는 운동 등이 두드러졌다. 그러나 성서가 주목하는 정치 문제는 이와 다르다. 성서가 관심을 기울이는 (어떤 면에서는 종교 문제라고도 할 수 있는) 정치 문제는 경제 정의와 공정함, 평화와 비폭력이다.

성서의 정치

성서에 담긴 정치적 메시지를 제대로 이해하려면 성서 속 인물들이 살았던 고대 사회의 역사적·정치적 상황을 함께 살펴보아야 한다. 성서 본문을 이해할 때 문학적 요소들만 고려하는 것으로는 충분하지 않다. 그 본문이 기록되고 형성된 고대 사회의 정치 현실도 고려해야 한다.

성서가 형성되던 때의 정치적 배경은 흔히 '고대 지배 체제'the ancient domination system, 혹은 '근대 이전 지배 체제'the premodern domination system라 불린다. 역사학에서는 이 두 용어를 사용해 근대 민주주의와 산업 혁명이 일어나기 전 인간이 만들어 낸 사회와 국가, 제국 등으로 구성된 세상이 어떻게 구조화되어 있었는지를 설명한다.

고대 지배 체제

고대 지배 체제는 기원전 3000년대에 등장했다. 이 체제가 출현하게 된 데는 두 가지 중요한 발전이 있었다.

첫째는 대규모 농업과 잉여 생산이었다. 이는 철과 철제 농기구, 특히 쟁기의 발명과 대형 동물의 가축화 덕분에 가능했다. 둘째는 대규모 농업과 잉여 생산의 직접적인 결과, 즉 대규모 인구가 정착해 사는 도시의 등장이다. 이전까지는 농업을 통한 잉여 생산이 불가능했기 때문에 사람들은 유목 생활을 하거나 정원 수준의 소규모 농사에 의존해 작은 마을 단위로 살아가야 했다.

하지만 이제 도시가 생겨났고, 이에 따라 통치 계층이 필요해졌다. 도시 사람들은 외부의 침입에 대비할 수 있게 해 주는 방어 계층이 필요했다. 당시에는 더 많은 사람이 도시 밖에 살고 있었고 도시는 음식과 재화를 보유하고 있었기에 약탈의 대상이 되기 쉬웠다. 또한 도시 사람들은 도시 내부의 질서를 유지할 수 있게 해 주는 이들이 필요했다. 수천 명이 한데 모여 살아가려면 조직과 통제가 불가피했다. 이러한 필요에 따라 권력과 부를 독점한 지배 계층이 등장했다. 도시가 등장하고 얼마 지나지 않아 크고 작은 왕국들과 제국들이 생겨났다. 이 모두가 같은 천년기에 나타났다. 이러한 근대 이전 체제들은 수 세기 전까지만 해도 세계 대부분 지역에서 작동하고 있었고, 일부 지역에는 지금도 남아 있다. 이 체제는 네 가지 특징을 가지고 있다.

- 이 체제는 소수(군주와 귀족 계급)의 지배 아래 있었다. 권력과 부를 독점한 이들 상류층은 가족을 포함해도 전체 인구의 약 2%에 불과했다. 그 바로 아래 '가신'retainers이라고 불리는 계층, 즉 지배 계층이 만든 체제를 운영하는 관리, 관료, 고위 군 지휘관, 관리인, 서기관 등이 있었고 전체 인구의 약 5%를

차지했다. 나머지 90% 이상의 일반 대중은 사회 체제가 어떻게 구성되어야 하는지에 대해 아무런 목소리도 내지 못했다.

- 이 체제는 경제 구조가 소수 지배층의 이익에 맞춰져 있었고 대다수 사람은 착취당했다. 지배 계층은 경제 체제를 자신들의 이익에 유리하도록 주물렀고 그 정도는 매우 심했다. 보통 매년 생산되는 부의 절반에서 최대 3분의 2까지를 이들이 차지했다. 이 부는 대부분 농민 계층, 즉 농업 노동자뿐 아니라 기타 육체노동자들로 이루어진 이들의 노동에서 나왔다. 그 결과 농민 계층은 만성적인 가난, 부족한 영양, 열악한 주거, 위생 관념이라고는 거의 없는 환경 속에 살아야 했고, 기대 수명도 지배 계층의 절반 수준에 불과했다.

- 이 체제에서는 폭력이 수시로 일어났다. 지배 계층은 백성을 복종시키기 위해 폭력과 위협을 일상적으로 사용했다. 또한 전쟁이라는 폭력도 있었다. 당시에는 땅이 부의 주요 원천이었기 때문에, 전쟁은 곧 한 지배 계층이 다른 지배 계층의 땅을 차지하려고 벌이는 일이었다.

- 이 체제를 정당화하는 것은 종교였다. 왕들은 신의 이름으로 즉위했고, 사람들은 이들의 통치가 신의 뜻이라고 여겼다. 지배 계층의 종교는 세상의 질서, 곧 현재 사회 구조가 신의

뜻이라고 선언했다. 신이 세상을 지금 이 구조로 만들었다는 것이다. 이러한 맥락에서 지배 체제에 이의를 제기하는 이는 곧 신에게 불순종하는 이로 간주되었다.

성서의 세계, 성서의 배경이 되는 세계와 역사는 이랬다. 이 체제는 고대 이집트 세계, 이스라엘 왕정 세계, 바빌론을 시작으로 유대 민족을 계속해서 지배한 제국들의 세계였다. 예수와 초기 교회가 있었던 로마 제국 세계도 마찬가지였다. 그리고 성서는 처음부터 끝까지 이 고대 지배 체제에 저항했고, 도전했다.

구약성서가 말하는 정치

구약의 첫 번째 부분, 즉 토라 혹은 '모세의 다섯 책(모세오경)'은 이집트에서의 탈출과 이스라엘 민족의 탄생 이야기를 중심에 둔다. 이집트 탈출 사건은 이집트 지배 체제에서 해방되어 새로운 삶을 향해 나아가는 이야기다. 이 이야기는 정치적이면서도 경제적인 의미를 담고 있다. 당연히, 종교적인 이야기이기도 하다. 하느님께서는 당시 지배 체제로부터 이스라엘 백성을 해방하기를 원하셨으며, 이들을 위해 전혀 다른 삶의 질서를 창조하고자 하셨다.

우리의 영적 조상들은 이집트에서 경험했던 세계와는 전혀 다른 세계를 만들었다. 이 세계는 모세오경의 율법에 반영되어 있다. 이 율법은 십계명처럼 포괄적인 금지 조항부터 구체적인 법률들(의도적인 살인과 과실치사의 구분, 정결한 음식과 부정한 음식의 구분, 제사장을 위한 세부적인 의식 규정)에 이르기까지 매우 다양하다. 이 가운데에는 인류 역사상 가장 급진적인 경제 원칙들도 포함되어 있다. 특히 땅과 빚에 관한 법이 그러하다.

- 모든 가정은 자신의 농지를 가져야 했다. 이유는 명확하다. 당시 세계에서 토지는 생존의 기반이었다. 그렇게 크지는 않더라도 자기 땅이 있다면 곡식, 채소, 과일, 가축을 길러 생계를 유지할 수 있었다. 누구도 굶주릴 일이 없었다.

- 농지는 사고팔 수 없었다. 의도는 분명하다. 대지주들의 출현과 땅 없는 소작농 계층의 확산을 막기 위해서였다.

- 이 시대에 빚은 오늘날 신용카드나 주택담보대출처럼 쉽게 질 수 있는 것이 아니었다. 극심한 상황에서만, 식량이 필요한 경우에만 빚을 졌다. 가뭄, 흉년, 중병으로 인한 노동 불가, 가축 폐사 등 이유는 다양했다.

- 빚에 이자를 붙여서는 안 되었다. 형편이 나은 가정이 어려움에 처한 이웃에게 돈을 빌려줄 수는 있었지만, 이를 통해 이익을 얻어서는 안 되었다.

- 7년마다 한 번 돌아오는 '안식년'the Sabbath year에는 모든 빚을 탕감해야 했다. 빚 때문에 노예가 되었던 자들을 자유롭게 해 주어야 했다. 의도는 분명하다. 영구적인 빈곤 계층이 생기는 것을 막기 위해서였다. 안식년은 새로운 출발의 기회였다.

- 땅은 원칙적으로 매매할 수 없었지만, 빚으로 인해 땅을 빼앗기는 일이 생길 수는 있었다. 이런 경우를 대비해 생긴 장치가 바로 '희년'에 관한 율법이었다. 50년마다 한 번씩, 모든 농지는 원래 소유하던 가족에게 무상으로 반환되어야 했다.[2]

이러한 땅과 빚에 관한 법들은 이집트와는 전혀 다른 세계를 지향했다. 모든 가정이 생존을 위한 기반을 갖추어 스스로 살아갈 수 있고, 누구도 영구히 노예가 되거나 가난에 매이지 않는 그런 세계 말이다.

---

[2] 성서의 땅와 빚에 관한 율법들은 땅이 하느님의 소유임을 전제로 한다(레위 25:23; 시편 24:1절 참조). 여호수아 13~19장에 따르면, 땅은 이스라엘의 모든 지파(레위 지파 제외)에, 그리고 각 지파의 가족들에게 분배되었다(구체적인 예로는 민수 27:1~11, 36:1~13절 참조). 땅은 영구적으로 사고팔 수 없었다(레위 25:23~24). 동족인 이스라엘 사람에게 돈을 빌려줄 때는 이자를 받아서는 안 되었다(출애 22:25, 신명 23:19~20, 레위 25:35~37; 느헤 5:10~11 참조). 모든 안식년마다 부채는 탕감되고, 종살이하던 이스라엘 사람은 해방되어야 했다(출애 21:2~6, 신명 15:1~18). 희년Jubilee Year에 농지 소유권을 원래 소유주에게 되돌려주는 규정은 레위기 25장 8~17절 참조.

우리의 영적 조상들은 또 다른 측면에서도 이집트와는 다른 세계를 만들어 냈다. 이집트 탈출 이후 처음 몇 세기 동안, 이스라엘에는 왕정이 존재하지 않았고, 따라서 귀족 계층이나 권력과 부를 독점하는 지배 계층도 없었다.

하지만 기원전 1000년경 이스라엘에 왕정이 등장한다. 사울과 뒤이은 다윗 시절의 왕정은 비교적 소박한 제도였다. 하지만 다윗의 아들 솔로몬이 거의 반세기를 통치하는 동안 이스라엘은 권력과 부를 독점한 계층이 지배하는 전형적인 지배 체제로 바뀌었다. 오늘날 가장 영향력 있는 구약학자인 월터 브루그만Walter Brueggemann의 표현을 빌리면 "이스라엘에 이집트가 다시 만들어졌다". 이스라엘의 왕은 새로운 파라오가 되었다.[3]

사무엘상에서는 이 이스라엘 왕정의 등장을 다룬다. 사무엘은 이스라엘의 마지막 판관, 혹은 사사로서 왕을 원하던 백성에게 왕정 체제에 들어서면 어떤 일이 일어날지를 경고했다.

> 당신들을 다스릴 왕의 권한은 이러합니다. 그는 당신들의 아들들을 데려다가 그의 병거와 말을 다루는 일을 시키고, 병거 앞에서 달리게 할 것입니다. 그는 당신들의 아들들을 천부장과 오십부장으로 임명하기도 하고, 왕의 밭을 갈게도 하고, 곡식을 거두어들이게도 하고, 무기와 병거의 장비도 만들게 할 것입니다. 그는 당

---

[3] Walter Brueggemann, *The Prophetic Imagination* (Philadelphia: Fortress, 1978), 2장. 『예언자적 상상력』(복 있는 사람).

신들의 딸들을 데려다가, 향유도 만들게 하고 요리도 시키고 빵도 굽게 할 것입니다. 그는 당신들의 밭과 포도원과 올리브 밭에서 가장 좋은 것을 가져다가 왕의 신하들에게 줄 것이며, 당신들이 둔 곡식과 포도에서도 열에 하나를 거두어 왕의 관리들과 신하들에게 줄 것입니다. 그는 당신들의 남종들과 여종들과 가장 뛰어난 젊은이들과 나귀들을 끌어다가 왕의 일을 시킬 것입니다. 그는 또 당신들의 양 떼 가운데서 열에 하나를 거두어 갈 것이며, 마침내 당신들까지 왕의 종이 될 것입니다. (1사무 8:11~17)

"그는 ... 데려다가", "그는 ... 가져다가"와 같은 표현이 반복해서 나온다는 사실과, 마지막에 나오는 "당신들까지 왕의 종이 될 것이다"라는 말에 주목하라. "그는 ... 데려다가", "그는 ... 가져다가" 같은 문구의 반복은 마치 불길하게 울려 퍼지는 북소리 같다. 구약의 두 번째 주요 부분인 예언서들은 이러한 고발을 이어간다. 아모스, 미가, 이사야, 예레미야 같은 인물들은 이제는 외세가 아닌 이스라엘 내부에서 형성된 지배 체제의 불의한 경제와 폭력에 대해 철저하게 항의했다. 그들은 하느님의 이름으로 부와 권력을 손에 쥔 이들이 대다수 백성, 즉 농민 계층을 희생시키며 자신들의 이익만을 추구하고 있다고 고발했다. 그리고 이 불의하고 폭력적인 사회는 멸망할 수밖에 없다고 경고하고 예언했다.

예언자들은 단지 현실을 비판하는 데 그치지 않고 하느님의 꿈, 전혀 다른 세계, 죽은 뒤의 세상이 아니라 바로 지금 이 땅 위에서 펼쳐져야 할 세상을 향한 그분의 열망을 이야기했다. 이들은 한결같이 '정의'justice를 강조했다. 이때 정의는 잘못에 대한 처벌로 이해되는 '응보적 정의'punitive justice가 아니라 모든 사람이 삶에 반드시 필요한 것들을 충분히 누리는 경제 정의, 공정한 경제를 뜻한다. 또한 예언자들은 전쟁을 포함한 모든 폭력이 사라진 세상을 꿈꾸었다. 이유는 분명하다. 성서가 증언하는 하느님은 인간의 고통을 헤아리시는 분이기 때문이다. 예나 지금이나 불의한 경제와 전쟁은 반드시 발생해야 할 이유가 없음에도 발생해 인간을 고통스럽게 하는 두 가지 핵심 원천이다.

미가서에는 이를 잘 보여 주는 구절이 둘 있다. 그 가운데 첫 번째 구절, 아마도 가장 널리 알려진 구절은 정의를 강조한다.

> 너 사람아, 무엇이 착한 일인지를 주님께서 이미 말씀하셨다.
> 주님께서 너에게 요구하시는 것이 무엇인지도 이미 말씀하셨다.
> 오로지 정의를 실천하며 인자를 사랑하며
> 겸손히 네 하느님과 함께 행하는 것이 아니냐! (미가 6:8)

두 번째 구절에서는 정의와 전쟁의 종식이 하나로 어우러진다. 하느님께서 꿈꾸시는 세상은 이런 세상이다.

> 주님께서 민족들 사이의 분쟁을 판결하시고, 원근 각처에 있는 열

강 사이의 갈등을 해결하실 것이니, 나라마다 칼을 쳐서 보습을 만들고 창을 쳐서 낫을 만들 것이며, 나라와 나라가 칼을 들고 서로를 치지 않을 것이며, 다시는 군사 훈련도 하지 않을 것이다. 사람마다 자기 포도나무와 무화과나무 아래 앉아서, 평화롭게 살 것이다. 사람마다 아무런 위협을 받지 않으면서 살 것이다. 이것은 만군의 주님께서 약속하신 것이다. (미가 4:3~4)

이 구절에서는 전쟁의 종식과 모든 민족이 "자기 포도나무와 무화과나무 아래"에 앉게 되는 모습, 즉 모든 가정이 자기 땅을 가지고 있는 모습을 강조한다. 그리고 그 결과는 "아무런 위협을 받지 않"는 삶이다. 전쟁이 존재하지 않고, 모두가 필요한 것을 충분히 누리는 세상에서의 삶은 이런 삶이다.

신약성서가 말하는 정치

예수와 초기 그리스도교인들은 고대 역사상 가장 크고 강력했던 지배 체제 안에서 살았다. 유대 지역은 예수가 탄생하기 약 60년 전인 기원전 63년에 로마의 지배 아래 들어갔다. 로마는 분봉왕client king을 통해 지역을 통치했으며 분봉왕들은 로마에 충성을 맹세해야 했다. 복음서에서 가장 중요한 분봉왕은 헤로데(예수 탄생 이야기에서 등장하며 기원전 37년부터 기원전 4년까지 통치)와 그의 아들 헤로데 안티파스(예수가 본격적으로 활동하던 시기에 등장하며 갈릴리 지역을 기원전 4년부터 기원후 39년까지 통치)다. 기원후 6

년부터 유대 지역은 로마 총독과 그가 임명한 예루살렘 대제사장과 성전 권력자들이 통치했는데, 그 로마 총독 중 가장 유명한 인물이 본티오 빌라도였다.

로마는 유대 지역뿐만 아니라 제국 전역의 농민 계층에 부정적인 영향을 끼쳤다. 농업의 상업화와 경제의 화폐화는 대규모 농장을 낳았고, 그 결과 많은 농민이 땅을 잃었다. 게다가 점점 더 많은 농지가 가정용 식량이 아닌 판매와 수출을 위한 작물 재배에 쓰였다. 대다수 농민은 더는 가족의 식량을 얻기 위해 자기 소유의 작은 땅을 경작하지 못했다. 대신 그들은 땅 없는 일용직 노동자가 되어 제대로 먹고 살기도 어려운 수준의 품삯으로 음식을 구해야 했다.

이러한 상황 가운데 예수는 하느님 나라가 가까이 임했다고 선포했다. 앞 장에서 언급했듯 하느님 나라는 예수가 전한 핵심이었다. 이를 통해 그는 이 세상이 변혁되어 모두가 충분히 만족하며 살 만한 세상이 될 것이라고 외쳤다. 주기도문을 보면 하느님 나라가 임하기를 구한 다음 나오는 간구는 바로 "일용할 양식", 곧 먹거리를 위한 기도다. 하느님 나라는 지배 체제의 착취와 폭력이 끝난 세상을 뜻했다.

바울의 복음, 즉 예수에 관한 기쁜 소식 역시 종교적이면서 정치적이었다. "십자가에 매달리신 그리스도"라는 표현 외에도 바울은 "예수는 주님이시다"라고 자주 외쳤다. 당시 바울이 살던 세상에서 '주主'는 로마 황제의 칭호 중 하나였고 로마 제국 신학의 핵심 표현이기도 했다. 로마 제국을 정당화하는 신학에서는 카이사르가 '주님'이었고 '하느님의 아들'이었으며 '지상에 평화를 가져다주는 구세주'였다. 이러한 맥락에서 바울과 초기 그리스도교인들이 "예수는 주님이시다"라고 선포했을 때 이는 로마의 제국 신학과 그 신학이 정당화한 지배 체제에 대한 도전이었다.

생생한 심상들 덕분에 이 세상의 종말에 대해 추측하기 좋아하는 이들의 단골 재료가 되곤 하는 요한계시록도, 그 핵심에는 '제국의 주권'과 '예수의 주권' 사이의 대립이 있다. 1세기 말이라는 역사를 고려해 요한계시록의 심상들과 상징들을 읽으면 그 의미는 분명해진다. '666'이라는 숫자를 지닌, 심연에서 올라온 짐승은 로마 제국이다. 요한계시록은 카이사르와 그리스도의 충돌을 그린다. 이는 누구에게 충성하느냐의 문제일 뿐 아니라 세상을 구성하는 두 가지 방식 중 어느 길을 택하느냐는 문제이기도 하다. 그러므로 종교적이며 동시에 정치적이다.

성서가 품고 있는 정치적 의미를 알게 되고 나서, 나는 왜 지금까지 성서의 그러한 면모를 보지 못했는지 스스로 의아해했다. 너무나 분명하게 드러나 있었기 때문이다. 물론 성서는 종교적인 책이다. 성서는 하느님과 하느님의 성품, 그리고 하느님의 열망에 관한 이야기다. 그분은 이 세상의 변화를 열망하시고 변혁을 꿈꾸신다.

이제 그리스도교와 정치를 서로 분리된 영역으로 나누는 근거로 자주 인용되어 온 신약성서 구절 세 곳을 다시 살펴보자. 1세기 역사를 고려하면, 이 구절들은 결코 그러한 의미를 지니고 있지 않음을 알 수 있다.

"카이사르의 것은 카이사르에게, 하느님의 것은 하느님께 바치라"는 구절은 예수 생애 마지막 주간 예루살렘에서 일어났던, 예수와 당시 권력자들 사이에 있었던 공개 논쟁 중 하나에 속한다. 그 주 일요일 예수는 도발적으로 예루살렘에 입성했고, 월요일에는 성전을 고발했던 차였다. 그 일로 인해 권력자들은 예수를 제거하려 했다. 하지만 대중 앞에서 예수를 체포하지는 않았다. 대중이 예수에게 우호적이었기 때문이다. 그래서 그들은 일련의 질문을 통해 대중이 보는 가운데 예수를 곤경에 빠뜨리려 했다. "카이사르에게 바치라"는 말은 바로 이러한 맥락에서 나왔다. 마르코복음서에 따르면 이 질문의 목적은 "말로 예수를 책잡으려"는 데 있었다. 이야기는 아첨으로 시작된다.

> 선생님, 우리는, 선생님이 진실한 분이시고 아무에게도 매이지 않는 분이심을 압니다. 선생님은 사람의 겉모습으로 판단하지 않으시고, 하느님의 길을 참되게 가르치십니다. (마르 12:14)

그리고 난 뒤 그들은 예수가 함정에 빠지도록 질문을 던진다.

> 그런데, 카이사르에게 세금을 바치는 것이 옳습니까, 옳지 않습니

까? 바쳐야 합니까, 바치지 말아야 합니까?"(마르 12:14)

예수가 바쳐야 한다고 답하면, 로마의 지배에 진저리 치고 있던 대중의 반감을 살 것이다. 반대로 바치지 말아야 한다고 답하면, 로마에 대한 반역죄가 되어 체포의 빌미를 줄 수 있다.

그러나 예수는 능숙하게 이 함정을 피했고, 동시에 그들을 곤란하게 만들었다. 그는 그들에게 동전을 보여 달라고 했다. 그들은 데나리온 한 닢을 꺼냈다. 그 순간, 그들의 모순이 드러났다. 그들이 갖고 있던 것은 그저 로마가 발행한 돈일 뿐 아니라 유대 율법에서 금지한 '형상'이 새겨진 물건이었던 것이다.

예수는 동전을 쳐다보고는 그들에게 물었다. "이 초상은 누구의 것이며, 적힌 글자는 누구의 것이냐?" 동전에는 당연히 카이사르의 얼굴이 새겨져 있었고, "하느님의 아들"이라는 칭호가 함께 적혀 있었다. 그들은 대답했다. "황제의 것입니다." 그러자 예수는 말했다. "황제의 것은 황제에게 돌려주고, 하느님의 것은 하느님께 돌려드려라."

역사적 맥락을 고려하면 이 말의 의미는 분명하다. '이 동전은 카이사르의 것이니 그에게 돌려주어라. 그러나 하느님의 것은 하느님께 드려라.' 그렇다면 "하느님의 것"은 무엇일까? 본문은 이 질문에 직접 대답하지 않지만, 그 답은 명확하다. 모든 것이 하느님의 것이다. 시편 24편이 노래하듯 "땅과 그 안에 가득 찬 것이 모두 다"(시편 24:1) 하느님의 것이기 때문이다. 그리고

성서는 정치적이다 | **223**

모든 것이 하느님의 것이라면 결국 어떤 것도 카이사르의 것이 아니다.

같은 맥락에서, 요한복음서에서 예수가 한 말("내 왕국은 이 세상에 속하지 아니하니라"(요한 18:36)) 역시 그리스도교는 천국에 관한 것이고 이 세상과는 무관하다는 뜻이 아니다. 예수는 이 말을 빌라도를 향해 했으며, 이때 이 말은 '내 왕국은 이 세상에 뿌리를 내리고 있지 않으며 하느님에게 속해 있다'는 뜻이다(암묵적으로 '빌라도 네가 속한 제국은 하느님 나라에서 나오지 않았다'는 뜻도 된다). 이어지는 구절에서 예수가 한 말은 그 차이를 명확하게 보여 준다.

> 내 나라는 이 세상에 속한 것이 아니오. 나의 나라가 세상에 속한 것이라면, 나의 부하들이 싸워서, 나를 유대 사람들의 손에 넘어가지 않게 하였을 것이오. (요한 18:36)

예수가 선포한 하느님 나라는 세상의 왕국이나 제국, 지배 체제와 달리 폭력에 근거하지 않는다.

로마인들에게 보낸 편지 13장 역시 역사적 맥락에서 보면 그리스도교인들이 정치권력에 무조건 복종해야 한다는 뜻이 아님이 분명하다. 바울 시대에 정치권력이란 곧 로마 제국이었다. 우리가 바울에 관해 알고 있는 모든 사실을 고려해 보면, 그는 그 시대의 제국 문화와 체제에 저항했고 이를 전복하려 했다. "예수는 주님이시다"라는 그의 선언은 곧 '황제는 주님이 아니다'라는 의미였다. 예수와 마찬가지로 바울도 제국 권력에 의해 처형당했음을 기억하라. 당시 제국은 예수와 바울이 전한 가르침이 제국 지배 체제의 토대를 무너뜨리고 위협하는 것임을 정확하게 간파하고 있었다.

로마인들에게 보낸 편지 13장은 그 앞에 나오는 12장의 흐름 가운데 읽어야 한다.

> 여러분 쪽에서 할 수 있는 대로 모든 사람과 더불어 화평하게 지내십시오. 사랑하는 여러분, 여러분은 스스로 원수를 갚지 말고, 그 일은 하느님의 진노하심에 맡기십시오. 성경에도 기록하기를 "원수 갚는 것은 내가 할 일이니, 내가 갚겠다'고 주님께서 말씀하신다" 하였습니다. "네 원수가 주리거든 먹을 것을 주고, 그가 목 말라하거든 마실 것을 주어라. 그렇게 하는 것은, 네가 그의 머리 위에다가 숯불을 쌓는 셈이 될 것이다" 하였습니다. 악에게 지지 말고, 선으로 악을 이기십시오. (로마 12:18~21)

여기서 바울은 예수가 했던 말을 떠올리게 하는 비폭력 저항을 화제로 올린다. 그러므로 이어진 13장의 "저항하지 말라"로 번역되는 구절은 정치권력에 폭력적으로 저항하지 말라는 뜻으로 새겨야 한다. 저항하되 폭력을 일으켜서는 안 된다는 말이다.

성서를 진지하게 받아들인다는 것은 정치도 진지하게 받아들인다는 뜻이어야 한다. 성서 전체에 걸쳐 반복해 등장하는 이 목소리들은 지금, 여기서, 이 땅에서 새로운 세상을 갈망하고 요청하는 사람들의 목소리다.

많은 미국 그리스도교인은 여러 이유를 들어 정치와 거리를 둔다. 어떤 이들은 그리스도교 우파의 정치 행태에 실망해 그리스도교는 정치와 거리를 두어야 한다고 생각한다. 또 어떤 이들은 '정치'라는 말 그 자체에 부정적인 인상을 가지고 있다. 정치란 정당 간의 싸움이고 사사로운 다툼이며 권력을 쟁취하기 위한 이기적인 투쟁이고 심지어 본질상 타락한 것이라고 보는 이들도 많다. 그러나 정치에는 훨씬 더 근본적인 의미가 있다. '정치'politics는 그리스어 '폴리스'polis 곧 '도시'에서 유래했다. 정치란 도시의 모습과 구조, 곧 공동체의 조직과 방향에 관심을 기울이는 활동이며, 이를 확장하면 국가, 제국, 세계와 같은 대규모 인간 공동체에 관심을 기울이는 활동이다. 이 관심은 곧 사회 구조에 관한 관심으로 이어진다. 누가 통치하는가? 누구를 위해 통치하는가? 그 사회의 경제 구조는 어떠한가? 공정한가, 아니면 부유한 이들과 권력자들에게 유리한 방식으로 짜여 있는가? 법과 사회 규범은 어떠한가? 위계적인가? 가부장적인가? 누군가를 차별하거나 혐오하게끔 짜여 있는가?

그리스도교인들이라면, 특히 그리스도교인들이 다수인 사회라면 이러한 질문들을 던져야 한다. 정치를 외면하면, 결국 사회 구조의 결정권을 자기 이익에만 몰두하는 이들에게 내어주게 된다. 현대의 파라오, 왕, 카이사르, 지배 체제들이 그들이 원하는 방식대로 세상을 주무르고 만들어 가도록 내버려 두게 된다.

민주주의 사회에서 정치는 단지 투표로만 이루어지지 않는다. 물론 투표도 중요하지만 정치는 훨씬 더 많은 행위를 포함한다. 우리가 나누는 대화, 우리가 지지하는 일들, 우리가 시간과 돈을 쏟아붓는 곳 모두가 정치와 관련이 있다. 모든 그리스도교인이 운동가일 필요는 없다. 하지만 모든 그리스도교인은 더 정의롭고, 평화로운 세상을 향한 하느님의 꿈을 진지하게 받아들여야 한다. 그러한 길로 하느님께서 우리를 부르시기 때문이다.

제9장

하느님은 정의를 열망하시며 가난한 이들을 깊이 돌보신다

나는 모든 그리스도교인이 아모스를 알았으면 좋겠다. 모든 교회가 거듭거듭 이 예언서를 함께 읽고 그 내용과 씨름하며 공부하기를 바란다. 아모스는 성서와 정치가 얼마나 긴밀하게 연결되어 있는지를 보여 주는 사례이자, 성서가 얼마나 강하게 경제 정의를 열망하는지를 생생하게 보여 주는 인물이다. 그는 고대 이스라엘 왕정 아래 등장한 지배 체제를 지속적으로 고발했다.

이러한 바람에는 개인적인 이유도 있지만, 그보다 더 큰 이유가 있다. 2장에서 언급했듯 나는 아모스를 읽으며 일종의 정치적 회심을 했다. 또한 아모스를 통해 내가 그리스도교가 무엇인지 이미 알고 있다는 전제를 내려놓고 성서를 읽기 시작했다. 아모스를 통해 나는 성서에 있지만 그전에는 전혀 몰랐던 강조점을 발견했고, 이는 내게 일종의 계시처럼 다가왔다. 그 후 수십 년에 걸쳐 나는 아모스에서 발견하게 된 메시지가 성서 전체, 그리고 예수의 중심에 있음을 더 확신하게 되었다. 그리고 이 확신으로 인해 오늘날 그리스도교에 대한 나의 이해는 확고해졌다.

예언자 아모스의 특별한 위치

'아모스'라는 이름은 한 인물과 책을 동시에 가리킨다. 아모스는 고대 이스라엘 예언자 가운데 '고전 예언자'classical prophet라고 불리는 이들 중 첫 번째 인물로 호세아, 미가, 이사야, 예레미야처럼 자신의 이름을 딴 책을 가진 예언자다.

오늘날 우리에게는 책의 형태로 그가 전한 말들이 전해지지만, 다른 예언자와 마찬가지로 아모스 역시 비교적 짧은 '신탁'oracle, 즉 입으로 예언을 전했다. 이러한 신탁들은 주로 공개된 장소에서 선포되었으며 구술 문화 속에서 사람들이 쉽게 기억할 수 있도록 시의 구조와 생생한 은유, 언어유희 등이 활용되었다. 각각의 짧은 신탁은 여러 차례 반복되어 선포되었을 가능성이 높다.

아모스서는 이 신탁들을 모아 정리한 책으로, 아모스가 죽은 뒤 한 세대 혹은 그 이상이 지난 시점에 쓰였다. 이 과정에는 단순한 수집뿐만 아니라 배열과 편집도 들어갔다. 몇몇 구절은 후대에 삽입한 것으로 보이지만, 학자들은 대체로 이 책 대부분이 실제 아모스가 전한 내용을 담고 있다는 데 동의한다.

아모스는 기원전 786년부터 746년까지, 오랜 기간 북이스라엘을 통치한 여로보암 2세 치세 말기에 활동했다. 다윗과 솔로몬 아래 있던 통일 왕국은 기원전 900년대 말 솔로몬의 통치가 막을 내린 뒤 둘로 분열되었다. 북 왕국은 사마리아를 수도로 하여 계속 '이스라엘'이라고 불렸으며, 남 왕국은 예루살렘을 수도로 삼고 '유다'라고 불렸다. 두 나라는 적대 관계에 있을 때가 많았고, 전쟁을 벌이기도 했다. 아모스가 활동하던 시기 왕실과 지배 계층의 부와 권력은 가파르게 성장했지만, 동시에 대다수 백성은 갈수록 형편이 어려워지고 있었다. 그는 격렬한 언어를 사용해 부유한 권력자들을 고발했으며, 하느님의 이름으로 가난한 이들의 편에 섰다. 아모스의 신탁 전반에는 "주님께서 이렇게 말씀하신다"와 "주님의 말씀을 들으라"라는 표현이 반복해서 등장한다. 이러한 맥락에서 그는 한편으로는 사회를 고발하면서 동시에 하느님의 심판을 선포했다고 볼 수 있다.

고발

일부 아모스의 신탁들은 "너희"라는 이인칭 복수 표현을 사용해 지배 계층을 정면으로 겨냥한다. 어떤 신탁들은 "그들"이라는 삼인칭 복수 표현을 써서 부유한 권력자들을 가리킬 때도 있다. 이런 신탁은 아마도 농민 계층을 향해 선포된 신탁으로, 그들이 겪는 억압이 하느님의 뜻이 아님을 깨닫게 하는 데 그 목적이 있었을 것이다. 아모스는 부유하고 권력을 움켜쥔 자들의 사치스러운 삶을 이렇게 묘사한다.

> ... 상아 침상에 누우며
> 안락의자에서 기지개 켜며
> 양 떼에서 골라 잡은 어린 양 요리를 먹고,
> 우리에서 송아지를 골라 잡아먹는 자들,
> 거문고 소리에 맞추어서 헛된 노래를 흥얼대며,
> 다윗이나 된 것처럼 악기들을 만들어 내는 자들,
> 대접으로 포도주를 퍼마시며,
> 가장 좋은 향유를 몸에 바르면서도
> 요셉의 집이 망하는 것은 걱정도 하지 않는 자들,
> 이제는 그들이 그 맨 먼저 사로잡혀서 끌려갈 것이다.
> 마음껏 흥청대던 잔치는 끝장나고 말 것이다. (아모 6:4~7)

다른 신탁에서는 지배 계층이 가난한 이들에게 무엇을 했는지를 날카롭게 지적한다.

> ... 그들은 돈을 받고 의로운 사람을 팔고,
> 신 한 켤레 값에 빈민을 판다.

그들은 힘없는 사람들의 머리를 흙먼지 속에 처넣어서 짓밟고,
힘 약한 사람들의 길을 굽게 한다. (아모 2:6~7)

"너희"라는 표현을 사용해 통치자들을 직접 고발하기도 한다.

너희가 가난한 사람을 짓밟고
그들에게서 곡물세를 착취하니,
너희가 다듬은 돌로 집을 지어도 거기에서 살지는 못한다.
너희가 아름다운 포도원을 가꾸어도
그 포도주를 마시지는 못한다.
너희들이 저지른 무수한 범죄와
엄청난 죄악을 나는 다 알고 있다.
너희는 의로운 사람을 학대하며, 뇌물을 받고
법정에서 가난한 사람들을 억울하게 하였다. (아모 5:11~12)

또 다른 곳에서는 부유한 사람들의 탐욕과 기만을 고발하기도 한다.

빈궁한 사람들을 짓밟고,
이 땅의 가난한 사람을 망하게 하는 자들아, 이 말을 들어라!
기껏 한다는 말이, "초하루 축제가 언제 지나서,
우리가 곡식을 팔 수 있을까?

하느님은 정의를 열망하시며 가난한 이들을 깊이 돌보신다

안식일이 언제 지나서, 우리가 밀을 낼 수 있을까?

되는 줄이고,

추는 늘이면서, 가짜 저울로 속이자.

헐값에 가난한 사람들을 사고

신 한 켤레 값으로 빈궁한 사람들을 사자.

찌꺼기 밀까지도 팔아먹자" 하는구나. (아모 8:4~6)

아모스는 수도 사마리아에 사는 부유한 권력자들의 아내들을 "암소들"이라고 부르며 살찐 몸매와 안일한 삶을 조롱했다.

> 사마리아 언덕에 사는 너희 바산의 암소들아,
>
> 이 말을 들어라. 가난한 사람들을 억압하고,
>
> 빈궁한 사람들을 짓밟는 자들아,
>
> 저희 남편들에게 마실 술을 가져오라고 조르는 자들아. (아모 4:1)

그는 지배 계층의 예배 행위(그들의 절기 행사, 모임, 제사, 찬양, 음악)를 "너희"라는 이인칭 복수 표현을 사용해 정면으로 비판하기도 했다. 이 구절에서 "나"는 예언자들이 흔히 그러하듯 하느님을 가리킨다. 아모스는 하느님의 이름으로 이렇게 선포한다.

> 나는, 너희가 벌이는 절기 행사들이 싫다. 역겹다.
>
> 너희가 성회로 모여도 도무지 기쁘지 않다.

> 너희가 나에게 번제물이나 곡식 제물을 바친다 해도,
>
> 내가 그 제물을 받지 않겠다.
>
> 너희가 화목제로 바치는 살진 짐승도
>
> 거들떠보지 않겠다.
>
> 시끄러운 너의 노랫소리를 나의 앞에서 집어치워라!
>
> 너의 거문고 소리도 나는 듣지 않겠다.
>
> 너희는, 다만 공의가 물처럼 흐르게 하고,
>
> 정의가 마르지 않는 강처럼 흐르게 하여라. (아모 5:21~24)

여기서 중요한 사실은 지배 계층이 다른 신들을 섬겨서 아모스가 그들을 정죄한 게 아니라는 점이다. 그들은 이스라엘의 하느님을 향해, 오늘날에도 '정통적인' 예배라 할 수 있는 방식으로 제사를 드리고 있었다. 아모스는 위 구절 마지막에서 하느님께서 그들에게 진정으로 바라시는 것이 무엇인지를 선포한다. 바로 "공의가 물처럼 흐르게 하고, 정의가 마르지 않는 강처럼 흐르게" 하는 것이다. 이 구절은 예언서에서 자주 나타나는 표현 방식, 서로 다른 표현을 통해 같은 의미를 되풀이하여 강조하는 '동의적 평행법'synonymous parallelism의 대표적인 예다. 하느님께서 바라시는 "공의"와 "정의"는 별개의 것이 아니라 꼭 같은 하나의 길이다.

심판

아모스는 권력과 부를 지닌 이들에게 하느님께서 내리실 심판을 경고했다. 이때 심판은 이른바 '최후의 심판', 즉 지옥이나 죽음 이후에 받는 형벌이 아니었다. 4장에서 언급했듯 고대 이스라엘 신앙 체계에는 천국이나 지옥과 같은 사후 세계 개념이 있지 않았다. 아모스가 전한 심판은 역사 속에서 일어나는 것이었다. 그는 사회 질서가 붕괴하고 특권층이 몰락하며 추방되리라고 이야기했다. 상아 침상에 누우며 어린 양과 송아지를 먹는 당시 부유층의 호화로운 삶을 고발한 신탁은 이렇게 마무리된다.

> 이제는 그들이 그 맨 먼저 사로잡혀서 끌려갈 것이다.
> 마음껏 흥청대던 잔치는 끝장나고 말 것이다. (아모 6:7)

은 몇 닢과 신 한 켤레 값에 무고한 이들을 팔고, 힘없는 사람들의 머리를 흙먼지 속에 처넣어 짓밟는 이들을 고발한 신탁은 이렇게 이어진다.

> "곡식단을 가득히 실은 수레가 짐에 짓눌려 가듯이,
> 내가 너희를 짓누르겠다.
> 아무리 잘 달리는 자도 달아날 수 없고,
> 강한 자도 힘을 쓰지 못하고,

용사도 제 목숨을 건질 수 없을 것이다.

활을 가진 자도 버틸 수 없고,

발이 빠른 자도 피할 수 없고,

말을 탄 자도 제 목숨을 건질 수 없을 것이다.

용사 가운데서 가장 용감한 자도,

그날에는 벌거벗고 도망갈 것이다." 주님께서 하신 말씀이다. (아모 2:13~16)

사마리아의 부유한 여인들을 "암소"라 부르며 그들이 가난한 이들을 억압하고 무시했다고 고발한 아모스는 이어서 선언한다.

주 하느님이 당신의 거룩하심을 두고 맹세하신다.

"두고 보아라. 너희에게 때가 온다.

사람들이 너희를 갈고리로 꿰어 끌고 갈 날,

너희 남은 사람들까지도 낚시로 꿰어 잡아갈 때가 온다." (아모 4:2)

여기서 "갈고리"와 "낚시"는 아모스 시대에 이스라엘을 위협하던 주요 세력인 아시리아 제국이 실제로 사용하던 포로 이송 방식과 관련이 있다. 당시 아시리아 제국에서는 전쟁 포로들을 코에 갈고리를 꿰어 줄줄이 묶은 채 추방하곤 했다. 이를 통해 아모스가 하려는 말은 분명하다. '이스라엘의 하느님은 가난한 이에게 저지른 불의를 간과하지 않으시며, 너희를 구하지 않고 포

로로 끌려가게 두실 것이다. 너희는 스스로 신실하다고 여기고, 그렇게 주장하지만, 사실은 그렇지 않다.'

아모스 1장 3절~2장 16절

아모스 1~2장은 예언자의 말솜씨, 곧 수사의 기교가 얼마나 탁월한지를 잘 보여 준다. 이 장들은 이스라엘 주변의 작은 왕국들에 대한 심판 선언으로 시작된다. 이 나라들(다마스쿠스, 가사, 두로, 에돔, 암몬, 모압)은 모두 오래전부터 이스라엘의 적대국들이었다. 아모스는 전쟁 중 이들이 저지른 폭력과 잔혹함을 생생한 심상을 빌려 고발한다.

> 나 주가 선고한다.
> 다마스쿠스가 지은 서너 가지 죄를, 내가 용서하지 않겠다.
> 그들이 쇠도리깨로 타작하듯이,
> 길르앗을 타작하였기 때문이다. (아모 1:3)

> 나 주가 선고한다.
> 가사가 지은 서너 가지 죄를, 내가 용서하지 않겠다.
> 그들이 사로잡은 사람들을 모두 끌어다가,
> 에돔에 넘겨주었기 때문이다. (아모 1:6)

나 주가 선고한다.

두로가 지은 서너 가지 죄를, 내가 용서하지 않겠다.

그들이 형제의 언약을 기억하지 않고 사로잡은 사람들을 모두 끌어다가,

에돔에 넘겨주었기 때문이다. (아모 1:9)

나 주가 선고한다.

에돔이 지은 서너 가지 죄를, 내가 용서하지 않겠다.

그들이 칼을 들고서 제 형제를 뒤쫓으며,

형제 사이의 정마저 끊고서, 늘 화를 내며,

끊임없이 분노를 품고 있기 때문이다. (아모 1:11)

나 주가 선고한다.

암몬 자손이 지은 서너 가지 죄를, 내가 용서하지 않겠다.

그들이 땅을 넓히려고 길르앗으로 쳐들어가서

아이 밴 여인들의 배를 갈랐기 때문이다. (아모 1:13)

나 주가 선고한다.

모압이 지은 서너 가지 죄를, 내가 용서하지 않겠다.

그들이 에돔 왕의 뼈를 불태워서,

재로 만들었기 때문이다. (아모 2:1)

다른 나라들에 대한 이 모든 고발은 하나 같이 심판의 경고로 이어진다. 이 구절들에 쓰인 심상들은 성벽이 무너지고 도시가 군사들에게 침략당하는 모습을 담고 있다. 성벽과 성문은 무너지고, 요새들이 불타오르며, 통치자들은 죽고 백성은 포로로 잡혀가게 될 것이다. 이제 예언의 고발은 점차 이웃 민족에서 이스라엘 내부를 향한다. 남 왕국 유다에 대해서 아모스는 말한다.

> 나 주가 선고한다.
> 유다가 지은 서너 가지 죄를, 내가 용서하지 않겠다.
> 그들이 주의 율법을 업신여기며,
> 내가 정한 율례를 지키지 않았고,
> 오히려 조상이 섬긴 거짓 신들에게 홀려서,
> 그릇된 길로 들어섰기 때문이다. (아모 2:4)

정말 영리한 전략이다. 아모스의 말을 듣던 이스라엘 사람들은 그가 주변 적대 국가들에 하느님의 심판을 선포하자 속으로 통쾌해했을 것이다. 그가 자신들의 편을 들어주는 것처럼 들렸기 때문이다. 이는 고대 수사법에서 말하는 청중의 호감 사기 captatio benevolentiae의 좋은 예로도 볼 수 있다. 하지만 아모스는 곧장 고발의 화살을 이스라엘에게로 돌린다.

> 나 주가 선고한다.

> 이스라엘이 지은 서너 가지 죄를, 내가 용서하지 않겠다.
> 그들이 돈을 받고 의로운 사람을 팔고,
> 신 한 켤레 값에 빈민을 팔았기 때문이다.
> 그들은 힘없는 사람들의 머리를 흙먼지 속에 처넣어서 짓밟고,
> 힘 약한 사람들의 길을 굽게 하였다. (아모 2:6~7)

어느 미국인 설교자가 다른 나라들, 이를테면 이란이나 이슬람 국가, 북한, 쿠바, 중국, 러시아를 향해 그들의 불의와 폭력을 고발한 뒤, 미국에 대해서도 마찬가지로 고발한다고 생각해 보라. 아모스가 한 일은 바로 그런 일이다.

아모스와 아마샤

아모스서 7장 10~17절에는 고대 세계의 지배 계층과 '주님의 말씀'의 가장 생생한 만남이 기록되어 있다. 이 장면은 성서 전체에서도 손에 꼽을 수 있는 장면으로 모세와 파라오, 이사야와 예레미야가 당대 왕들과 벌인 갈등, 그리고 무엇보다 예수와 그 시대 권력자들 사이에 일어난 충돌에 견줄 수 있을 정도다.

만남은 북 왕국 이스라엘의 주요 성소 가운데 하나인 베델의 제사장 아마샤가 여로보암 왕에게 전갈을 보내면서 시작된다. 그는 아모스가 왕과 왕국에 반역을 꾀하고 있으며 왕의 죽음을 예언했다고 고발한다.

> 베델의 아마샤 제사장이 이스라엘의 여로보암 왕에게 사람을 보내서 알렸다. "아모스가 이스라엘 나라 한가운데서 임금님께 대한 반란을 선동하고 있습니다. 그가 하는 모든 말을 이 나라가 더 이상 참을 수 없습니다. 아모스는 '여로보암은 칼에 찔려 죽고, 이스라엘 백성은 틀림없이 사로잡혀서, 그 살던 땅에서 떠나게 될 것이다'하고 말합니다." (아모 7:10~11)

아마샤는 아모스를 위협하며 북 왕국에서 떠나라고 명령한다.

> 아마샤는 아모스에게 말하였다. "선견자는, 여기를 떠나시오! 유다 땅으로 피해서, 거기에서나 예언을 하면서, 밥벌이를 하시오. 다시는 베델에 나타나서 예언을 하지 마시오. 이곳은 임금님의 성소요, 왕실이오." (아모 7:12~3)

이에 아모스는 담대하게 맞서며 하느님의 말씀을 다시 선포한다. 이 말은 겉으로 보기에는 아마샤를 향하나, 그가 이미 왕에게 아모스를 고발했다는 점을 고려하면 사실상 왕을 향한 경고라고 볼 수도 있다.

> 이제 그대는, 주님께서 하시는 말씀을 들으시오. 그대는 나더러 '이스라엘을 치는 예언을 하지 말고, 이삭의 집을 치는 설교를 하지 말라'고 말하였소. 그대가 바로 그런 말을 하였기 때문에, 주님

께서 이렇게 말씀하시오. '네 아내는 이 도성에서 창녀가 되고, 네 아들딸은 칼에 찔려 죽고, 네 땅은 남들이 측량하여 나누어 차지하고, 너는 사로잡혀 간 그 더러운 땅에서 죽을 것이다. 이스라엘 백성은 꼼짝없이 사로잡혀 제가 살던 땅에서 떠날 것이다.' (아모 7:16~17)

지배 체제의 강압적이고 폭력적인 권력자들, 심지어 왕에게 맞서면서까지 이런 말을 하는 데는 엄청난 용기가 필요했을 것이다. 그러나 성서에는 이런 용기를 지닌 인물이 아모스만 있는 게 아니다. 모세를 비롯해 많은 예언자, 예수, 그리고 바울에게서도 우리는 동일한 용기를 엿볼 수 있다. 이들이 보여 준 용기는 자신들의 소명에서 비롯된 것이다. 그들은 모두 하느님께서 새로운 세상, 지금, 여기에 있는 지배 체제가 변혁된 세상, 모든 이가 필요한 것을 갖고 누구도 두려움에 떨지 않는 세상을 이루기를 열망하신다고, 그리고 그러한 길로 자신들을 부르신다고, 그 길에 동참해야 한다고 믿었다.

아모스와 미국 그리스도교

아모스와 성서 속 주요 인물들이 내는 목소리는 오늘날 미국의 정치와 그리스도교를 향해 도전장을 던진다. 현재 미국은 선진국 중에서 소득 불평등이 가장 심각한 나라다. 그리고 이 불평등은 30년이 넘도록 계속 심해지고 있다.[1] 이런 식의 소득 격차 확대는 개인주의individualism라는 정치 이념의 산물이다. 이때 개인주의란 한 사람의 인생이 주로 그 사람 개인의 노력에 달려 있다는 믿음이다. 개인주의는 한때 '자수성가형 인간'the self-made man이라고 부르던 인간상을 이상으로 삼는다. 누군가의 삶이 잘 풀린다면, 그것은 그가 열심히 노력했기 때문이며, 따라서 그에게는 자신이 일군 것을 거머쥘 권리가 있다. 이 이념은 유전적으로 물려받은 건강과 지능, 교육과 근면을 중시하는 가정환경, 출신 계급, 상속 자산 등으로 '타고난 능력'을 누리는 사람들을 옹호한다. 이 이면에는 누군가의 삶이 잘 풀리지 않는다면, 그것은 그가 주어진 기회를 잘 활용하지 못했기 때문이라는 냉혹한 생각이 감추어져 있다.

많은 미국인이 이 개인주의 이념을 받아들이고 있다. 연구에 따르면 미국은 세계에서 가장 개인주의가 심한 나라다.[2] 이념으

---

[1] 미국과 다른 선진국들의 소득 불평등을 비교한 신빙성 있는 단행본으로는 다음을 보라. Richard Wilkinson and Kate Pickett, *The Spirit Level*(New York: Bloomsbury, 2009). 해당 자료는 인터넷에서도 쉽게 찾아볼 수 있다. 미국 내 소득 불평등이 심해진 구체적 예로는 다음과 같다. 1976년에는 상위 1%의 부자가 연간 국민소득의 7%를 차지했지만, 2007년에는 24%를 차지했다. 2002년부터 2007년까지 미국 내 소득 증가분의 65%가 상위 1%에게 돌아갔다. 2010년에는 이 비율이 93%로 상승했다.

[2] 30년 전 출간되었지만 여전히 유의미한 고전적 연구로 다음 책을 들 수 있다. Robert Bellah, Richard Madsen, et al., *Habits of the Heart: Individualism and Commitment in American Life* (Berkeley: University of California Press, 1985). 좀 더 최근 저서로는 다음을 참조하라. E. J. Dionne, *Our Divided Political Heart: The Battle for the American Idea in an Age of*

로서의 개인주의는 보수 정치와 경제의 핵심 토대를 이룬다. 특히 개인주의는 미국 보수 개신교인 약 80%의 투표 성향을 결정 짓는다. 이들의 정치적 관심은 주로 개인의 행위, 특히 성과 관련된 문제에 집중되어 있다. 소득 불평등이나 경제 정의, 평화에 대한 헌신은 이들에게 그리 중요한 주제가 아니다.

개인주의는 정치적이나 종교적으로 보수적인 사람들에게 영향을 끼치는 데서 그치지 않는다. 특히 이 이념은 대다수 미국 그리스도교인이 성서 속 '가난한 자를 돕는 일'과 관련된 구절들을 해석하는 방식에도 영향을 미친다. 2013년 이루어진 한 여론조사에 따르면, (로마 가톨릭, 주류 개신교, 복음주의 개신교를 포함한) 대다수 백인 그리스도교인은 예수와 예언자들이 남긴 가르침이 "정의로운 사회를 만들어야 할 우리의 책임"보다는 "개인의 따뜻한 행실과 자선"을 강조한다고 응답했다.

그러나 아모스, 모세, 예언자들, 예수, 바울은 부유한 권력자들을 향해 자선을 더 베풀라고 하지 않았다. 그들은 파라오, 왕, 귀족, 황제들에게 더 많이 기부하라고 이야기하지 않았다. 물론 자선은 좋은 일이고 앞으로 계속 필요할 것이다. 하지만 성서의 예언자들은 개인의 자선이 아니라 사회 전체의 경제 정의와 공정함을 요구했다. 그들은 체제 자체의 변화를 이야기했다.

개인주의에 대한 대안, 혹은 이를 보완할 수 있는 정치의 길

Discontent (New York: Bloomsbury, 2012). Tony Judt, *Ill Fares the Land* (London: Penguin, 2010). 『더 나은 삶을 상상하라』(플래닛).

은 공공선the common good을 진지하게 고민하는 정치를 일구는 것이다. 이를 위해서는 몇 가지 중요한 깨달음이 필요하다. 먼저, 아무리 책임감 있고 성실하게 살아왔다 해도 우리는 자수성가한 존재가 아니다. 우리는 이미 공교육, 시민권, 성평등, 국가 시설과 제도 같은 공공선의 혜택을 누렸다. 여기에는 그전 세대들의 희생과 헌신이 있었다. 공공선은 도덕적 이유뿐 아니라 현실적인 이유에서도 우리 모두에게 중요하다. 모든 사람의 안녕을 중시하는 국가는 훨씬 더 안전하고 건강한 사회를 만든다. 범죄와 정신질환이 줄고, 영아 사망률이 낮아지고, 평균 수명이 길어지며 절망감과 소외감도 덜 느낀다. 이 모든 측면에서 미국은 세계의 다른 선진국들보다 뒤처져 있다.[3]

개인주의 이념과 더불어 미국 정치와 그리스도교에 영향을 미치고 있는 이념은 미국 예외주의American exceptionalism다. '미국 예외주의'란 미국이 세계에서 가장 위대하고, 가장 훌륭하고, 가장 관대하고, 특별히 하느님의 축복을 받은 나라라는 믿음을 말한다. 물론, 여러 측면에서 미국은 특별하다. 이 나라는 오늘날 세계에서 가장 오랫동안 민주주의를 이어가고 있는 국가다. 비록 보편화하기까지 수 세기가 걸렸지만, 인권이라는 개념을 개척한 나라이기도 하다. 건국 초기부터 지금까지 미국은 이민자

---

[3] 소득 평등이 더 높은 국가들이 미국에 비해 이러한 모든 부문에서 더 나은 성과를 보인다고 윌킨슨과 피킷은 주장한다(이 장 각주 1번 참조). 이 책에는 이를 뒷받침하는 방대한 자료가 제시되어 있다.

들을 끌어들이는 자석 같은 나라였다. 천연자원과 아름다운 자연환경이 풍부하고, 세계에서 가장 강력한 국가이며, (1인당 소득 기준으로는 아니나) 국내 총생산GDP 기준으로는 가장 부유한 나라이기도 하다. 미국에는 분명 자랑스러워할 요소가 많고 이곳에 살고 있다는 사실에 감사하는 것 그 자체로는 아무런 문제가 없다. 하지만 미국 예외주의는 그런 차원을 뛰어넘는다. 이 이념은 많은 미국인이 공유하는 여러 확신을 포함하고 있다.

- **우리는 세계에서 가장 위대한 나라다.**

이 문장은 미국 정치 담론에서 자주 나오는 수사다. 이 말을 하는 이들은 대부분 듣는 이들도 당연히 이 말에 동의할 것이라고 가정한다. 그런데 '어떤 면에서' 가장 위대한지를 묻지는 않는다. 가장 강력한 군사력을 지니고 있는가? 그렇다. 가장 자유로운 나라인가? 자유의 수준을 말하는 것이라면 비슷한 나라가 수십 개는 될 것이다. 가장 기회가 많은 나라인가? 더는 그렇지 않다. 미국의 계층 유동성은 이미 많은 나라에 뒤처지고 있다. 가난한 이들도 잘 살 수 있는 나라인가? 그렇지 않다.

- **우리는 1등이다.**

이 문장은 '우리는 세계에서 가장 위대한 나라다'에서 파생된 확신이다. 올림픽에서 다른 어떤 나라보다 많은 메달을 따내야 한다는 집착에서도 이 정신을 엿볼 수 있다.

- **우리는 세계에서 가장 관대한 나라다.**

대다수 미국인은 미국이 해외 원조에 쓰는 돈을 상당히 과대평가하고 있다. 실제로 미국은 전체 원조 금액으로는 세계 최대이지만, 총국민소득 대비 외국 원조 비율로 따지면 선진국 가운데 약 15위 수준에 머무르고 있다.

- **우리는 원래 선한 나라이고, 따라서 중대한 잘못을 저지를 리 없다.**

이 믿음은 미국이 벌인 모든 전쟁이 정당했으며 설령 결과가 나빴던 전쟁이라 할지라도 동기는 선했다고 믿는 경향으로 이어진다(최근 반세기 동안 일어났던 베트남, 이라크, 아프가니스탄 전쟁을 떠올려 보라).

- **"하느님, 미국을 축복하소서."**

이 문구가 정말 기도라면 별다른 문제가 없다. 그러나 오늘날 이 말은 미국 예외주의 이념을 대표하는 말로 쓰인다. 대통령이 연설을 하면 으레 마무리로 "하느님, 미국을 축복하소서"라는 말을 쓴다. 이 말을 하지 않는 게 오히려 눈에 띌 정도다.

이러한 확신은 애국심을 고취시키는 찬송가들에서도 발견된다. 《하느님, 미국을 축복하소서》God Bless America는 표면상 하느님께 감사를 표현하는 노래로 보인다. 하지만 이 노래가 불리는 맥락을 보면, 하느님께서 미국을 특별히 축복하셨고, 미국 사람들은 하느님께서 택하신 특별한 사람들이라는 암묵적인 내용을 실어 전하는 경우가 많다. 《아름다운 미국》America the Beautiful도 마찬가지다.

> 하느님께서 그대에게 은혜를 베푸사,
> 그대의 선함에 형제애라는 관을 씌워주시길.
> 바다에서 빛나는 바다까지.

이 또한 감사의 표현일 수 있지만 동시에 미국 예외주의의 표현이라 할 수도 있다.

아모스는 자신의 시대에 있던 예외주의에 도전했으며 이를 꾸짖었다. 고대 이스라엘의 많은 사람(어쩌면 대다수 사람)은 자신들이 하느님께 선택받은 백성, 곧 하느님의 특별한 백성이라고 믿었다. 그런 그들을 향해 아모스는 하느님의 이름으로 말했다.

> 이스라엘 자손아,
> 나에게는 너희가 에티오피아 사람들과 똑같다. …
> 내가 이스라엘을 이집트 땅에서, 블레셋 족속을 크레테에서,
> 시리아 족속을 기르에서 이끌어 내지 않았느냐? (아모 9:7)

에티오피아 사람, 블레셋 사람, 시리아 사람 모두가 이스라엘과

다를 바 없다는 선언은 그 선언을 처음 들은 당시 청중에게는 실로 충격적인 말이었을 것이다.

그러나 이스라엘 예외주의에 대한 아모스의 고발은 성서에서 특별히 예외적이지 않다. 요나서는 아시리아 제국의 수도 니느웨 사람들을 향한 하느님의 사랑을 다룬 이야기다. 그런데 아시리아는 고대 이스라엘을 가장 잔혹한 방식으로 정복했던 나라였다. 이와 같은 흐름에 있는 예수의 가르침도 있다. 그는 동시대 유대인들에게 이렇게 말했다.

> 심판 때에 니느웨 사람들이 이 세대와 함께 일어나서,
> 이 세대를 정죄할 것이다.
> 니느웨 사람들은 요나의 선포를 듣고 회개하였기 때문이다.
> 그러나 보아라,
> 요나보다 더 큰 이가 여기에 있다.
> 심판 때에 남방 여왕이 이 세대와 함께 일어나서,
> 이 세대를 정죄할 것이다.
> 그는 솔로몬의 지혜를 들으려고,
> 땅 끝에서부터 찾아왔기 때문이다.
> 그러나 보아라,
> 솔로몬보다 더 큰 이가 여기에 있다.
>
> (마태 12:41~42, 루가 11:30~32 참조)

미국인들은 하느님의 축복을 받았는가? 어떤 의미에서는 그렇다. 미국은 세계에서 가장 살기 좋은 나라 중 하나다. 하지만 미국이 하느님에게 특별한 대우를 받는 나라라는 생각, 미국인들이 특별히 선택받은 사람들이라는 생각은 교만에 지나지 않는다. 이러한 교만은 개인이든, 국가든 자신의 본래 크기 이상으로 자신을 부풀리는 것이다. 미국의 개인주의와 미국 예외주의는 서로 맞물려 있으며 아모스를 비롯한 성서의 주요 인물들은 이 둘을 모두 비판한다. 우리에게는 아모스가 필요하다.

제10장

그리스도인은 평화와 비폭력으로 부름받았다

　나는 모든 그리스도교인이 평화와 비폭력에 관한 그리스도교의 가르침을 알게 되기를 바란다. 이 가르침은 군사력과 전쟁에 의존하는 오늘날 세태에 대한 대안이기 때문이다. 특히 미국 그리스도교인들에게 이 가르침은 더없이 중요하다. 미국은 세계에서 가장 강력한 군사력을 지닌 나라이기 때문이다. 미국의 국방비는 전 세계 국방비 지출액의 거의 절반을 차지한다. 미국의 군사력은 세계에서 미국 다음으로 강한 12개 국가의 전력을 합친 것과 맞먹는다. 미 공군이 세계 최강이라는 사실은 놀랍지 않다. 그런데 미 공군에 이어 세계에서 두 번째로 강한 공군은 미 해군이다. 게다가 미국은 군사력을 단순히 전쟁 억제를 위해, 폭력에 대한 대응으로만 쓰지 않는다. 이라크 전쟁 때처럼 먼저 사용하기도 한다.

그런데 미국은 통계상 세계에서 가장 그리스도교인 비율이 높은 나라다. 미국인의 약 80%가 자신을 그리스도교인이라고 생각하며, 다른 어떤 나라보다 많은 그리스도교인이 미국에 살고 있다. 그렇다면, 안보를 위해 막대한 군사력에 의존하고 군사력을 사용하는 것이 과연 그리스도교다운 일일까? 전쟁과 적을 향한 폭력적인 위협은 그리스도교인의 삶과 양립할 수 있을까? 어떤 경우에는 가능할까? 언제나 가능한가? 절대 그래서는 안 되는가?

기억들

내가 어렸을 때는 저런 질문들이 떠오르지 않았다. 내가 그리스도교인이라는 사실, 또 미국인이라는 사실, 그리고 미국이 전쟁에 참여한다는 사실이 서로 충돌한다고 생각하지 않았다. 7월 4일, 그러니까 미국 독립기념일은 성탄절 다음으로 내가 좋아하던 명절이었다. 제2차 세계 대전 직후 몇 년 동안 마을에서는 이 날 커다란 행사를 벌였다. 대림절이 성탄절을 기다리는 시간이듯 독립기념일 역시 나름의 예열 기간이 있었다. 그 시작은 전몰장병 추념일Memorial Day이었는데, 우리는 전쟁에서 희생된 이들을 기리기 위해 마을 공동묘지까지 행진했다. 행사는 소총 예포와 《탭스》Taps('미국 군대에서 군인의 장례식이나 저녁 점호 시간에 연주

되는 간결하고 느린 나팔 곡) 연주에서 절정에 이르렀다.

6월 중순이 되면 이른바 '폭죽 시즌'이 시작되었고 마을 곳곳에 폭죽 가판대가 생겼다. 7월 4일을 일주일쯤 앞두고는 공원에 축제용 놀이기구들이 설치되었고 전날 저녁에는 야외 무도장에서 저물녘부터 새벽까지 무도회가 열렸다. 나는 너무 어려서 참가할 수 없었지만, 고등학생이었던 누나들은 참석했다. 마을 전체에 설명할 수 없는 기대감이 감돌았다. 마치 성탄절 전날처럼 사람들은 들떠 있었다.

이 모든 흐름의 정점은 당연히 7월 4일이었다. 상점들은 문을 닫았고, 마을 사람들은 모두 강가에 있는 공원에 모였다. 공원 한쪽에서는 축제가 열렸고, 그 옆에는 음식을 파는 곳들이 줄지어 있었다. 아버지는 콘 아이스크림, 아이스크림 선디, 밀크 셰이크를 파셨는데, 나는 먹고 싶을 때마다 아버지의 판매 부스에 들러 원하는 걸 마음껏 먹었고, 축제 장소 전체를 마음껏 돌아다녔다. 저녁이 되면 대망의 불꽃놀이가 이어졌다.

하지만 내 기억에 가장 선명하게 남아 있는 장면은 독립기념일 아침을 여는 행진이었다. 이 행진에는 고등학교 밴드들과 몇 대의 플로트('장식 차량')가 참가했으며, 맨 앞에는 미국이 치른 전쟁에 참여했던 참전용사들로 구성된 기수대가 행진했다. 1898년 미국-스페인 전쟁에 참여했던 노병 몇몇이 있었고 (아버지도 참여했던) 제1차 세계 대전 참전자들은 그보다 더 많았으며, 제2차 세계 대전 참전자가 가장 많았다. 대부분 서른을 갓 넘긴 나이였다. 그들이 걷는 모습을 보며 언젠가 나도 저들처럼 군인이 되어 저 행렬에 설 것이라고 믿었다. 군인이 된다는 것은 미국 그리스도교인 성인 남성이 되는 과정의 하나였기 때문이다.

독립기념일은 내 유년 시절의 정서와 기억을 이루는 주요한 흐름 중 하나였다. 나는 친구들과 자주 전쟁놀이를 했다. 장난감 비행기를 가지고 '독일 폭격'이나 '일본 폭격' 놀이를 했고, 날씨가 좋을 때면 장난감 총을 들고 밖에서 전쟁놀이를 했다. 우리 중 대부분은 카우보이 장난감 권총밖에 없었지만, 때로는 제2차 세계 대전 분위기를 내기 위해 더 긴 막대기를 소총 삼아 쓰기도 했다. 존 웨인John Wayne이 출연한 영화 《이오지마의 모래 언덕》 Sands of Iwo Jima을 보고 난 뒤에는 집 마당에서 친구들과 이오지마 전투를 꽤 많이 벌였다(나는 여러 번 '전사'했다).

당시에는 그리스도교인으로 살아가는 일과 조국을 위해 싸우는 일 사이에 긴장이나 충돌 같은 것이 있으리라고는 전혀 생각하지 못했다. 그리스도교 신앙과 애국심은 언제나 함께 가는 것이었다. 루터교 보이스카우트 활동에서 가장 명예로운 훈장은 '하느님과 조국을 위하여'Pro Deo et Patria라는 글귀가 적힌 훈장이었다.

그리스도교인이 전쟁에 대해 (평화주의를 포함해) 다양한 입장을 가질 수 있다는 사실을 배운 건 대학교에서였다. 하지만 당시로서는 전쟁이 필요할 때도 있다는 내 신념이 바뀌지는 않았다. 게다가 미국이 부당하게 전쟁에 개입한다는 생각은 전혀 하지 않았다. 그때까지도 미국은 위대한 나라이며 선한 나라라고 믿었기 때문이다.

이런 신념은 베트남 전쟁 초기까지 흔들리지 않았다. 1965년 무렵까지도 나는 미국이 베트남 전쟁에 개입하는 것이 옳다고 굳게 믿었다. 심지어 선한 사마리아인의 비유를 인용해 가며 무고한 희생자가 공격받고 있을 때 그리스도교인이라면 마땅히 도와야 한다고 주장하기도 했다(그때 나는 남베트남 사람들이 무고한 희생자라고 생각했다). 하지만 전쟁이 계속 이어지자 미국이 전쟁에 나선다면 늘 정당하리라는, 언제든 미국이 전쟁에 나서는 일은 정당하다는, 그때까지 당연시했던 확신이 사라졌다. 그리스도교인으로서 미국의 군사력 사용을 아무렇지 않게 여기던 마음도 사라졌다.

이후 수십 년 동안 내 마음은 점점 더 불편해졌다. 그리스도교 전통에 흐르는 비폭력과 전쟁에 관한 가르침, 그리고 그 역사를 점점 더 많이 알게 되었기 때문이다. 이 흐름은 오늘날 미국 그리스도교인들에게 매우 중요한 질문을 던진다. 미국이 압도적인 군사력을 바탕으로 안보를 확보하고 이를 사용하는 방식은 과연 그리스도교다운가? 예수 안에서, 예수를 통해 드러난 하느님께 궁극적으로 순종한다는 것은 오늘날 미국인으로 살아가는 것과 어떻게 연결되는가?

이 질문들은 매우 중요하다. 전쟁과 평화에 대한 그리스도교 전통의 입장을 연구하는 역사학자들은 보통 세 가지 입장이 있다고 이야기한다. 첫째는 비폭력, 둘째는 제한적 참여, 셋째는 무제한 허용(무엇이든 허용)이다. 세 입장은 역사에서 시간 순서로 등장했지만, 오늘날 그리스도교 안에 공존하고 있다.

초기 그리스도교의 평화주의(비폭력)

초기 300년 동안 그리스도교인들은 전쟁에 참여하기를 거부했다. 2세기와 3세기 그리스도교 작가들은 이러한 행동의 근거로 예수를 들었다. 그들은 "원수를 사랑하라"와 같은 말이 원수를 죽이는 일을 금하는 명령이라고 이해했다. 예수가 원수를 사랑하라고 했을 때, 이는 악을 방관하거나 그저 참으라는 뜻이 아니라 폭력을 사용하지 않되 적극적으로 악에 저항하라는 뜻이었다. 그들은 이 가르침에 충실했다.

평화주의가 폭력과 불의에 무기력하게 순응한다는 (흔하고도 안타까운) 오해는 예수의 산상수훈에 대한 오역에서 비롯되었다. 대다수 영어 성서는 마태오복음서 5장 39절을 "악한 사람에게 저항하지 말라"고 번역한다. 하지만 예수 자신이 악에 저항했다는 사실을 생각해 보면, 이 번역은 적절하지도, 정확하지도 않다. 오히려 이 구절은 '악한 자에게 폭력으로 저항하지 말라'고 번역해야 한다. 실제로 이 구절 다음에는 비폭력 저항의 사례들

이 이어진다.[1]

예수는 힘 있는 자들이 사람들을 폭압하고 착취하던, 폭력이 다반사였던 시대, 그런 지배 체제가 있던 역사의 맥락 속에서 악에 대한 비폭력 저항을 가르쳤다. 당시 유대 땅에는 제국의 지배에 대응하는 다양한 방식이 있었다. 일부는 폭력 저항을 주장했고 기원전 1세기 후반에서 기원후 1세기 중반 사이 두 차례의 대규모 무장 반란으로 이어졌다. 첫 번째 반란은 예수 탄생 무렵인 기원전 4년 헤로데 대왕이 죽은 뒤 로마에 맞서 일어난 반란이었고, 두 번째 반란은 기원후 66년 시작된 유대 전쟁으로 70년 로마군이 예루살렘을 함락하고 성전을 파괴하면서 절정에 달했다. 2세기에도 두 차례 무장 반란이 더 일어났다. 한 번은 기원후 115년 이집트에서, 다른 하나는 132년부터 135년까지 유대 땅에서. 하느님의 이름으로 폭력을 휘두르는 일은 예수와 초기 그리스도교 시대 유대인들에게 충분히 가능한 선택지였다.

그 반대편에는 로마의 지배에 협력하는 이들도 있었다. 부유한 귀족 계층이 주로 여기에 해당했다. 많은 평민도 현실에 순응하거나 불만이 있더라도 체념하는 쪽을 택했다. 세상을 바꾸기란 불가능해 보였기 때문이다. 에세네파와 바리사이파에 속한 이들은 강력한 외래 문명의 틈바구니에서 유대인의 정체성을 유

---

[1] 마태 5:38~41,43~45. 무엇보다 다음을 참조하라. Walter Wink, *Engaging the Powers* (Minneapolis: Fortress, 1992), 175~193. 『사탄의 체제와 예수의 비폭력』(한국기독교연구소). Walter Wink, *Jesus and Non-Violence* (Minneapolis: Fortress, 2003), 9~37. 『예수와 비폭력 저항』(한국기독교연구소).

지하기 위해 율법과 전통을 엄격하게 지키는 길을 택했다.

또 다른 방식은 제국이 유대인의 감수성을 심각하게 침해할 때 비폭력으로 저항하는 길이었다. 20년대 후반 빌라도의 몇몇 조치에 반발해 대규모 비폭력 시위가 일어났고, 40년대 초에는 로마 황제 칼리굴라가 예루살렘 성전에 자신의 동상을 세우려 하자 이를 막기 위한 대규모 조직 시위가 있었다.

예수는 이러한 상황 가운데서 비폭력 저항을 주장했다. 폭력을 통한 저항과 체념에 따른 현실 수용 사이에서 그는 사람들을 가르침으로써, 그리고 그 가르침을 몸소 실천함으로써 제3의 길, 곧 지배와 불의와 폭력에 맞서는 비폭력의 길을 제시했다.

바울도 비폭력 저항을 지지했다. 그가 세운 공동체들은 위계적이고 억압적이며 폭력적인 지배 체제의 가치관과는 근본적으로 다른 삶의 방식을 따랐다. 이처럼 폭력을 거부하는 그의 태도는 로마인들에게 보낸 편지에 가장 분명하게 드러난다.

> 여러분을 박해하는 사람들을 축복하십시오. 축복을 하고, 저주를 하지 마십시오. ... 서로 한 마음이 되고, 교만한 마음을 품지 말고, 비천한 사람들과 함께 사귀고, 스스로 지혜가 있는 체하지 마십시오. 아무에게도 악을 악으로 갚지 말고, 모든 사람이 선하다고 생각하는 일을 하려고 애쓰십시오. 여러분 쪽에서 할 수 있는 대로 모든 사람과 더불어 화평하게 지내십시오. 사랑하는 여러분, 여러분은 스스로 원수를 갚지 말고, 그 일은 하느님의 진노하심에 맡

기십시오. 성경에도 기록하기를 "원수 갚는 것은 내가 할 일이니, 내가 갚겠다'고 주님께서 말씀하신다" 하였습니다. "네 원수가 주리거든 먹을 것을 주고, 그가 목말라하거든 마실 것을 주어라. 그렇게 하는 것은, 네가 그의 머리 위에다가 숯불을 쌓는 셈이 될 것이다" 하였습니다. 악에게 지지 말고, 선으로 악을 이기십시오. (로마 12:14, 16~21)

"평화"는 바울이 자주 쓴 말 중 하나였다. 많은 그리스도교인은 이 말을 그저 개인이 마음의 평안을 누리는 것 정도로 이해하지만, 평화는 근본적으로 제국의 폭력적인 지배 질서와 다른, 비폭력에 기반을 둔 삶의 방식을 의미한다. 신약에서 가장 폭력적인 책으로 여겨지는 요한계시록조차 그리스도인들에게 비폭력을 권고한다.

> 사로잡혀 가기로 되어 있는 사람이면, 사로잡혀 갈 것이요, 칼에 맞아서 죽임을 당하기로 되어 있는 사람이면, 칼에 맞아서 죽임을 당할 것이다. (계시 13:10)

'정당한 전쟁' 신학(제한적인 참여)

초기에 비폭력을 내세워 전쟁을 거부했던 그리스도교는 4세기부터 달라지기 시작했다. 313년 콘스탄티누스 황제는 밀라노

칙령을 통해 그리스도교를 제도 안으로 들여왔다. 그로부터 100년이 채 지나지 않아 그리스도교는 로마 제국의 공식 종교가 되었다. 이러한 가운데 이른바 '정당한 전쟁'just war 교리가, 즉 특정 상황에서는 그리스도교인이 전쟁을 지지하거나 참여할 수 있다는 가르침이 등장했다.

이 교리가 등장한 배경으로는 당시 그리스도교인들이 로마 제국 내에서 다수 세력이 되었다는 사실을 들 수 있다. 제국이 외부 세력으로부터 공격받을 때 그리스도교인들에게는 어떤 책임이 있는가? 300년대 말과 400년대 초, 제국에 외부 세력의 침입이 늘고 있던 시점에 이 질문은 절박한 질문이었다. 그리스도교인들은 침입 세력에 단순히 복종해야 하는가? 무력을 통한 방어는 비그리스도교인만 책임져야 하는가? 그들이 싸우는 동안 그리스도교인들은 아무 일도 하지 않고 있어야 하는가? 아니면 그리스도교인 역시 자신뿐 아니라 비그리스도교인 이웃까지도 방어할 책임이 있는가?

이러한 가운데 그리스도교 첫 천 년 동안 가장 중요한 신학자로 손꼽히는 아우구스티누스는 '정당한 전쟁' 신학을 체계화했다. 그리스도교인이 전쟁을 지지할 수 있는 조건에 관한 교리를 세운 것이다. 그는 '전쟁 개시의 정당성'jus ad bellum과 '전쟁 수행의 정당성'jus in bello으로 범주를 나누었다. 전자와 관련해 아우구스티누스는 자기 방어를 위한 최후의 수단일 경우에만 전쟁이 정당하다고 보았다. 결코 전쟁을 먼저 일으켜서는 안 된다. 후자와 관련해서는 전쟁 중에도 인도적으로 행동해야 한다고, 특히 비전투원을 의도적으로 해쳐서는 안 된다고 이야기했다.

일부 그리스도교인(특히 평화주의자들)은 이 정당한 전쟁 신학이 예수와 초기 교회 정신을 배신했다고 본다. 그러나 이 교리의 본래 목적이 폭력을 무조건 옹호하는 것이 아니라 제한하는 데 있었다는 사실에 주목해야 한다. 정당한 전쟁 교리는 그리스도교인의 전쟁 참여를 무조건 정당화하는 데 있지 않았다. 그 목적은 이를 정당화할 수 있는 조건과 경계를 명확히 하려는 데 있었다.

'성스러운 전쟁' 신학(폭력의 무제한 허용)

전쟁에 관한 그리스도교의 세 번째 태도는 중세 십자군 전쟁과 함께 등장했다. 1095년 교황의 칙령에 따라 시작된 십자군 전쟁은 '이교도들'의 통치를 받던 '성지'를 되찾기 위해 일어났다. 이 '이교도들'은 무슬림들이었고, 그래서 지금도 중동 무슬림 지역에서는 십자군 전쟁을 '십자가 전쟁'이라고 부른다(영어 단어 '크루세이드'crusade의 어원도 여기서 비롯되었다).

십자군 전쟁의 동기는 여러 가지가 있지만, 여기서 주목해야 할 사항은 이 전쟁이 '성스러운 전쟁 신학'을 가장 뚜렷하게 드러낸 전쟁이었다는 것이다. 이 신학은 전쟁을 선과 악의 전투로 본다. 그리고 그 틀 안에서 이러한 논의가 펼쳐진다.

- 하느님은 분명히 우리 편이다.

- 그러므로 적은 단지 우리의 적일 뿐 아니라 하느님의 적이다.

- 따라서 '어떠한 폭력도 허용된다'. 달리 말하면, 이 전쟁은 하느님의 편과 하느님의 적 사이의 전쟁이므로 폭력을 제한할 필요가 없다. 적의 절멸은 정당하다.

십자군 전쟁은 이 모든 요소를 담아냈다. 전쟁은 언제나 잔혹하지만, 십자군은 그 잔혹 행위를 "하느님의 뜻이다"Deus vult라는 구호로 정당화했다. 십자군은 자기방어를 위한 전쟁도, 침략에 대한 대응도 아니었다. 먼저 일으킨 전쟁이었고, 무슬림뿐 아니라 다른 이교도, 즉 유대인들을 향해 무차별 폭력을 저지른 전쟁이었다.

심지어 다른 그리스도교인들도 십자군에게 희생되었다. 콘스탄티노폴리스를 가장 심하게 약탈하고 사람들에게 끔찍한 폭력을 가한 이들은 1453년 무슬림 군대가 아닌 1204년 서유럽의 그리스도교 십자군이었다. 당시 콘스탄티노폴리스는 동방 그리스도교의 중심지였으나 서방 그리스도교인들은 이들을 '이교도'로 간주했다.

이처럼 자신들이 하느님의 적과 싸우고 있으며, 따라서 어떠한 폭력도 정당하다는 성스러운 전쟁 신학의 입장을, 오늘날 평화와 전쟁에 대한 그리스도교의 태도를 연구하는 신학자들과 윤리학자들은 강력히 비판한다. 그리스도교 입장에서 정당한 입장은 평화주의(특히 비폭력 저항의 길로서 평화주의), 혹은 정당한 전쟁 신학이다. 성스러운 전쟁 신학은 그리스도교 역사의 일부이자 오늘날까지도 명맥을 유지하고 있으나, 결코 그리스도교 신앙에 부합하는 신학은 아니다.

전쟁에 대한 순응

네 번째 입장은 특별한 '입장'으로 분류되지는 않지만, 현실에서는 가장 많은 그리스도교인이 전쟁과 관련해 보였던 태도일 것이다. 천 년 넘는 시간 동안 대다수 그리스도교인은 자신이 속한 사회 집단(오늘날에는 국가)이 전쟁에 나설 때 별달리 문제 삼지 않고 이를 지지했다.

기원후 1000년경 유럽 대부분은 명목상으로나마 그리스도교를 믿었다. 따라서 그 이후 유럽에서 일어난 모든 전쟁은 그리스도교 국가끼리 벌인 전쟁이었다. 20세기 세계 대전들도 예외는 아니다. 제1차 세계 대전에서는 오스만 제국을 제외한 모든 교전국이 그리스도교 국가였다. 제2차 세계 대전 역시 일본과 중국이 참여하기는 했지만, 서방 연합군과 유럽의 추축국은 모두 오랫동안 그리스도교 국가였던 나라들이었다. 이들 그리스도교 국가에 속한 대다수 사람은 자국이 벌이는 전쟁이 정당하며 하느님의 뜻에 부합한다고 생각했다. 독일 병사들은 "하느님은 우리와 함께하신다"Gott mit uns라는 문구가 새겨진 벨트 버클을 착용했다. 미국, 영국, 프랑스, 러시아 사람들 역시 하느님이 자기편이라고 굳게 믿었다.

일부 사람들은 이를 '정당한 전쟁 신학'의 틀 안에서, '우리는 침략자가 아니라 피해자'라는 논리로, 자신들이 치르는 전쟁은 자기방어를 위한 정당한 전쟁이라고 생각했다. 하지만 더 많은 사람은 그런 판단 없이, 그저 '우리나라가 옳다'는 믿음을 당연하게 받아들였다.

사람들이 익숙하게 받아들여 온 사회의 관행과, 세상을 자기중심적으로 바라보는 편협함이 맞물린 결과였다. 우리는 우리 방식이 옳다고 믿으려는 경향이 있다. '우리나라가 잘못되었을 리 없다'는 생각도 마찬가지다. 설령 잘못이 있다 해도 심각한 수준은 아니리라고 믿는다. 이런 사고방식 아래에는 하느님의 권위를 빌려 우리의 시선을 정당화하려는 욕망이 흐르고 있다.

이러한 태도는 때때로 '성스러운 전쟁 신학'과 결합한다. 오늘날 미국 그리스도교에서도 그러한 모습을 엿볼 수 있다. 앞서 언급했듯 복음주의 백인 개신교인 중 80% 이상이 이라크 전쟁을 지지했다. 로마 가톨릭 교회와 주류 개신교 교파의 경우 그보다는 낮았지만 50% 수준이었다.

미국은 이라크와 전쟁을 치르며 '선제공격권'을 내세워 전쟁을 정당화했다. 어떤 나라가 대량살상무기를 개발 중이라는 의

혹만으로도 공격할 권리가 있다는 것이다. 이는 국제법뿐 아니라 전쟁과 평화에 관한 그리스도교 가르침에도 위배된다. 그럼에도 불구하고 다수의 미국 그리스도교인은 이를 받아들였다.

이라크 전쟁이 미국이 먼저 공격한 최초의 전쟁도 아니다. 1846년 미국-멕시코 전쟁과 1898년 미국-스페인 전쟁 역시 미국이 먼저 공격했을 가능성이 높다. 하지만 당시 미국은 적어도 자신들이 전쟁을 먼저 시작하지 않았다고 거짓말을 하며 최소한의 체면은 유지하려 했다. 전쟁을 먼저 시작하는 일은 잘못된 것이라는 인식이 있었던 것이다.

그러나 지난 10년 사이 미국은 선제공격을 할 권리를 주장하는 것을 넘어 이를 실행에 옮겼다. 이라크 침공 전 수개월 동안, 왜 그리스도교인들은 우리가 전쟁을 해서는 안 된다고 외치지 않았을까? 대다수 그리스도교인이 전쟁과 평화에 대한 그리스도교의 가르침(비폭력, 평화주의, 정당한 전쟁의 기준)을 모르기 때문이다. 그리고 전쟁을 겪은 많은 나라의 그리스도교인들이 그러하듯, 미국 그리스도교인들 역시 자신의 나라가 틀릴 수 있다는 생각 자체를 하기 어렵다.

성서와 폭력

성서에는 폭력과 하느님의 뜻에 관한 다양한 입장이 들어 있다. 십계명에는 "살인하지 말라"라는 명령이 있지만, 성서의 율법은 사형이나 전쟁을 금하지는 않는다. 오히려 살인, 간음, 성폭행, 남색, 우상숭배, 주술, 하느님의 이름을 헛되이 부르는 일, 안식일 위반, 부모에 대한 저주, 납치, 신성모독 등 다양한 범죄에 대해 그런 일을 저지른 사람은 사형에 처해야 한다고 말하고 있다. 실제로 그런 일이 일어났을 때 사형을 집행했는지는 불확실하다. 어떤 면에서 이런 법의 구절들은 특정 행위가 얼마나 심각한지를 강조하는 수사로 볼 수도 있다. 그러나 적어도 성서의 율법이 사형을 허용한다는 것만큼은 분명하다. 성서의 율법을 하느님이 당신의 뜻을 계시한 것으로 본다면, 여기에는 논쟁의 여지가 없다.

오늘날 많은 그리스도교인은 사형제에 반대하지만, 사형제에 찬성하는 그리스도교인도 있다. 많은 평화주의자는 전쟁에 반대하듯 사형제에도 반대하고, 사형제를 지지하는 이들은 전쟁을 찬성하는 경우가 많다. 이 둘이 서로 깊은 관련이 있다고 보는 이들도 있지만, 사형제와 전쟁 지지 여부는 구분해서 생각할 필요가 있다. 사형은 특정 개인을 대상으로 집행되는 일이며, (옳다는 뜻은 아니지만) 전쟁처럼 대규모로 무차별적인 폭력을 수반하지는 않는다. 전쟁은 아무리 양심적인 국가가 민간인 피해를 줄이려 해도 본질적으로 수많은 이를 희생시킨다.

또한 5장에서 언급했듯 성서에는 하느님이 전쟁을 명령하는 구절도 있고, 전쟁을 세상에서 반드시 일어나는 일처럼 받아들이는 구절도 있다. 전도서 저자는 말한다.

> 사랑할 때가 있고, 미워할 때가 있다. 전쟁을 치를 때가 있고, 평화를 누릴 때가 있다. (전도 3:8)

성서에서 전쟁을 정당화할 수 있는 구절을 찾으려 한다면 그리 어렵지 않게 찾아낼 수 있을 것이다. 그러나 그리스도교인은 예수를 중심으로 성서를 해석해야 한다. 예수는 폭력을 거부했으며 폭력과 불의가 만연하던 시대 속에서도 이를 분명히 했다. 예수가 성서의 중심이며, 초기 제자들이 오랫동안 그를 비폭력의 옹호자로 이해해 왔다는 사실은 그리스도교인들에게 이 세상에서 정의와 평화의 하느님 나라를 이루는 일에 헌신하라는 요청의 분명한 근거가 된다. 그리스도교인들 사이에서도 무슨 일이 있어도 평화주의를 지향해야 하는지(혹은 아닌지)에 대해 의견을 달리할 수는 있다. 전쟁을 정당화할 만한 상황이 있을까? 그럴 수도 있다. 그러나 최소한 그러한 상황이 발생한다 해도 기본 전제는 바뀌지 않는다. 입증 책임은 전쟁을 옹호하려는 쪽에 있으며 반대하는 이들에게 있지는 않다.

성서 본문에 대한 반론

그리스도교인들은 복음서에 나오는 몇몇 구절을 근거로 폭력과 전쟁을 정당화하곤 했다. 가장 대표적인 구절은 마태오복음서 10장 34절이다.

> 너희는 내가 세상에 평화를 주려고 온 줄로 생각하지 말아라. 평화가 아니라 칼을 주려고 왔다. (마태 10:34, 루가 12:51 참조)

하지만 문맥상 이는 전쟁을 일으키라는 이야기나 전쟁을 위해 칼을 들라는 이야기가 아니다. 이어지는 구절을 보라.

> 나는, 사람이 자기 아버지와 맞서게 하고, 딸이 자기 어머니와 맞서게 하고, 며느리가 자기 시어머니와 맞서게 하려고 왔다. 사람의 원수가 자기 집안 식구일 것이다. 나보다 아버지나 어머니를 더 사랑하는 사람은 내게 적합하지 않고, 나보다 아들이나 딸을 더 사랑하는 사람도 내게 적합하지 않다. (마태 10:35~37)

이는 자신을 따르라는 예수의 부름으로 인해 가정에 일어나는 분열의 칼이다.

두 번째 구절은 예수가 죽기 전 마지막 날 밤 겟세마네 동산에서 한 말 중 하나다. 루가복음서에 따르면 예수는 제자들에게 물었다.

> 예수께서 제자들에게 말씀하셨다. "내가 너희를 돈주머니와 자루와 신발이 없이 내보냈을 때에, 너희에게 부족한 것이 있더냐?" 그들이 대답하였다. "없었습니다." 예수께서 그들에게 말씀하셨다. "이제는 돈주머니가 있는 사람은 그것을 챙겨라, 또 자루도 그렇

게 하여라. 그리고 칼이 없는 사람은, 옷을 팔아서 칼을 사라." …
제자들이 예수께 말하였다. "주님, 보십시오. 여기에 칼 두 자루가
있습니다." 예수께서 그들에게 말씀하시기를 "넉넉하다" 하셨다.

(루가 22:35~36, 38)

이 대화는 루가복음서에만 등장하며 그 뜻은 분명하지 않다. 한편으로는 이제 칼이 필요하다고 말하는 듯하다. 그러나 제자들이 칼 두 자루를 꺼내자 예수는 "넉넉하다"고 말한다. 무슨 뜻일까? 어떤 이들은 이를 두고 세속 권력과 교회 권력이라는 '두 개의 칼'을 가리킨다고 해석하기도 했다. 하지만 본문 자체만 보면 그 의미가 분명하지 않다. 게다가 마태오복음서에 나오는 겟세마네 동산의 이야기는 이와 사뭇 다르다.

> 그 때에 예수와 함께 있던 사람들 가운데 한 사람이 손을 뻗쳐 자기 칼을 빼어, 대제사장의 종을 내리쳐서, 그 귀를 잘랐다. 그 때에 예수께서 그에게 말씀하셨다. "네 칼을 칼집에 도로 꽂아라. 칼을 쓰는 사람은 모두 칼로 망한다." (마태 26:51~52)

이는 칼을 사라는 명령과는 사뭇 다르게 들린다.

세 번째 구절은 예수가 폭력을 썼다는 주장의 근거로 쓰이곤 한다. 요한복음서에 따르면 예수는 환전상과 동물을 성전에서 내쫓으며 채찍을 사용했다.

> 그는 성전 뜰에서, 소와 양과 비둘기를 파는 사람들과 돈 바꾸어 주는 사람들이 앉아 있는 것을 보시고, 노끈으로 채찍을 만들어 양과 소와 함께 그들을 모두 성전에서 내쫓으시고, 돈 바꾸어 주는 사람들의 돈을 쏟아 버리시고, 상을 둘러엎으셨다. (요한 2:14~15)

마르코복음서(그리고 마태오복음서와 루가복음서)에서는 다른 형태로 이 사건을 전한다. 요한복음서에서는 이 사건을 예수의 공적 활동 초기에 일어난 일로 묘사하지만, 다른 복음서들은 예수의 생애 마지막 주간에 일어난 일로 기술한다. 또한 공관복음에서는 예수가 환전상의 상을 뒤엎었다고만 하지 채찍을 사용했다고 언급하지 않는다.

어쨌든, 예수의 이러한 행동을 인간에 대한 폭력이나 전쟁을 정당화하는 근거로 삼을 수는 없다. 예수의 행동은 인간을 향한 폭력이 아닌, 상징적으로 재산을 겨냥한 행동일 뿐이다. 그의 행동은 유대 예언자들이 자주 했던 '예언적 행동'prophetic act의 전통에 속한다. 예수는 어떤 가르침을 전하기 위한 상징으로서 그렇게 행동했다.[2] 이 전통은 현대 그리스도교 운동가들의 '예언적

---

[2] 예를 들어 다음을 보라. 이사야는 이집트와 동맹을 맺을 경우 주민들이 곧 전쟁 포로로 벌거벗은 채 끌려갈 것임을 상징으로 보여 주고자 예루살렘 거리를 벌거벗고 걸었으며(이사 20장), 예레미야는 불의한 왕정으로 인해 예루살렘과 유다가 곧 바빌론의 멍에 아래 놓일 것을 보여 주고자 멍에를 멨다(예레 27장). 또한 에제키엘은 예루살렘의 임박한 멸망을 상징으로 보여 주려고 예루살렘을 장난감 모형으로 만들고 장난감

행동'으로 이어지고 있다. 그리스도교 운동가들은 베트남 전쟁 시기 징집 기록 문서에 피를 붓는 행동을 하기도 했고, 대륙간 탄도 미사일의 뽀족한 탄두를 망치로 찍는 행동도 했다. 이런 행동을 두고 폭력이라고 할 수 있을까? 좁은 의미에서, 재산에 대한 상징적 파괴라는 점에서는 폭력이라 할 수 있을지도 모른다. 하지만 폭력과 전쟁을 정당화하는 행동이라고는 할 수 없다. 오히려 폭력과 전쟁에 대한 저항으로 보아야 한다.

다른 반론들에 대한 응답

비폭력을 주장하면 흔히 제기되는 반론 두 가지가 있으며 이는 모두 실용성과 관련이 있다. 첫 번째는 어떤 사람이 폭행당하고 있는 상황을 가정한 경우다. 이때 그리스도교인은 개입하지 말아야 하는가? 어머니나 배우자, 혹은 자녀가 구타당하거나 살해 위협을 받거나 성폭행을 당하고 있다면 그냥 지켜보기만 해야 하는가?

비폭력에 그리스도교인이 헌신해야 한다는 이야기는 타인의 피해에 관심을 갖지 말라는 뜻이 아니다. 선한 사마리아인의 비유를 생각해 보자. 그가 예리고로 가던 중 피해자가 공격당하는 순간에 그를 마주쳤다면 아무것도 하지 않고 기다렸다가 공격이

군대로 포위 공격을 했다(에제 4장).

끝난 뒤 도왔을까? 그렇지 않다. 마찬가지로 비폭력에 헌신해야 한다는 이야기가 범죄를 억제하고 처벌해야 한다는 이야기를 부정하는 것은 아니다. 어떤 사회든 경찰과 형사 사법 체계는 필요하다. 이 맥락에서 중요한 건 그 체계를 어떤 방식으로 운영하느냐다.

두 번째 반론은 악이 극심한 상황에서 비폭력이 현실적일 수 있냐는 물음이다. 이 반론에서 가장 자주 인용되는 예는 히틀러와 제3제국이다. 비폭력 저항이 히틀러에게 효과가 있었을까? 제2차 세계 대전은 악에 맞서 싸운 정의로운 전쟁, 반드시 싸워야만 했던 전쟁이 아니었는가? 맞다. 1939년 독일이 폴란드를 침공하고 1940년 프랑스를 포함한 서유럽 대부분을 점령한 이후에 히틀러를 몰아낼 방법은 전쟁밖에 없었을 것이다. 그러나 상상해 보자. 1933년이나 1934년 히틀러가 권력을 잡고 유대인 차별 법안들을 처음 시행했을 때, 수백만 독일 그리스도교인들이 거리로 나가 "우리는 이 일을 해서는 안 됩니다. 이건 잘못된 일입니다"라고 외쳤으면 어땠을까? 물론 역사에 '만약'은 없지만, 그런 상상을 해보는 것은 가치 있는 일이다. 비폭력 저항은 우리가 생각하는 것보다 더 효과를 낼 수 있지 않을까? 너무 늦기 전에 행동한다면 말이다.

2001년 9월 세계무역센터와 펜타곤이 테러 공격을 당한 이후 미국이 어떻게 대응했는지 생각해 보라. 미국이 테러리스트를 범죄자로 규정하고 (수천 명의 특수부대가 동원될 수도 있겠지만) 경찰력을 이용하는 방법으로 그들을 추적했다면 어땠을까? '테러와의 전쟁'을 선포하고 두 나라와 전쟁을 벌이는 것보다는 낫지 않았을까? 경찰이 아프가니스탄에 진입할 필요는 있었겠지만, 제한된 목표에 따라 국제 경찰 작전을 폈더라면 (수천 명이 동원되었더라도) 두 차례 장기전을 벌이는 것과는 사뭇 달랐을 것이다.

군에 복무하고 있는 개인들을 비난하는 게 아니다. 민주주의 사회에서 도덕적 책임은 모든 시민의 몫이며 예수를 성서의 규범으로 따르는 그리스도교인에게는 더더욱 그러하다. 미국이 압도적인 군사력에 의존하고 이를 사용하는 상황 가운데 그리스도교인이 이를 지지하고 용인하는 것이 올바른 일인가? 어떠한 경우에 그래야 하는가?

미국이 자신의 목표와 관심을 진정으로 자기방어에 맞춘다면 어떨까? 오늘날까지도 계속되는 미국의 안보 정책은 방어가 아니라 미국의 군사력을 세계 어느 곳에서든 행사할 수 있는 능력을 확보하는 데 있다. 하지만 국방부가 진정으로 미국의 방어에 무게를 둔다면 어떨까? 제2차 세계 대전 이전까지 국방부Department of Defense는 전쟁부War Department라고 불렸다. 어떤 면에서는 '전쟁부'가 더 정직한 이름이다. 지금까지 '전쟁부'라는 이름을 쓰고 있어도 국민 대다수가 막대한 예산을 여기에 써도 된다고 생각할까? 누가 자신의 국가를 '방어'하는 것에 반대하겠는가? 하지만 우리가 실제로 하고 있는 일이 방어일까? 정말로 자국 방어가 목적이라면 지금 쓰고 있는 예산의 절반, 아니 4분의

1, 혹은 그보다 적은 예산으로도 가능하지 않을까? 그리고 그렇게 절감한 예산은 어디에 쓸 수 있을까?

예수를 따르고 초기 교회의 평화주의 전통과 이후 정립된 '정당한 전쟁'에 대한 가르침을 진지하게 받아들인다면, 오늘날 다수의 미국 그리스도교인이 보여 주는 태도, 곧 군사력에 지나치게 의존하거나 이를 묵인하는 태도는 심각하게 다시 검토해 보아야 한다. 미국인이자 그리스도교인으로서 우리는 이 문제를 마음 깊이 되새겨야 한다.

평화주의만이 유일하게 정당한 그리스도교 신앙의 길이라고 확신하지는 않는다. 이 세상이 매우 불완전하다는 점을 현실로 받아들인다면, 방어를 위해 일정 부분 무력을 갖추어야 하고, 폭력을 행사할 수 있다는 생각을 피할 수 없다. 그러나 확신하건대 전쟁에 반대하는 그리스도교는 틀릴 때보다 옳을 때가 많다. 불의와 마주했을 때 비폭력 저항의 길을 택하는 것이 그리스도교의 기본이 되어야 한다. 이 나라와 다른 나라의 그리스도교인들이 일관되게 그 길을 택한다면, 세상은 얼마나 달라질 수 있을까?

제11장

하느님을 사랑한다는 것은
하느님처럼 사랑하는 것이다

우리는 하느님을 사랑해야 한다. 하느님을 사랑하는 것은 그리스도교와 유대교의 핵심이다. 예수에게 율법 교사가 "율법 가운데 어느 계명이 중요합니까?"라고 묻자 그는 이렇게 답한다.

> "네 마음을 다하고, 네 목숨을 다하고, 네 뜻을 다하여, 주 너의 하느님을 사랑하여라" 하였으니, 이것이 가장 중요하고 으뜸가는 계명이다. (마태 22:36~38)

예수의 이 말은 유대교의 핵심 정신에서 온 것이다.

> 이스라엘은 들으십시오. 주님은 우리의 하느님이시요, 주님은 오

직 한 분뿐이십니다. 당신들은 마음을 다하고 뜻을 다하고 힘을 다하여, 주 당신들의 하느님을 사랑하십시오. (신명 6:4~5)

이 구절은 쉐마라고 불리며 유대인들이 드리는 아침 기도와 저녁 기도에서 가장 중요한 부분이다. 그다음 구절은 이렇게 이어진다.

(이 말씀을) 자녀에게 부지런히 가르치며, 집에 앉아 있을 때나 길을 갈 때나, 누워 있을 때나 일어나 있을 때나, 언제든지 가르치십시오. 또 당신들은 그것을 손에 매어 표로 삼고, 이마에 붙여 기호로 삼으십시오. 집 문설주와 대문에도 써서 붙이십시오. (신명 6:7~9)

하느님을 사랑한다는 것은 무슨 뜻인가?

마음을 다하고 뜻을 다하고 힘을 다하여 하느님을 사랑하라는 계명은 유대교나 그리스도교 전통에서 자란 사람이라면 누구나 알고 있는 내용이다. 그런 사람은 아마 기억조차 나지 않는 어린 시절, 그 이전부터 그 이야기를 들었을 것이다. 그러나 하느님을 사랑한다는 것이 구체적으로 어떤 뜻인지를 들어보지는 못했을 것이다. 내가 어릴 때는 하느님을 사랑해야 한다는 이야기를 그리 많이 들어보지 못했다. 그 대신 내가 많이 들은 이야기는 하느님께서 우리를 사랑하신다는 것이었다. 물론 이는 매우 좋은 이야기이자 경이로운 이야기이며 성서와 그리스도교 신앙의 바탕이다.

그러나 하느님께서 우리를 사랑하시므로 우리도 그분을 사랑해야 한다는 이야기보다는 그분을 믿고 경외해야 한다는, 혹은 두려워해야 한다는 이야기를 더 많이 들었다. 요한복음서의 구절을 강조하면서 말이다.

> 하느님께서 세상을 이처럼 사랑하셔서 외아들을 주셨으니, 이는 그를 믿는 사람마다 멸망하지 않고 영생을 얻게 하려는 것이다.
>
> (요한 3:16)

게다가 루터교를 포함해 다수의 개신교에서는 그리스도교 복음의 핵심을 '오직 은총으로 말미암아 신앙으로 의롭게 된다'로 요약했다. 어린 시절 나는 신앙을 하느님과 예수, 성서와 그리스도교를 믿는 것이라고 생각했다. 그것이 하느님께서 우리에게 원하시는 바라고 배웠다. 그래서인지 어린 시절 나에게 믿는다는 것은 그리 어려운 일이 아니었다.

한편, 교회는 하느님을 경외해야, 두려워해야 한다고 가르쳤다. 널리 알려진 구절을 인용하면서 말이다.

> 주님을 경외하는 것이 지혜의 근본이요, 거룩하신 이를 아는 것이

슬기의 근본이다. (잠언 9:10, 시편 111:10, 잠언 1:7 참조)

많은 학자는 이 "경외"라는 말을 두려움보다는 '경이'awe, '놀라움'wonder, '경탄'amazement으로 번역해야 한다고 주장한다. 경이, 놀라움, 경탄은 참된 지혜의 시작이자, 세상이 어떤 곳이며 우리가 어떻게 살아야 하는지를 알게 하는 토대다. 그러나 내가 어렸을 때 '하느님을 경외한다'는 말은 그런 뜻이 아니었다. 하느님께서 나를 벌하실 수도 있으니 두려워하라는 뜻이었다. 이런 위협은 당시 신학에 내포되어 있었다. 한편으로 교회는 하느님이 우리를 사랑하시며 은총으로 우리를 구원하신다고 이야기했지만, 동시에 그 사랑과 은총에는 조건이 있었던 것이다. 하느님은 우리를 구원하시고 은총을 베푸시지만, 그건 특정 조건을 충족할 때에 한해서였다. 조건은 '오직 믿음'이거나 '선한 행위'이거나, 아니면 둘의 결합이었다. 어쨌든 하느님의 사랑은 우리의 반응에 달려 있었다. 교회가 이야기하는 하느님은 마치 엄격한 부모님 같았다. '나는 너를 사랑한단다. 하지만 너는 올바르게 행동해야 한다. 내 기대에 미치지 못하면 벌을 줄 거야.' 그렇게 하느님의 사랑은 징벌을 내릴 수 있는 조건부 사랑이었다.

사춘기에 접어들 무렵 '하느님' 하면 떠오르는 마음은 두려움과 불안함이었다. 내가 제대로 하느님을 믿지 못한다는 생각이 들어 불안했고, 그로 인해 무슨 일이 생길지 몰라 두려웠다. 누군가가 그 시절 내게 "너는 하느님을 사랑하니?" 하고 물었다면 아마 "네"라고 답했을 것이다. 그게 정답임을 알고 있었기 때문이다. 하지만 내가 실제로 하느님에게 느꼈던 감정이 사랑은 아니었다. 내가 배운, 하느님을 믿고 두려워하는 신앙은 하느님을 사랑하는 것과는 달랐다. 이 차이는 신약성서 중 야고보의 편지 중 한 구절에 분명하게 나와 있다. 이 구절은 믿음과 행위의 대비로 시작된다.

> 나의 형제자매 여러분, 누가 믿음이 있다고 말하면서도 행함이 없으면, 무슨 소용이 있겠습니까? 그런 믿음이 그를 구원할 수 있겠습니까? 어떤 형제나 자매가 헐벗고, 그날 먹을 것조차 없는데, 여러분 가운데서 누가 그들에게 말하기를 "평안히 가서, 몸을 따뜻하게 하고, 배부르게 먹으십시오" 하면서, 말만 하고 몸에 필요한 것들을 주지 않는다고 하면, 무슨 소용이 있겠습니까? 이와 같이 믿음에 행함이 따르지 않으면, 그 자체만으로는 죽은 것입니다. 어떤 사람은 이렇게 말할 것입니다. "너에게는 믿음이 있고, 나에게는 행함이 있다. 행함이 없는 너의 믿음을 나에게 보여라. 그리하면 나는 행함으로 나의 믿음을 너에게 보이겠다." (야고 2:14~18)

이어서 이런 말이 나온다.

> 그대는 하느님께서 한 분이심을 믿고 있습니다. 잘하는 일입니다.
> (야고 2:19)

그런데 이어서 저자는 말한다.

> 그런데 귀신들도 그렇게 믿고 **떱니다**. (야고 2:19)

귀신들도 하느님을 믿고 두려워한다. 하지만 그분을 사랑하지는 않는다.

물론 하느님을 믿는 것과 하느님을 사랑하는 것이 함께 갈 때도 있다. 그러나 둘은 같지 않다. 그리스도교의 온갖 가르침을 믿어도 하느님을 사랑하지 않을 수 있다. 다시 가장 중요하고 으뜸가는 계명으로 돌아가 보자. 예수가 말한 계명은 "네 마음을 다하고, 네 목숨을 다하고, 네 뜻을 다하여, 주 너의 하느님을 믿어라"가 아니었다. "주 너의 하느님을 사랑하여라"였다.

그렇다면 하느님을 사랑한다는 말은 무슨 뜻일까? 우리가 "안에서 살고, 움직이고, 존재하는"(사도 17:28) 그 하느님, 모든 곳에 계시면서 그 너머에 계신 영광스러운 분, 성서와 예수를 통해 당신을 드러낸 하느님을 사랑한다는 것은 어떤 의미일까?

우리가 하느님에 대해 쓰는 언어들, 이를테면 그분을 부모, 왕, 목자, 토기장이 등으로 묘사하는 것은 모두 인간의 경험에 바탕을 두고 있다. 하느님을 사랑하는 것 역시 우리가 경험한 사랑에서 시작한다. 인간의 사랑은 때때로, 아니 대부분 불완전하다. 그럼에도 불구하고 우리는 누군가를 사랑한다는 것이 어떤 의미인지 알고 있다. 사랑은 사랑할 상대방을 아끼고, 그로 인해 기뻐하며, 그를 소중히 여기고 그에게 관심을 기울이며, 그에게 헌신하고 신실하며, 집중한다. 사랑하는 사람은 사랑의 대상을 그리워하고, 그를 갈망한다.

사랑에는 다양한 형태가 있다. 부모의 사랑도 그중 하나다. 하느님이 우리를 사랑하는 방식에 대해 말할 때 부모의 사랑은 풍요로운 은유가 될 수 있다. 그러나 우리가 하느님을 사랑하는 방식을 말할 때는 적절하지 않다. 우리는 하느님의 부모가 아니기 때문이다. 물론 이 은유를 활용해 우리가 하느님을 사랑하는 것을 자녀가 부모를 사랑하는 것에 견줄 수도 있다. 그러나 그렇게만 이해하면 신앙은 더 깊은 사랑, 깊은 신뢰로 나아가지 못하고 유아기 상태에 머물 위험이 있다.

또 다른 사랑의 형태는 우정이다. 우정은 하느님을 향한 우리의 사랑에 대한 좋은 은유가 될 수 있다. 지혜서에서는 "하느님의 벗"(지혜 7:27)이라는 표현을 쓰며 요한복음서에서 예수는 자신을 따르는 이들을 "나의 친구"(요한 15:14~15)라고 부른다. 하지만 하느님을 사랑하는 것에 대해 가장 풍요로운 의미를 담을 수 있는 은유는 연인 간의 사랑, 즉 사랑하는 이와 사랑받는 이의 관계일 것이다. 성서에서 이런 사랑을 가장 생생하게 표현한 책은 솔로몬의 노래라고도 불리는 아가다. 대다수 성서학자는 이 노래가 처음에는 인간의 성적 갈망과 사랑을 찬미하기 위해 쓰였다고 본다. 그러나 이 책이 성서 정경이 된 이유는, 이 책이 하느님께서 우리를 열망하고 사랑하신다는 사실, 그리고 우리가 하느님을 갈망하고 사랑한다는 사실을 상징이라는 도구로 표현한 것이라는, 그러므로 일종의 우의라는 판단이 있었기 때문이다.

아가는 사랑하는 이를 향한 그리움으로 시작된다. 오랜 시간 유대교와 그리스도교 해석가들이 그랬듯 이 구절이 하느님을 향한 우리의 그리움을 표현했다고 상상해 보라.

> 나한테 입맞춤한다면! 그 입으로 여러 번 입맞춤을!
> 그대 사랑이 포도주보다 좋거든요.
> 그대 향수는 향이 좋고,
> 그대 이름은 부어 놓은 향수예요.
> 그러니 젊은 여자들이 그대를 사랑하지요.
> 나를 그대에게로 이끌어 가 주세요. 같이 뛰어가요. (아가 1:2~4)

2장은 연인이신 하느님을 맞이할 기대감을 표현한다.

> 내 사랑하는 사람의 목소리!
> 보세요, 이 사람이 오고 있어요,
> 산을 뛰어오르고 언덕을 껑충거리면서요.
> 내 사랑하는 사람은 가젤이나 어린 사슴을 닮았어요.
> 보세요, 이 사람 우리 벽 뒤에 서 있네요.
> 창으로 엿보고 있지요.

창살 틈으로 기웃거리고 있지요. (아가 2:8~9)

그리고 이제 사랑하는 이, 곧 하느님께서 말씀하신다.

> 나의 사랑 그대, 일어나오. 나의 어여쁜 그대, 어서 나오오.
> 겨울은 지나고, 비도 그치고, 비구름도 걷혔소.
> 꽃 피고 새들 노래하는 계절이 이 땅에 돌아왔소.
> 비둘기 우는 소리, 우리 땅에 들리오.
> 무화과나무에는 푸른 무화과가 열려 있고,
> 포도나무에는 활짝 핀 꽃이 향기를 내뿜고 있소.
> 일어나 나오오. 사랑하는 임이여!
> 나의 귀여운 그대, 어서 나오오.
> 바위틈에 있는 나의 비둘기여,
> 낭떠러지 은밀한 곳에 숨은 나의 비둘기여,
> 그대의 모습, 그 사랑스런 모습을 보여 주오.
> 그대의 목소리, 그 고운 목소리를 들려주오. (아가 2:10~14)

호세아서에는 아내를 향한 남편의 사랑이 하느님과 이스라엘의 관계를 표현하는 주요 심상으로 등장한다. 이 예언서가 힘주어 강조하는 것이 불륜(신실하지 못함)이기는 하지만, 그 바탕에는 사랑하는 이와 사랑받는 이라는 관계의 은유가 기본으로 깔려 있다. 이사야서의 경우 열망의 언어를 사용한다.

> 나의 영혼이 밤에 주님을 사모합니다. 나의 마음이 주님을 간절하
> 게 찾습니다. (이사 26:9)

이런 표현은 시편에서도 자주 등장한다.

> 하느님, 사슴이 시냇물 바닥에서 물을 찾아 헐떡이듯이,
> 내 영혼이 주님을 찾아 헐떡입니다.
> 내 영혼이 하느님, 곧 살아계신 하느님을 갈망합니다. (시편 42:1~2)

현대의 한 시편 묵상집은 하느님을 사랑 그 자체로, 우리를 사랑 그 자체의 사랑을 받는 이들로 표현한다. 이런 표현은 깊은 감동을 준다. 우리는 하느님, 사랑 그 자체인 분을 사랑하도록 부름받은 존재다.[1]

신약성서에도 사랑하는 이와 사랑받는 이의 심상이 있다. 요한복음서에서 예수의 공적 활동은 가나의 혼인 잔치로 시작된다. 이 이야기는 하느님과 우리, 하느님과 세상, 하늘과 땅의 결혼에 대한 풍부한 상상을 불러일으킨다. 신약의 다른 곳에서는 예수를 신랑으로, 그를 따르는 이들을 신부로 묘사하기도 한다.

아우구스티누스의 『고백록』Confessions에는 하느님을 향한 사랑을 아름다움, 열망이라는 단어와 오감五感을 자극하는 표현을 사

---

[1] Nan Merrill, *Psalms for Praying* (New York: Continuum, 2007).

용해 묘사하는 대목이 있다(이 구절은 '범재신론'panentheism, 하느님이 모든 곳에 깃들어 계신다는 고백의 탁월한 예이기도 하다). 여기서 그는 하느님을 "당신"이라고 부르며 고백한다.

> 늦게야 당신을 사랑했습니다. 이토록 오래되고 이토록 새로운 아름다움이시여, 늦게야 당신을 사랑했습니다. 당신을 찾으러 밖으로 나갔을 때 당신께서는 제 안에 계셨습니다. 당신께서 만드신 모든 사랑스러운 것을 향해 저는 추레하게 달려갔습니다. 당신께서는 언제나 저와 함께 계셨건만 저는 당신과 함께 있지 않았습니다. 당신 안에 있지 않았다면 아예 존재할 수도 없었을 이 모든 아름다운 것이 저를 당신께로부터 떨어져 있게 붙들었습니다. 당신께서는 그런 저를 부르시고 소리 지르시고 제 어두운 귀를 뚫으셨습니다. 그런 저를 당신께서는 비추시고 밝히시어 제가 볼 수 있게 하셨습니다. 당신은 향기를 풍기셨고, 저는 숨을 깊이 들이켜고서 그 향기를 맡습니다. 이제 저는 당신을 그리워하며 헐떡입니다. 저는 맛을 보았기에 허기지고 목마릅니다. 당신께서 저를 만져 주셨기에 이제 저는 당신의 평화에 대한 열망으로 불타오릅니다. (제10권 27장)

대학교에서 은퇴하기 전 마지막 10년 동안 수업을 함께 한 재능 있는 교수가 있었다. 그녀는 '신에 대한 인간의 응답'이라는 제목의 수업을 하며 학생들에게 말했다. "지금부터 10분 동안 여러분이 쓸 수 있는 가장 뜨거운 연애편지를 써보세요. 하지만 누구에게 쓰는지는 적지 마세요. 어떤 대상을 상상해도 좋습니다. 실제 연인이든, 아니면 마음에 두고 있는 사람이든 상관없어요." 학생들이 글을 다 쓰자 그녀는 말했다. "이제 맨 위에 '사랑하는 하느님께'라고 적어보세요." 그리고 잠시 물었다. "어떤 느낌이 드시나요?" 대다수 학생은 충격을 받았다. 그때까지 뜨거운 사랑의 언어가 하느님과 자신의 관계를 표현할 수 있다고 생각하지 못했기 때문이다.[2]

하느님을 사랑한다는 것은 하느님께 주의를 기울이는 것이다

연인들은 서로를 갈망하며 관계가 깊어질수록 서로를 향해 주의를 기울인다. 관계에 시간을 들이고 그 관계 안에 온전히 머문다는 의미이다. 상대에게 신실하다는 것, 혹은 충실하다는 것은 단지 바람을 피우지 않는다는 소극적인 의미만을 뜻하지 않는다. 배우자나 연인에게 신실하다는 것에는 훨씬 더 많은 의미가 들어 있다. 마찬가지로, 하느님을 사랑한다는 것은 그분과의 관계에 주의를 기울이는 것, 곧 우리가 그분 안에서 살아가고 존재함을 의식하며 그분 앞에 서려 하는 것을 뜻한다.

하느님께 주의를 기울이는 방식은 다양하다. 그리스도교 전

---

[2] 오리건주립대학교에서 오랜 기간 재직한 주디 링글Judy Ringle 박사는 지금은 나처럼 은퇴했다.

통 속 다양한 영적 실천은 모두 이를 위해 존재한다. 그리스도교에서 가장 보편적인 영적 실천은 세 가지(기도, 예배, 성서 묵상)이다. 이 셋만큼 보편적이지는 않지만 피정, 순례, 영적 지도받기, 신앙 일기 쓰기, 일일 경건 훈련도 있다.

내가 자란 개신교 전통에서는 기도, 예배, 성서 묵상을 매우 중시했다. 하지만 당시 교회에서는 이를 '영적 실천'spiritual practice이나 '영적 훈련'spiritual discipline이라고 부르지는 않았다. 어렸을 때 나는 그런 표현들을 들어보지 못했다. 아마도 '은총으로 말미암은 믿음을 통해 구원받는다'는 교리를 강조했기 때문에 그랬을 것 같다. '실천', '훈련'이라는 말은 믿음으로 구원받는 것이 아니라 행위로 구원에 이르는 것 같은 인상을 준다고, 그런 건 로마 가톨릭 신자들이나 하는 것이고 개신교인들은 해서는 안 된다고 생각했던 것이다. 그래서인지 나는 영적 실천이 구원을 위한 조건이나 의무가 아니라 하느님을 사랑하는 구체적인 표현일 수 있다는 생각을 하지 못했다. 그러나 돌이켜보면 그것이야말로 영적 실천의 핵심이었다.

기도는 의무가 아니다. 기도는 하느님께서 실재하심을 우리 스스로 상기하는 방법이자 그분과의 관계를 진지하게 받아들이는 행동이며, 그 관계 안에 참여하고 머무는 활동이다. 마찬가지로, 예배 역시 하느님이 당신을 예배하라고 명령하셨고, 당신을 예배하지 않는 이들을 못마땅하게 여기신다는 이유로 드리는 것이 아니다. 예배는 하느님이라는 실재, 우리를 향한 그분의 열망과 헌신을 기억하고 함께 기뻐하며 나누는 공동체에 참여하는 활동이다. 성서를 묵상하는 일(과 그 외의 영적 독서)도 의무가 아니라 하느님께 우리 자신을 여는 실천이자 길이다. 다른 모든 영적 실천 역시 마찬가지다. 이들은 모두 우리가 하느님 곧 성스러움과의 관계에 주의를 기울이고 그 관계를 더 깊이 있게 하며, 우리 삶의 중심을 하느님께 두게 해 주는 도구다.

하느님이 사랑하시는 것을 사랑하라

사랑하는 이와 사랑받는 이의 관계는 하느님을 사랑하는 것이 무엇을 의미하는지 헤아려 볼 수 있게 해 주는 유익한 은유이지만, 여기에도 한계는 있다. 인간관계에서 사랑하는 이들은 종종 서로에게만 집중한 나머지 다른 것에는 전혀 신경을 쓰지 않거나 중요하게 생각하지 않게 된다. 대부분 잠깐이라도 그런 경험을 해본 적이 있을 것이다. 특정 대상을 향한 강렬한 사랑은 다른 모든 것을 배제하는 경향이 있다. 그러나 하느님을 사랑하는 것은 배타적인 활동이 아니다. 만물이 "하느님 안에" 있기에 하느님을 향한 신실한, 뜨거운 사랑은 다른 피조물들이 중요하다는 사실을 놓치지 않는다. 오히려 하느님을 사랑하는 것은 온 피조세계를 사랑하는 것이기도 하다. 모든 피조물이 하느님 안에 있으며, 그분께서 모든 피조물을 소중히 여기시기 때문이다.

성서는 인류를 향한 하느님의 사랑을 강조하지만, 하느님의 사랑은 그보다 훨씬 넓다. 요한복음서 3장 16절은 말한다.

> 하느님께서 세상을 이처럼 사랑하셔서 외아들을 주셨으니 ... (요한 3:16)

여기서 말하는 "세상"은 '우리'(이를테면 특정 집단, 그리스도교인, 선한 사람들, 심지어는 온 인류)에 한정되지 않는다. 하느님은 '세상', 세계를 사랑하신다.

성서의 창조 이야기 중심에는 이러한 고백이 자리 잡고 있다. 창조가 이루어지는 날마다 이런 후렴구가 등장한다.

> 하느님 보시기에 좋았다.

그리고 창조가 마무리된 마지막 날에는 이런 말이 나온다.

> 하느님이 손수 만드신 모든 것을 보시니, 보시기에 '참' 좋았다.

하느님께서는 피조세계 전체, 만물을 소중히 여기신다. 인간만이 아니라 인간 외의 세계도 마찬가지다. 많은 그리스도교인은 하느님께서 인간 외의 세계를 인간에게 맡기셨으며 인간은 이를 원하는 대로 사용할 수 있다고 생각해 왔다. 때로는 이를 정당화하기 위해 창세기 중 하느님께서 처음 인간에게 말씀하시는 장면을 인용했다.

> 하느님이 그들에게 말씀하시기를 "생육하고 번성하여 땅에 충만하여라. 땅을 정복하여라. 바다의 고기와 공중의 새와 땅 위에서 살아 움직이는 모든 생물을 다스려라" 하셨다. 하느님이 말씀하시기를 "내가 온 땅 위에 있는 씨 맺는 모든 채소와 씨 있는 열매를 맺는 모든 나무를 너희에게 준다. 이것들이 너희의 먹거리가 될 것이다. 또 땅의 모든 짐승과 공중의 모든 새와 땅 위에 사는 모든 것, 곧 생명을 지닌 모든 것에게도 모든 푸른 풀을 먹거리로 준다" 하시니, 그대로 되었다. (창세 1:28~30)

여기서 "다스려라"라는 표현은 많은 오해를 낳았다. 본래 이 표현은 양치기와 양의 관계를 가리킨다.[3] 양치기는 양을 돌보고 먹이고 보호할 책임이 있다. 물론 양의 털을 깎기도 하고, 일부 양은 먹기도 한다. 그러나 좋은 양치기는 양을 함부로 대하지 않으며 아무렇지 않게 죽이지도 않는다. 다스림이라는 표현보다 더 나은 말은 '청지기직'stewardship이다. 청지기는 무언가(고대 세계에서라면 왕국, 가정, 영지)를 주인 대신 관리한다. 좋은 청지기는 자신이 맡은 것을 자기 것인 양 다루지 않는다. 그렇게 한다면, 그는 더는 청지기가 아니라 타인의 소유를 가로챈 도둑에 불과하

---

[3] Walter Brueggemann, *Genesis* (Atlanta: John Knox, 1982), 32.

다. 나쁜 청지기는 해고당해 마땅하다.

오늘날 인류는 자연을 무분별하게 착취하고 환경을 파괴하며 수많은 종을 없애고 있다. 이런 시대에 우리는 하느님께서 인간 외의 세계 또한 중시하신다는 사실을 깊이 깨달아야 한다. 물론 누군가는 '성서가 이런 주제를 더 많이 강조해 주었더라면' 하는 아쉬움을 가질 수도 있다. 하지만 그렇지 않은 이유는 분명하다. 우리의 영적 조상들에게는 자연 세계를 파괴할 가능성이 없었기 때문이다. 당시에는 인구가 적었고 세계에 대한 통제력도 매우 제한적이었다.

분명 성서에서 가장 중요한 음성은 하느님께서 인간, 온 인류를 사랑하신다는 소리다. 일부 책들에서는 특정한 이들을 더 사랑하신다고 강조할 때도 있다. 하느님께서 특별히 이스라엘을 사랑하신다거나, 의인을 사랑하시고 악인은 그렇지 않다고 할 때가 그러하다. 그리스도교에서는 이를 하느님께서는 선택하신 이들을 사랑하신다는, 좀 더 넓게는 하느님을 믿는 사람들을 특별히 사랑하신다는 이야기로 해석하기도 한다. 하지만 성서에서 좀 더 일관되게 흐르고 있는 흐름은 하느님께서 모든 이를 사랑하신다는 이야기다. "지극히 보잘것없는 사람"까지 포함해서 말이다. 이 표현은 예수의 널리 알려진 비유 중 하나인 양과 염소의 비유(마태 25:31~46)에서 나왔다. 이 비유는 "지극히 보잘것없는 사람"을 굶주린 이들, 목마른 이들, 나그네, 헐벗은 이들, 병든 이들, 갇힌 이들로 명시한다. 이들에게 베푼 선행(혹은 베풀지 않은 일)은 곧 자신에게 한 것과 같다고 예수는 말한다. 잠언에도 이와 유사한 부분이 있다.

> 가난한 사람을 억압하는 것은 그를 지으신 분을 모욕하는 것이지만, 궁핍한 사람에게 은혜를 베푸는 것은 그를 지으신 분을 공경하는 것이다. (잠언 41:31)

> 가난한 사람을 조롱하는 것은 그를 지으신 분을 모욕하는 것이다. (잠언 17:5)

이 세상 체제에 희생당하는 이들을 향한 하느님의 뜨겁고도 헌신적인 사랑은 "율법이나 예언자들의 말"(마태 5:17), 곧 구약성서의 바탕이다. 고대 이스라엘의 조상들은 이집트에서 파라오의 노예였으며 당시 세계 기준으로 사실상 아무것도 아닌 존재들이었다. 하지만 하느님은 그들의 고통과 신음을 들으셨고, 그들을 해방해 새로운 삶으로 인도하셨다. 그 새로운 삶이란 모든 가정이 자기 땅을 가져 삶의 물질적 기반을 갖추게 되는 삶이었다.

예언자들은 급진적인 비판자로서 당대 지배 체제의 착취와 구조적 폭력에 맞서 모두가 필요한 것을 갖게 되는 세상, 전쟁이 사라진 세상, 누구도 두려워하지 않아도 되는 정의롭고 평화로운 세상, 하느님께서 열망하시고 꿈꾸시는 세상을 선포했다. 하느님의 사랑은 우리가 '적'이라고 여기는 이들까지를 아우른다.

예수가 "원수를 사랑하라"고 말했을 때 그는 그 근거를 모든 이를 향한 하느님의 사랑에서 찾았다.

> 너희 원수를 사랑하고, 너희를 박해하는 사람을 위하여 기도하여라. 그래야만 너희가 하늘에 계신 너희 아버지의 자녀가 될 것이다. 아버지께서는, 악한 사람에게나 선한 사람에게나 똑같이 해를 떠오르게 하시고, 의로운 사람에게나 불의한 사람에게나 똑같이 비를 내려주신다. 너희를 사랑하는 사람만 너희가 사랑하면, 무슨 상을 받겠느냐? 세리도 그만큼은 하지 않느냐? 또 너희가 너희 형제자매들에게만 인사를 하면서 지내면, 남보다 나을 것이 무엇이냐? 이방 사람들도 그만큼은 하지 않느냐? (마태 5:44~47)

하느님께서 사랑하시는 것을 사랑하고, 전혀 다른 세상을 향한 그분의 열망과 헌신에 동참한다는 것은 그분이 품은 (모두가 생존을 위한 물질의 기반을 충분히 갖고 폭력과 전쟁이 없는 공정한 세상을 향한) 꿈을 함께 꾸는 것을 의미한다. 이루기 어려운 꿈처럼 보이는가? 그럴 수 있다. 완전히 실현되기란 불가능에 가까울까? 아마도 그럴 것이다. 하지만 시간이 흐르면 좀 더 이를 향해 나아갈 수 있을까? 분명 그렇다. 현 상태를 유지하고 싶어 하는 이들, 아무것도 바뀌지 않을 것이라 체념한 이들은 '아니'라고 말할 것이다. 하지만 성서와 예수를 진정 따르는 그리스도인이라면, 그런 세상이야말로 꿈꾸고 추구할 가치가 있는 유일한 세상이다. 하느님을 사랑한다는 것은 그러한 세상을 향한 하느님의 열망, 헌신에 동참하는 것이다.

하느님을 사랑하고 하느님께 중심을 두라

하느님을 사랑하는 삶은 점점 더 깊이 하느님께 삶의 중심을 두는 것으로 이어진다. '중심을 둔다'는 표현은 우리는 모두 무언가에 중심을 두고 살아간다는 생각에서 나온다. 일반적으로 우리는 자기 자신(자신의 관심사, 욕망, 목표, 안녕, 불안)에 중심을 둔다. 가족, 집단, 국가에 중심을 두는 경우도 있기는 하다.

나는 우리가 마음을 쏟는 대상, 우리가 가장 소중히 여기는 대상, 우리가 중심을 두는 대상이 바로 우리의 '신'god이라는 가르침을 마르틴 루터에게 배웠다. 그리고 루터는 아마도 그런 통찰을 예수에게서 얻었을 것이다.

> 너의 보물이 있는 곳에, 너의 마음도 있을 것이다. (마태 6:21, 루가 12:34)

좀 더 우리와 가까운 시대의 인물, 20세기 주류 개신교에서 가장 영향력 있는 신학자 중 한 사람이었던 폴 틸리히Paul Tillich는 인간 삶의 세 가지 가능성을 제시하면서 이를 자율autonomy, 타율heteronomy, 신율theonomy이라고 불렀다. 자율은 자아에 중심을 두는 것이고, 타율은 다른 것에 중심을 두는 것이며, 신율은 하느님께 중심을 두는 것이다. 앞의 두 가지 삶은 우상숭배다. 우상숭배란 자신, 혹은 자신은 아니나 하느님도 아닌 유한한 그 무엇인가에 삶의 중심을 두는 것을 말한다.

하느님께 중심을 두는 삶은 오랜 시간 하느님을 사랑하고, 그분과의 관계에 꾸준히 주의를 기울이며, 그분의 실재와 현존, 그분의 열망을 떠올리고 되새기는 가운데 이루어진다. 하느님께 우리 삶의 중심을 둘 때 우리는 변화되고 새로워진다. 이 변화의 산물이 바로 바울이 말한 성령의 열매, 성령의 선물이다. 열매를 보면 그들을 알 수 있다고 한 예수의 말도 이와 맥락을 같이한다. 하느님 안에 중심을 둔 삶이 맺는 열매는 다양하며 서로 얽혀 있지만 가장 중요한 네 가지를 꼽자면 연민, 자유, 용기, 그리고 감사다. 어떤 것이 다른 것보다 우선한다고 할 수 없다. 이들은 모두 함께 간다.

연민

하느님께 중심을 두는 삶의 핵심 특징 중 하나는 연민을 통한 성장이다. 이 의미는 복음서에 나오는 예수의 가르침을 가장 간결하게 요약한 구절에 담겨 있다. 루가복음서 6장 36절은 단 몇 마디 안에 신학(하느님은 어떤 분인가)과 윤리(우리는 어떻게 살아야 하는가)를 한데 묶어 전한다.

> 너희의 아버지께서 자비로우신 것 같이, 너희도 자비로운 사람이
> 되어라. (루가 6:36)

하느님의 가장 근원적인 성품이 자비 곧 연민이라면, 하느님께 중심을 둔 삶은 연민의 삶일 것이다.

성서에서 연민이라는 말은 풍부한 의미를 지니고 있다. 이 말은 히브리어와 아람어에서 '자궁'을 뜻하는 단어와 어원이 연결되어 있고, 때때로 배 속에 있는 자녀를 향한 어머니의 마음과 연결되기도 한다.[4] 그러므로 하느님의 가장 근원적인 성품이 연민이라는 말은 곧 그분이 어머니, 혹은 자궁과도 같은 존재임을, 생명을 낳고, 돌보며, 자녀들의 안녕을 바라고, 그들이 성장하기를 바라는 분임을 뜻한다. 그러니 우리 역시 그래야 한다. 자비로우신 하느님께 삶의 중심을 둘수록, 우리는 자비의 사람, 연민의 사람으로 자란다.

연민을 뜻하는 단어 '컴패션'compassion의 라틴어 어원은 '함께 느끼다', '함께 아파하다'라는 뜻을 지니고 있다. 연민과 비슷한 의미를 지닌 공감empathy의 그리스어 어원도 마찬가지다. 자신을 넘어 타인의 감정을 느낄 수 있는 능력이 연민이다. 연민은 타인의 고통을 느끼는 데서부터 시작한다. 물론 연민은 단순한 감정이 아니다. 연민은 감정을 따라 행동하는 것까지를 포함한다.

---

[4] Phyllis Trible, *God and the Rhetoric of Sexuality* (Philadelphia: Fortress, 1978), 2, 3장. 『하나님과 성의 수사학』(알맹e).

예수는 "하느님께서 자비로운 마음을 느끼시는 것 같이, 너희도 자비로운 마음을 느껴라"라고 말하지 않았다. 하느님께서 "자비로우신 것 같이, 너희도 자비로운 사람이 되어라"라고 말했다. 연민은 행동으로 이어진다. 타인의 고통을 느끼면서 아무 행동도 하지 않는다면, 그것은 참된 연민이 아니다.

예수가 하느님께 중심을 둔 삶의 핵심 덕목으로 연민을 꼽았지만, 이때 연민은 단순히 개인의 윤리만을 가리키지 않는다. 물론 개인의 삶이라는 차원에서도 우리는 연민을 품은 사람이 되어야 하며, 연민은 성숙한 그리스도교인의 가장 중요한 열매이기도 하다. 바울은 이를 사랑이라고 말하며 성령의 선물 가운데 가장 위대한 것이라고 말한다(1고린 13:13). 연민과 사랑은 "지극히 보잘것없는 사람"들에 대한 공감과 관대함을 뜻한다.

그러나 성서에서 연민은 단지 개인의 미덕이 아니다. 연민을 친절kindness과 혼동해서는 안 된다. 물론 친절 역시 미덕이며 불친절보다는 비할 바 없이 좋다. 하지만 연민은 사회적 의미, 나아가 정치적 의미도 지닌다. 성서가 말하는 연민과 사랑의 사회적 표현은 '정의로운 세상', 공정한 경제가 이루어지고 인권을 보장하는 사회, 지배 체제와 전쟁의 폭력이 사라진 세상이다.

하느님의 꿈이 이루어지는 세상을 향한 열망과 헌신, 이 세상이 그런 세상으로 바뀌어야 한다는 열정은 연민과 함께 간다. 구약성서에서 가장 널리 알려진 구절 중 하나인 미가서 6장은 개인의 차원과 사회의 차원을 놀라운 방식으로 한데 엮는다. 이 구절은 하느님께서 우리에게 무엇을 원하시는지를 물으며 시작된다.

> 내가 주님 앞에 나아갈 때에,
> 높으신 하느님께 예배드릴 때에, 무엇을 가지고 가야 합니까?
> 번제물로 바칠 일 년 된 송아지를 가지고 가면 됩니까?
> 수천 마리의 양이나,
> 수만의 강줄기를 채울 올리브기름을 드리면,
> 주님께서 기뻐하시겠습니까?
> 내 허물을 벗겨 주시기를 빌면서,
> 내 맏아들이라도 주님께 바쳐야 합니까?
> 내가 지은 죄를 용서하여 주시기를 빌면서,
> 이 몸의 열매를 주님께 바쳐야 합니까? (미가 6:6~7)

하느님께서 원하시는 것은 전통에 따라 예배를 드리며 제물을 드리는 것일까? 아니, 이에 더해 수천 마리 양, 강줄기를 가득 메울 기름을 드려야 할까? 아예 맏아들을 바쳐야 할까? 이 물음에 대해 예언자 미가는 분명하게 대답한다. 그에 따르면 하느님께서는 "무엇이 착한 일인지를 ... 이미 말씀하셨다"(미가 6:8). 이어서 미가는 말한다.

> 주님께서 너에게 요구하시는 것이 무엇인지도 이미 말씀하셨다.

오로지 공의를 실천하며 인자를 사랑하며

겸손히 네 하느님과 동행하는 것이 아니냐! (미가 6:8)

정의를 실천하고, 친절하기를 애쓰며, 하느님과 동행하는 것. 이 모든 것은 함께 가는 것이다. 하느님을 사랑하고, 하느님께 삶의 중심을 두는 일은 단지 친절한 사람이 되는 데서 그치지 않는다.

자유와 용기

하느님께 확고히 중심을 둔 삶은 자유와 용기로도 드러난다. 윌리엄 제임스는 이를 '성인다움'saintliness이라는 말로 표현한 바 있다. 그에 따르면 성인saint이란 (흔히 생각하듯 종교적으로 독실한 사람이 아니라) 억압으로부터 놀라울 정도로 자유로운 사람이다. 제임스에 따르면 우리를 가장 옥죄는 것은 '두려움'이다. 나 자신, 그리고 내가 사랑하는 사람들의 안전에 대한 두려움, 타인의 평가에 대한 두려움, 실패에 대한 두려움, 관습과 통념에서 벗어나는 일에 대한 두려움, 병과 죽음에 대한 두려움까지. 두려움은 우리를 속박한다. 두려움에서 벗어날 때 우리는 자유롭게 된다.

이러한 맥락에서 우리는 성서에 "두려워하지 말라"는 표현이 자주 반복해서 나온다는 점을 주목할 필요가 있다. 두려움으로부터의 자유를 강조하는 성서의 흐름은 예수에 대한 한 인상적인 묘사(50년 넘게 예수에 관한 글을 읽은 내 마음 속 깊이 남아 있는 문장)와도 맞닿아 있다.

예수는 놀라울 정도로 자유로운 인간이었다.⁵

두려움으로부터의 자유는 용기의 바탕이 된다. 용기란 두려움이 없는 것이 아니라 두려움을 넘어서는 것이라는 말이 있다. 일리 있는 말이다. 두려움이 없어지든 두려움을 넘어서든, 용기는 하느님께 중심을 둔 삶을 통해 맺는 열매다. '용기'courage는 (그 단어의 어원이 알려 주듯)* 마음heart에서 생겨나며, 그 마음의 중심에 두고 있는 것으로 인해 생겨난다.

20세기의 가장 널리 알려진 세 그리스도교 순교자를 떠올려 보자. 디트리히 본회퍼Dietrich Bonhoeffer의 삶을 상상해 보라. 그는 제3제국 한복판에서 히틀러 암살을 꾀하는 저항 운동에 가담했다. 마틴 루터 킹 주니어Martin Luther King Jr.는 어떠한가. 그는 수많은 암살 위협에도 불구하고 미국의 인종차별에 맞서기를 주저하지 않았다. 오스카 로메로Oscar Romero도 마찬가지다. 그는 엘살바도르의 로마 가톨릭 교회 주교로서 죽기까지의 마지막 몇 년 동안 폭력적인 지배 체제에 맞서 농민들의 목소리를 대변했다. 이들 모두 분명 두려웠을 것이다. 그러나 그들은 그 두려움을 넘어섰고, 두려움으로부터 자유로웠다. 그들의 삶이 하느님께 중심

5　Paul Van Buren, *The Secular Meaning of the Gospel* (New York: Macmillan, 1963).

*　영어 단어 '커리지'courage는 심장heart을 뜻하는 라틴어 '코르'cor에서 유래했다.

을 두고 있었기 때문이다.

이제 당신의 삶을 생각해 보라. 진정으로 두려움과 불안에서 자유로워질 때 당신의 삶은 어떠한 모습일까? 극적인 영웅의 삶을 상상할 필요는 없다. 실제로 우리 모두 두려움과 불안 없이 살아가기를 원하지 않는가? 하느님께 확고히 중심을 둔 삶이 바로 그러하다. 두려움 없이 살아가고, 두려움 없이 죽음을 마주하는 삶, 그 삶은 확신confidence 가운데 살아가는 삶이다. '확신'의 라틴어 어원인 '콘'con과 '피데스'fides를 합치면 '믿음과 함께'with faith라는 뜻이다. 그리고 여기서 말하는 믿음은 단순한 신념이나 동의가 아니라 하느님께 삶의 중심을 둔 상태, 신뢰와 충성으로 드러나는 관계를 말한다.

감사

감사는 마음에서 일어나는 감정임과 동시에 삶을 살아가는 가운데 일어나는 깊은 깨달음이다. 마음 깊은 곳에서 감사가 일어날 때면 너무나 벅차 가슴이 터질 것 같은 느낌이 들곤 한다. 감사는 가장 깊은 차원의 감정 표현이다.

살다 보면 삶 그 자체가 선물임을 깨달을 때가 있다. 바로 그 깨달음이 감사다. 우리 중 누구도 자수성가하지 않았다. 자기 자신을 손수 만들어 낸 사람은 아무도 없으니 말이다. '나'도, 그리고 '나'가 가진 모든 것도 선물이다. 물론 우리는 무언가를 갖기 위해 노력할 수 있다. 하지만 노력할 수 있는 능력도 일종의 선물이다. 감사란 인생에서 무언가를 성취하더라도, 이를 결코 홀로는 이룰 수 없음을 인정하고 새기는 것이다. 오늘의 '나'가 있기까지 나를 지혜롭고 건강하게 한 유전적 유산이 얼마나 큰 역할을 했겠는가. 내가 자란 가정, 그 가정이 지향하는 가치관, 나를 가르쳐 준 선생님, 내가 만나 온 사람들, 내가 어찌할 수 없었던 다른 사람들의 판단과 결정들도 커다란 영향을 미쳤다. 감사는 그러한 영향들을 통해 내가 있음을 받아들이는 삶의 자세이며, 이는 주어진 것들을 당연시하며 그럴 만한 자격이 있다고 생각하는 삶의 자세와는 대척점에 있다.

감사는 강요할 수 없다. 감사하는 마음이 들든지, 들지 않든지 둘 중 하나일 뿐이다. "너는 감사해야 해"라고 말한다고 해서 감사를 불러일으키지는 못한다. 감사는 자발적인 열매, '나'의 삶이 '나'의 소유가 아니라는 깨달음에서 일어나는 열매다. 감사는 받은 삶에 대한 마음의 응답이다.

흔히 감사를 윤리적 덕목이라고 여기지는 않지만, 감사하는 마음에는 윤리적인 영향력이 있다. 마음에 감사가 가득한 사람은 상대를 잔인하게, 거칠게, 날카롭게 대하지 않는다. 감사하는 마음으로 살아가는 사람과 그렇지 않은 사람은 어려운 삶을 살아가는 이들을 향한 태도에 결정적인 차이가 있다. '하느님의 은총 아니었으면 저기 내가 있었을 텐데…'There but for the grace of God go I라는 속담에는 진실이 담겨 있다(물론 이는 '하느님은 나에게만 은총을 베푸셨고 저들에게는 베풀지 않으셨어'라는 뜻이 되어서는 안 된다).

감사하는 마음은 연민으로 이어진다. 자신의 삶이 얼마나 많은 선물로 이루어졌는지를 깨달은 사람은 그러한 선물을 누리지 못하는 이들을 외면할 수 없다.

이제 그리스도교 신앙이 하느님을 사랑하는 것인 세상을 꿈꾸어 보자. 자기 자신과 자신의 이해득실(이를테면 죽은 후 천국에 갈 수 있을지, 혹은 이 땅에서 복을 받을 수 있을지)에 골몰하는 것이 아니라, 살아계신 하느님께 주의를 기울이는 것을 가장 소중히 여기며 사는 삶을 꿈꾸어 보자. 하느님께 뿌리를 내리고, 그분을 우리 삶의 중심에 확고히 두고 사는 삶을 꿈꾸어 보자. 하느님께서 사랑하시는 것들을 우리도 사랑하게 된다고 꿈꾸어 보자. 우리의 삶이 그렇게 된다면 얼마나 많은 것이 달라질까? 미국 그리스도교는 얼마나 달라질까? 정치와 경제, 세계를 향한 우리의 관점과 태도는 얼마나 달라질까? 우리가 만들어 가는 지금 이 세상이 어떤 모습이 될 수 있고 되어야 하는지에 대한 우리의 꿈은 얼마나 달라질까?

오늘날 '꿈'이라는 말은 시시하고, 진지하지 않으며, 심지어 현실에서 도피하는 것 같은 인상을 준다. '복권에 당첨에 되는 꿈', '뉴욕에 외계인이 탄 우주선이 착륙하는 꿈' 같은 공상처럼 말이다. 많은 이는 꿈을 그저 말도 안 되는 일을 그리는 것이라고 생각한다. 하지만 꿈은 매우 중요하다. 꿈은 실재하는 것은 무엇인지, 우리의 삶은 대체 어떤 것인지, 우리는 어떻게 살아야 하는지를 그려내는 내면의 무대다. 이렇게 본다면, 모든 사람은 의식하든 의식하지 않든 자신이 꿈꾸는 것에 따라 살아가거나 그렇게 살아가려 애쓴다.

그리스도교인은 꿈을 통해 하느님, 성서, 예수, 구원을 마음에 그린다. 그 모든 그림이 모여 하느님은 어떤 분이신지, 또한 하느님께서 무엇을 꿈꾸시는지를 보게 한다. 이 일련의 과정이 중요한 까닭은, 이를 통해 그리스도교 신앙에 바탕을 둔 삶이 무엇인지를 상상할 수 있게 되기 때문이다.

이 모든 것은 대체 무슨 의미일까? 그리스도교 신앙에 바탕을 둔 삶이란 무슨 의미일까? 그것은 하느님을 사랑하고 하느님께서 사랑하시는 것을 사랑하는 삶이다. 하느님을 뜨겁게 사랑하며, 지금, 여기서 전혀 다른 세상을 이루고자 하시는 하느님의 꿈에 동참하는 것이다. 우리가 그리할 때 미래는 어떻게 될까? 또 이곳에서의 삶 이후의 미래는 어떠할까? 그건 하느님께 온전히 맡기자.

마커스 보그의 고백
- 기억에서 회심으로, 그리고 확신으로

초판 발행 | 2025년 7월 31일
　　2쇄 | 2025년 11월 20일

지은이 | 마커스 J. 보그
옮긴이 | 민경찬 · 손승우

발행처 | ㈜룩스문디
발행인 | 이민애
편　집 | 민경찬
검　토 | 김준철 · 양지우 · 여운송
제　작 | 김진식 · 김진현
디자인 | 민경찬 · 손승우

출판등록 | 2024년 9월 3일 제301-2024-000093호
주　소 | 서울특별시 중구 세종대로19길 16 1층 001호
주문전화 | 010-3320-2468
이메일 | luxmundi0901@gmail.com(주문 관련)
　　　　 viapublisher@gmail.com(편집 관련)

ISBN | 979-11-989272-9-3 (03230)
한국어판 저작권 ⓒ 2025 ㈜룩스문디

* 값은 뒤표지에 있습니다. 잘못된 책은 구입하신 곳에서 바꾸어 드립니다.